古代歷史文化 研究輯刊

七 編

王 明 蓀 主編

第 8 冊

宋代刑罰修正之研究
——以盜賊重法與左教禁令爲中心

黃 純 怡 著

宋代的祠廟與祠祀
——一個社會史的考察

劉 志 鴻 著

國家圖書館出版品預行編目資料

宋代刑罰修正之研究——以盜賊重法與左教禁令為中心　黃
純怡　著／宋代的祠廟與祠祀——一個社會史的考察　劉志鴻
著—初版—新北市：花木蘭文化出版社，2012〔民101〕
目 2+142 面＋目 2+66 面；19×26 公分
（古代歷史文化研究輯刊 七編；第 8 冊）
ISBN：978-986-254-818-9（精裝）
1. 刑律論　2. 祠祀　3. 宋代
618　　　　　　　　　　　　　　　　　101002872

ISBN-978-986-254-818-9

9 789862 548189

古代歷史文化研究輯刊
七 編 第 八 冊　　　　　　ISBN：978-986-254-818-9

宋代刑罰修正之研究——以盜賊重法與左教禁令為中心
宋代的祠廟與祠祀——一個社會史的考察

作　　者　黃純怡／劉志鴻
主　　編　王明蓀
總 編 輯　杜潔祥
出　　版　花木蘭文化出版社
發 行 所　花木蘭文化出版社
發 行 人　高小娟
聯絡地址　新北市永和區中正路五九五號七樓
　　　　　電話：02-2923-1455／傳眞：02-2923-1452
網　　址　http://www.huamulan.tw 信箱 sut81518@gmail.com
印　　刷　普羅文化出版廣告事業
初　　版　2012 年 3 月
定　　價　七編 24 冊（精裝）新台幣 38,000 元

宋代刑罰修正之研究
——以盜賊重法與左教禁令爲中心

黃純怡　著

作者簡介

　　黃純怡，出生於台北市，中興大學歷史學博士，師承王明蓀教授專研宋代歷史。目前任教於中興大學歷史學系，講授宋史、中國歷史與民間傳說等課程。為「宋史研讀會」成員，並曾參與中研院「年輕學者精進計畫」（三年期）。

　　著作《宋代行會之研究》（中興大學歷史學研究所碩士論文），論文有〈唐宋時期的復讎——以正史案例為主的考察〉、〈宋代戶絕之家的立嗣——以判例為主的探討〉、〈法律執行與地方治安——論宋代的盜賊重法〉、〈宋代的賭博風習及其社會意義〉等多篇。目前正進行宋代外戚與政治的相關研究。

提　要

　　有關中國史的分期，二十世紀初日本學者內藤湖南提出了「唐宋變革期」的看法，而在法制史研究上，唐宋之際的相關討論則往往將此兩代相提並論，並將宋的法律視為唐代的延續。本書作者認為，法制史研究不能只看律文，而應透過實際執行的狀況來理解，因此藉由宋代「盜賊重法」、「左教禁令」為主來討論宋代刑罰修正的特色。根據本書的研究，此兩法在宋代法規上都有加重懲治的律文，然而實際執行卻常較規定為輕，因此對懲治盜賊及遏止左教的成效有限。

　　本書並就此提出幾個原因：第一是皇權的提高，使得皇帝有權做出最後的判決，並藉此顯示皇恩浩蕩。第二，宋代不編纂新的法典，而承繼唐代的法典，以敕令格式與判例來補律文的不足，隨處增敕的結果使得詔令混亂，使得法官有時也會無所適從，往往依照己意或是之前的判例來處理。第三，宋代國策重中央輕地方，地方治安不佳時常無有效軍力可用，只好藉招安盜賊將領來處理，並將盜賊編制為士兵加入軍隊，以致立法與執行常不能有效配合，呈現出宋代刑罰修正的特色。

目

次

第一章　緒　論

第一節　研究動機

　　古代法律，並非是自由主義之下的產物，而是執政者爲了便於管理、維持社會秩序及安定，要求人民遵守的原則。因此中國古代的法律，常受皇帝和法官的掣肘，而無法完成發揮它原有的懲惡止姦的功能。自唐代出現一部完善的成文法典——唐律疏議，此法典的條文和精神一直爲後代所援用，而由成文法的出現，我們發覺中國古代法律有作爲一通則性的規定，使得判案能兼顧情理，並有其法理的依據的趨向。

　　日本學者內藤湖南對於中國史分期問題，曾提出「唐宋變革期」的看法，其中宮崎市定也承續內藤的意見，認爲「宋代是近世的開始」〔註1〕，並提出：宋代因爲近代的個人主義開始興起，使得以禮爲主的法律形式，已無法適應新的時代。〔註2〕宮崎市定的看法，在宋代呈現的是律的適用性動搖，而代以「敕」的方式加以修正，宋代由於社會、經濟上的諸多變化，使得原有的《宋刑統》無法適應當時社會的需要，而加重了「敕」、「令」、「格」、「式」的地位，另也善於援用「判例」來審理案件，這可說是宋代法制的一大特色。南宋李心傳云：

〔註1〕　內藤湖南，〈概略的唐宋時代觀〉，《內藤湖南全集》（八）（日本筑摩書房，1976），頁111～120。
〔註2〕　宮崎市定，〈宋元時代的法制和審判機構〉，收入《日本學者研究中國史論著選譯》（北京：中華書局，1992.7），頁253。

> 國初但有刑統，謂之律。後有敕令格式與律並行，若不同，則從敕
> 令格式。〔註3〕

宮崎市定指出宋代這種個人主義興起的狀況，也可以由南宋以後，在民事訴
訟增多的情形下看出端倪。中國傳統那種雞犬相聞、與世無爭的理想社會，
在宋代已不復見，隨著土地私有制度的興起、商業的發達，形成土地頻繁轉
移的現象。元代的胡祗遹曾經提到宋元之際的田制變化：

> 三代經野有法，不惟務本，地著而民和，至于一切紛亂詞訟，皆無
> 自而起。自經野無法，田不隸官，豪者得以兼併，游手者得自貨賣，
> 是以離鄉輕家，無父母之邦，無墳廬之戀，日且一日。千年田換八
> 百主，交易若是之煩，因地推收稅石之冗，官吏奸弊，出入挑攪，
> 獄訟萬端……視骨肉為仇讎，化鄰里為盜賊。〔註4〕

胡祗遹所指出的這種土地頻繁轉移的現象，致使民眾開始注重自身權益的爭
取與確保，形成民訟增多。這也是宋代的一項主要變化。宋代的變化造成皇
帝大量發布各種法律形式，以己之意修正律文，形成宋代刑罰修正的現象。

　　研究法制史的學者，早期僅有少數如瞿同祖、徐道鄰等人，日本學者仁
井田陞、滋賀秀三、大庭脩、島田正郎等人也有相當豐碩的研究成果，但他
們的研究範疇並非以宋代法制史為主，而多半以唐宋的專題作為討論的對
象，或如島田正郎以遼代或北方民族的法律的相關研究，專研宋代法制史者，
僅有徐道鄰一人。近二十年來這種情況有了顯著的改變，隨著一九八七年中
國社會科學院《名公書判清明集》點校本的出版，更多的學者利用判決的相
關資料，重新審視宋代社會的運作情形，而得到許多寶貴的結論。〔註5〕不可
否認的，法律的條文和實際的案例，可用來觀察社會史及制度、皇帝和基層

〔註3〕 李心傳，《建炎以來朝野雜記》，（甲集）（北京：中華書局，1985）卷4〈淳熙
　　　 事類〉，頁61。

〔註4〕 胡祗遹，《紫山大全集》（收入四庫全書珍本，台灣商務印書館，1968），卷23
　　　 〈折獄雜條〉，頁34左～右。

〔註5〕 如赤城隆治，〈南宋期の訴訟について——健訟と地方官〉，《史潮》16 期，
　　　 1985；梅原郁編，《中國近世の法治と社會》（京都大學人文科學研究所，
　　　 1993）；大澤正昭，《主張する〈愚民〉たち》（東京：角川書店，1997）；王
　　　 善軍，〈從《名公書判清明集》看宋代的宗祧繼承及其與財產繼承的關係〉，《中
　　　 國社會經濟史研究》1998 年 2 期，頁 19～26；宋代官箴研讀會編，《宋代法
　　　 律與社會——《名公書判清明集》討論》（台北：東大圖書公司，2001）等書
　　　 均以《名公書判清明集》的史料為討論對象。此外，《名公書判清明集》的日
　　　 文與英文譯本也出版問世。

社會的關係，研究法制史的學者，有的以法律的運作及機制出發，有的將之運用在社會史研究上，爲法制史研究另闢蹊徑，找尋一個新的研究方向。但是關於宋代法制的一些問題，仍然有待深入探討。宋代的法律並未出現成文法典的編纂，而是承續唐代的法典，這是因爲唐律的優越性，但隨著社會的變遷，也產生宋代「以敕代律」的特色。再者，宋代的刑罰上，由於社會、經濟上產生的變化，形成頻繁的刑罰修正現象，宋代的刑罰修正，如何減輕？如何加重？究竟其實際的運作如何？這點也須進一步加以釐清。本專書即針對宋代刑罰修正爲主題，探討人治、儒家的影響等諸多層面，以及探究宋代法令，如盜賊重法、風俗禁令，說明宋代刑罰修正的特色，以觀察宋代在整個中國法制史上的特殊性及其對後代法制的影響。

第二節　前人研究成果

　　過去宋代法制史的研究，在整個宋史研究上是屬於較冷門的項目。針對宋代法制作研究的，早期有徐道鄰、日本學者仁井田陞、宮崎市定等幾位，但他們的論文多半仍收集在中國法制史論集的專書之中。徐道鄰著有《中國法制史研究》，對宋律的制定、刑事與民事審判、縣級司法和法律考試等均有專文。〔註6〕仁井田陞著有《中國法制史研究》、《唐宋法律文書の研究》，宋代法律僅占有部分篇幅。〔註7〕宮崎市定著有專文〈宋元時代的法制和審判機構〉，提出近世宋元法律的性質，是個人主義勃興的現象。

　　其後因爲一九八七年大陸出版了《名公書判清明集》，這個本子較過去的靜嘉堂文庫本增加許多資料，因此引起許多學者的注意與研究。隨之而起的是出版了數本宋代法制的專書。如郭東旭的《宋代法制研究》，郭東旭戮力宋代法制研究多年，其論文散見各書，本書彙集他多年來的研究成果，將行政法、罪名法、刑罰制度、經濟法、財政法、婚姻家庭法、物權法、債權法、刑事和民事訴訟法均分章探討。〔註8〕徵引文獻豐富，是本書的特點。王雲海主編《宋代司法制度》，本書另有季懷銀、朱瑞熙等人參與撰述，是河南大學組織策劃的研究成果。本書使用許多現代法學的觀念，詳述宋代司法的成就

〔註6〕　見徐道鄰，《中國法制史論集》（台北：志文出版社，1975.8）。
〔註7〕　仁井田陞，《中國法制史研究》（東京大學出版會，1959）、《唐宋法律文書の研究》（東京大學出版會，1983復刻本）。
〔註8〕　郭東旭，《宋代法制研究》（河北大學出版社，1997）。

如鞫讞分司制度、越訴法、限期結案制等，對宋代法制的缺點和局限也有論述。〔註9〕本書的優點在於分門別類的敘述宋代司法制度的運作及發展，但缺點是使用頗多他人研究成果而未標明出處，而徵引的文獻也不夠廣泛。趙曉耕有《宋代法制研究》一書，全書收錄了關於宋代法制的十三篇論文，包括了立法思想、民事法、經濟法各專論，以〈宋代的民事法律述略〉一文最爲詳盡，作者認爲宋代因爲商品經濟的發展和傳統觀念「利義均重」的轉變，是使得民法較前代發展的主因。對於宋代民事法的規範如債權、財產等也有諸多探討。〔註10〕

針對宋代的刑律，薛梅卿有《宋刑統研究》一書，本書以《宋刑統》的編修頒行到流傳和影響作爲主要的探討重點，尤其對於《宋刑統》和《唐律疏議》之間的承襲和變異都有討論。〔註11〕此外，其他相關研究包括了「折杖法」、宋代矜貸贓吏之法的導向等文章。對於宋代的重要刑案神宗時「阿云」案的相關研究也很多。〔註12〕由於阿云因嫌未婚夫醜陋，趁他睡著將他斫傷，因而延伸出阿云案的相關爭議。這個爭議主要是阿云的身份，因她尚未成婚，因此和未婚夫究竟是否存在婚姻關係？此其一；其次是阿云自白殺人，是否符合自首條件？此其二；阿云是預謀或是臨時起意，此其三。學者的研究基本上針對這三點爭議，引申法意和史料作出研究。

美國學者馬伯良（Mcknight , Brian E.） 長期以宋代法制爲研究範圍，他的專書 "Law and Order in Sung China" ，主要以宋代法律和秩序爲主題，對法律體系的維持治安和執行刑罰的機構著力甚深，尤其是宋代的罪行與罪犯、執法的機制、人事問題與刑罰體制等內容。〔註13〕本書另有 Paul Smith

---

〔註9〕 王雲海主編，《宋代司法制度》（河南大學出版社，1992）。

〔註10〕 見趙曉耕，《宋代法制研究》（北京：中國政法大學出版社，1994.1），頁49～89。

〔註11〕 薛梅卿，《宋刑統研究》（北京：法律出版社，1997.11）。

〔註12〕 研究此案者有：沈家本，《歷代刑法考》第四冊，〈寄簃文存〉，頁 2161～69。徐道鄰，《中國法制史論略》，頁 73～79。郭成偉，〈從阿云獄審理看宋神宗年間的「敕律之爭」〉，《政法論壇》，1985 年第 4 期，頁 56～61。蘇基朗，〈神宗朝阿云案辨正〉，《唐宋法制史研究》，頁 149～171。Albert Borowitz, "Strict Construction in Sung China: The Case of a Yun", *American Bar Association Journal 63*（1977.4），pp522～28. John Langlois, "Living Law in Sung and Yuan Jurisprudence ," *Harvard Journal of Asiatic Studies 41.1*（1981），pp.165～217.

〔註13〕 Brian E. Mcknight, "Law and Order in Sung China," *Cambridge ; New York : Cambridge University Press*, 1992.

的書評。〔註 14〕Paul Smith 認爲該書內容豐富，但卻對宋代政府執行政策的實效，評價過高。其次 Mcknight 認爲宋代的不安定來自經濟發達和都市化，但 Paul Smith 則指出經濟危機才是主因。而他認爲本書也欠缺延續性的探討，法制史的研究不能只放在斷代的分析裡。

　　近來學界由於《名公書判清明集》的出版和對宋代基層社會的關注，成立了相關的讀書會，如「宋代官箴研讀會」先後針對宋代官箴如《作邑自箴》等、及《名公書判清明集》作研讀，並出版《宋代社會與法律《名公書判清明集》討論》。〔註 15〕中研院的柳立言出版多本專著如《宋代的家庭與法律》（2008）、《宋代的宗教、身份與司法》（2011）及多篇法制史論文。

　　以上對於宋代法制的專書部分作一介紹，以下就宋代法制史與本論文有關者作討論。

一、關於宋代法制的特點

　　徐道鄰在《中國法制史論集》當中的〈宋律中的審判制度〉、〈翻異別勘考〉、〈鞫讞分司考〉、〈宋代的法律考試〉、〈宋朝刑事審判中的覆核制〉、〈推勘考〉等論文中，提出宋代是傳統律法發展的高峰。此外他也認爲宋皇帝尊重法律且將法律列爲考試科目，是進步的表現。郭東旭則在《宋代法制研究》提出五點：（一）以敕代律是立法上的重大變化；（二）自立刑制，重典治民，是刑法上的等特徵；（三）扭轉財政困難是經濟法的任務；（四）保護私有權是民事法的內容；（五）重視證據；（六）訟學和律學的發展。〔註 16〕

　　美國學者 Brian E. Mcknight 則指出爲了法律適用問題，宋代爲了避免法律產生抵觸，采用二大原則：一爲鄰近原則，一爲特別法效力原則，主張皇帝最近的意志優於先前意志的效力，特別法則體現特別法規優於一般性原則。〔註 17〕

　　另外，Brian E. Mcknight 的著作："Law and Order in Sung China"，這本

〔註 14〕Paul Smith, "Review of Law and Order in Sung China , by Brian E. mcknight," *Journal of Sung and Yuan Studies 24*（1994），pp313～321.

〔註 15〕宋代官箴研讀會，《宋代社會與法律《名公書判清明集》討論》（台北：東大出版公司，2001）。

〔註 16〕郭東旭，《宋代法制研究》（河北大學出版社，1997），頁 8～13。

〔註 17〕Brian E. Mcknight，〈從律到例：宋代法律及其演變簡論〉，收入高道蘊、高鴻鈞、賀衛方編《美國學者論中國法律傳統》（北京：中國政法大學出版社，1994），頁 297。

以宋代法律和秩序為主題的專書，則注意到了宋代刑罰頻繁修正的現象。本書討論了很多宋代罪行的形式、執法的機制與人的問題。〔註18〕

二、盜賊罪與重法等相關問題

　　對於盜賊所造成的變亂，有多人進行政治史論點的探究。如李榮村有多篇對於蠻亂的論文，李文多以少數民族的變亂為討論中心。〔註19〕王世宗《南宋高宗朝變亂之研究》，探討南宋高宗的變亂及政府對策，對政府提出的「招安」政策也多所討論。〔註20〕黃寬重《南宋地方武力──地方軍與民間自衛武力的探討》則以地方軍與民間自衛武力的討論為主，也提及中央與地方的關係，其中地方軍與民間自衛武力，都有加入討伐盜賊的工作。〔註21〕

　　對於盜賊罪的研究，郭東旭的前揭書《宋代法制研究》有部分內容討論盜法的發展、賊法的重典化的主題。可說明確的討論了宋代盜賊重典化的傾向，但此僅為專書當中的一部分，因此對重法之下的執行狀況，則缺乏討論。

　　日人佐伯富有專文討論北宋的重法地分，該論文對重法地分的實施、區域都有分析。〔註22〕但對重法地分下，盜賊的實際懲治效果和狀況，則沒有持續討論。該文也提出重法地分的政策，也與北宋的新、舊黨有關，但光憑哲宗時舊黨范祖禹對重法地分的反對言論，就認為新黨多為贊成重法地分、舊黨必然反對，似乎稍失之疏略。

三、宋代的祕密法禁的問題

　　學者的研究概況，多半集中在探討宋代的民間宗教、民間信仰等。〔註23〕

〔註18〕 Brian E. Mcknight, "Law and Order in Sung China," *Cambridge ; New York : Cambridge University Press*, 1992.

〔註19〕 李榮村，〈宋代湖北兩江地區的蠻亂〉，收入《宋史研究集》（台北：國立編譯館，1984.3），頁351～411。

〔註20〕 王世宗《南宋高宗朝變亂之研究》，台灣大學歷史所碩士論文，1987.6，該書為台灣大學出版，1989。

〔註21〕 黃寬重《南宋地方武力──地方軍與民間自衛武力的探討》，台北東大圖書公司，2002。

〔註22〕 參見佐伯富，〈宋代における重法地分について〉，收入《中國史研究》（京都：東洋史研究會，1969），頁472。

〔註23〕 如 Valerie Hansen, Changing Gods in Medieval China, 1127～1276。中譯本《變遷之神-南宋時期的民間信仰》由浙江人民出版社出版，1999.9。日本學者亦有多篇討論宋代的民間宗教等問題。

對於宗教信仰與政府的關係，有沈宗憲，《國家祀典與左道妖異-宋代信仰與政治關係之研究》。〔註24〕本書是以思想與文化的角度，討論宋代民間信仰的問題，他並提出：民眾或為感念官吏治績，或為藉鬼神謀取個人利益，或為解決生活困境而祈禱禳災，都擴大了民間祠祀祭拜的內容，這也使得政府不斷針對祭祀對象、祭祀行為與組織，頒行禁令。也有士人或官員試圖改變人民的祭祀行為，有的強行取締，有的宣導觀念，但上述改變人民祭祀行為的努力並未成功。沈氏另有單篇論文：〈宋代民間祠祀與政府政策〉，探討宋代政府對於民間信仰的態度與政策，提出宋代政府禁抑淫祀的原因，有：敗俗、斂財、妖言惑眾、聚眾滋事、宗教考慮等，帝王自身的宗教信仰也影響朝廷的政策。〔註25〕由沈文的論點看來，宋廷對組織化的宗教行為，取締最力。

對祕密宗教的法禁方面，有郭東旭，〈宋代祕密宗教與法禁〉，〔註26〕該文就祕密宗教的名稱、流傳及組織都有敘述，宋廷對這些傳習妖教的組織，嚴令追捕，並重懲妖賊，但事魔之風不可勝禁，郭氏認為這是因為農民利用宗教組織起事，而當時「階級矛盾，以致農民團結反抗鬥爭」所致。

在前人的研究成果中，多半認為宋代的法制是相當進步的，而在刑法上則有重典懲治的傾向。對於訴訟的日益增多和訟學的興起也頗多探討，本論文希望在這些學者的研究基礎上，對宋代法制當中刑罰修正的特色再作進一步的思考。

第三節　方法及史料的使用

本書雖以宋代法制為主要研究對象，但宋律承襲自唐律，唐律許多思想來源及規定又受到前代的影響，因此在各節的內容敘述上，會略述其淵源，以作為背景了解。在方法上是將部分的法律理論和史料作相應的結合。尤其是社會如何處理破壞規則的各種方式。

史料的使用上分四部分，第一類為正史類重要史料。如《宋史》、《續資治通鑑長編》、《宋會要輯稿》、《建炎以來繫年要錄》、《建炎以來朝野雜記》

〔註24〕沈宗憲，《國家祀典與左道妖異——宋代信仰與政治關係之研究》，台北：台灣師範大學史研所博士論文，2000年6月。
〔註25〕沈宗憲，〈宋代民間祠祀與政府政策〉，《大陸雜誌》91卷6期，1995.12，頁25～41。
〔註26〕郭東旭，〈宋代祕密宗教與法禁〉，《宋史研究論文集》（河南大學出版社，1992），頁413～415。

等著作,其中本書史料上以前四部著作所徵引的史料最多。第二類爲記載宋代法律的一手史料,如《宋刑統》、《慶元條法事類》、《名公書判清明集》及散見的判決文等,由於宋律對唐律頗多沿襲,因此《唐律疏議》也爲重要的參考文獻。第三類爲宋人文集,其中有不少對宋代法制的描述或對地方上的諭俗、教化及判決文字。如張方平《樂全集》、朱熹《朱熹集》、劉克莊《後村先生大全集》、眞德秀《諭俗文》等。第四類是宋代官箴及家訓、族規等著作。如《作邑自箴》、《畫簾緒論》、袁采《袁氏世範》、鄭太和《鄭氏規範》、陸游《放翁家訓》、趙鼎《家訓筆錄》等。第五類爲宋人筆記小說,散見許多法制史料和當時風俗。如《雞肋篇》、《能改齋漫錄》等。

此外,除了上述幾大類的主要徵引文獻之外,也采用部分石刻史料及金石資料、方志資料作爲輔助。如《石刻史料新編》、王昶《金石萃編》、《宋元方志叢刊》等。

第四節　論文結構及章節安排

本書共分爲六章。章節安排如下:

第一章緒論,略述本論文的研究動機、前人研究成果、方法及史料的使用及論文結構及章節安排方式。

第二章宋代刑罰修正的背景因素,討論:宋代立法頻繁的現象、皇權的升高及儒家文化的影響。

第三章討論宋代刑罰減輕的原則,分成四部分:限制人的責任能力、「議請減贖」與官吏犯罪的特殊待遇、自首的減免、孝道原因的恩恤。

第四章討論宋代的盜賊重法,一般學者皆認爲宋代法制的特點爲重典懲治盜賊,其盜賊重法和重法地分爲其特色。本章討論盜賊重法和其執行狀況,主要關注於盜賊重法的實際運作情形。

第五章討論民間宗教與左教禁令,本章分爲民間信仰與政府政策、民間祕密宗教和禁令三部分加以探討。

第六章爲結論,主要作出總結,討論的層面有二:一爲宋代法制的特色;二爲宋代在整個法制史的發展上承先啓後的影響。

第二章 宋代刑罰修正的背景因素

　　宋代建國之後，太祖建隆 4 年（963）命竇儀與權大理寺少卿蘇曉等人，在後周《顯德刑統》的基礎之下，重新編訂《建隆重詳定刑統》，簡稱《宋刑統》。為了使法律符合社會與經濟的需求，宋代「適其變」而「殊其法」，君主不斷的發布「敕」、「令」以補律之未備。「刑罰修正」不僅指的是宋代法律形式的多樣化，所形成以「敕」、「令」調整「律」的現象，也指的是在法律規定之外，不依律文而因事理而頻繁修正的變化。

　　本章的討論重心，在於探究宋代刑罰修正的背景成因，宋代因為社會與經濟產生的變化，使得原有的律不符合執政者的需要，而大量的發布「敕」、「令」、「格」、「式」，又有「例」的使用，取代了《宋刑統》的常法地位。其次，宋代以後皇權的上升、儒家文化影響下所形成的恤刑、教化的理念，也是造成宋代刑罰修正的背景因素。

第一節 宋代社會與經濟的變化

　　自唐中期以來，因戰亂的影響使得原來的貴族社會即有所變化，在經濟上商業發展也有快速上升的趨勢。商業與都市的進一步發展，土地制度以私人土地制為主，這些都形成土地頻繁轉移的現象。這種土地頻繁轉移的現象，伴隨著商業興盛之下個人意識的增高，在民間呈現詞訟增多的現象，對於田土交易、財產繼承、婚姻問題等，一般民眾的官司糾紛層出不窮，以南宋中晚期的彙集的判決文《名公書判清明集》為例，就有很多交易糾紛的記載。〔註 1〕由

〔註 1〕如《名公書判清明集》當中，記載買賣糾紛「一屋兩典」者，見卷之 9〈重疊〉，

於田土問題而衍生了借貸、典當、契約等契約關係，又因財產權的變化，也衍生財產繼承、戶絕等問題等，這些都是因爲宋代社會、經濟的變化，使得原有法律的規範不再適用，因此，適度的調整與修正法律，以符合統治的需要，則成爲宋廷的一項主要課題。

爲因應社會、經濟的變化，宋代因襲唐律律、令、格、式，而隨時損益則有「編敕」，一司、一路、一州、一縣又別有敕。〔註2〕此後隨著敕日益增多，每代皆有編敕活動。仁宗時對敕有所討論：

> 仁宗曰：「或謂先朝詔令不可輕改，信然乎？」王曾曰：「此憸人惑上之言也。咸平之所刪，太宗詔令十存一二，去其繁密以便於民，何爲不可？」於是詔中外言敕得失，命官修定。〔註3〕

神宗以律不足以周全處理，「凡律所不載者一斷以敕，乃更其目曰：敕、令、格、式，而律恆存乎敕之外。」又曰：「禁於已然之謂敕，禁於未然之謂令，設於此以待彼之謂格，使彼效之之謂式」，〔註4〕於是法律刑式也變爲複雜，歷代的散敕匯編的活動，也成爲最頻繁的立法活動。

在刑罰體系上，宋初所制訂的《宋刑統》承襲唐律的五刑體系：流、徒、杖、笞、死，但實際上則多有修改。如宋太祖創制「折杖法」，按照四刑當中的流、徒、杖、笞之輕重，以杖刑折合刑罰。〔註5〕又爲寬貸雜犯死罪，制「刺配法」。〔註6〕爲寬貸命官犯罪，凡當配隸不文面者流之，謂之「編管」。〔註7〕這些在五刑之外適用不同層次犯罪的刑罰，也是宋代在刑罰體系上的一項變化。

第二節　皇權的升高

中國皇帝，是超越法律之上的最高權威。自秦始皇統一六國（221B.C），

　　頁302。「契要不明」者，見卷之4〈高七—狀訴陳慶占田〉，頁103；〈章明與袁安互訴田產〉，頁111；〈呂文定訴呂賓占據田產〉，頁106等。「僞造契約」者有卷之9〈僞將已死人生前契包占〉，頁306～7；卷之4〈乘人之急奪人屋業〉，頁131；卷之6〈僞冒交易〉，頁172～3。
〔註2〕《宋史》，卷199〈刑法志〉，頁4962。
〔註3〕《宋史》，卷199〈刑法志〉，頁4962。
〔註4〕《宋史》，卷199〈刑法志〉，頁4964。
〔註5〕見《宋史》，卷199〈刑法志〉，頁4967。
〔註6〕見蘇洵《嘉祐集》（收入四部叢刊，上海書店，1989），卷5〈議法〉，頁5左。
〔註7〕見《宋會要輯稿》，刑法4之1，乾德5年2月14日，頁6608上。

為皇帝建立之始，皇帝仰賴官僚體系承理各項業務，然而，皇帝的專制與獨裁，也是隨著政治制度、社會結構的建立、乃至於意識型態——主要為忠君思想的形成，逐步加以鞏固的。因為，皇帝權力的絕對與完全性，是皇帝統治的基本特質與要求。〔註 8〕邢義田指出，自唐末五代以來，隨著科舉制度的興起和唐末世家大族的消亡殆盡，社會上已沒有和皇權分庭抗禮的力量。因此帝王極易牢籠士人，肆意擺佈。〔註 9〕

　　日本學者佐伯富則指出，宋代君主和唐代以前的秦皇、漢武、唐太宗等不同之處，在於唐代以前的君主是憑藉著個人的能力，而宋代君主則是藉由制度性的改變——主要是官制，以一種盡可能分割官僚機構原有的事權的方式，來將官僚機構整個納入了皇帝直接指揮的系統之內，來逐步建立集權的君主獨裁。〔註 10〕皇帝的權威與恩恤，所形成頻繁的赦降制度，藉由能對百姓施恩，表現儒家君主愛民的一面，但卻對法律造成的一定的傷害。

　　本節針對皇帝透過恩恤而改變對法律的執行結果的這個部分，來探討皇權的問題。

　　中國傳統社會這種「德主刑輔」、「明刑弼教」的發展，反映在人治——吏治的模式之中，社會動力主要在開明的君主上，士人將三代之治的理想社會作為寄托，而無法發展出如西方的「權利」的觀念。許多史料的記載可以證明，皇帝是超越法律之上的權威，但這不表示皇帝可以憑一己之意來判案，他仍須聽從大臣們的公議，藉由對案件的了解與臣下的意見，再由皇帝作出最後的裁決。當然皇帝會選擇聽從和自己意見最為接近或是他最信任的大臣，甚至在判決上大多數仍取決自己的判斷，但會受到大臣的態度與公評的制約。

　　以神宗時的重大案件阿云案來看，此案自晚清沈家本以來，研究的學者不少，〔註 11〕原因在於其涉及的法律理念的辯論相當複雜，這裡以阿云案作

〔註 8〕 見劉靜貞，《北宋前期皇帝和他們的權力》（台北：稻鄉出版社，1996.4），頁4。

〔註 9〕 參見邢義田，〈奉天承運——皇帝制度〉，《立國的宏規》（台北：聯經出版社，1989），頁67。

〔註 10〕 見佐伯富，〈宋朝集權官僚制の成立〉，《岩波講座世界歷史》（九）（東京：岩波書店，1970），頁169～180。本文亦收入氏著，《中國史研究》（京都：東洋史研究會，1969），頁21～60。

〔註 11〕 研究此案者有：沈家本，《歷代刑法考》第四冊，〈寄簃文存〉，頁2161～69。徐道鄰，《中國法制史論略》，頁73～79。郭成偉，〈從阿云獄審理看宋神宗年

例子是因爲它在朝廷引起很大討論。案件的經過，根據《宋史》的記載，是在熙寧年間登州地區的一名阿云的女子，許聘給韋家，在尚未過門時，嫌未婚夫相貌醜陋，趁他在睡覺時殺他，但只斫斷手指頭。官方把她捉來訊問，她才承認實情，登州知府許遵認爲應以阿云自首的事實，減二等論處，但大理寺和刑部都認爲阿云犯了「謀殺已傷」罪，判成絞刑。〔註 12〕此案經許遵上奏，神宗命司馬光、王安石同議。二人意見不同，司馬光支持刑部，王安石支持許遵，皇帝因爲看重王安石，採取他的意見，於熙寧元年（1068）下詔：「謀殺已傷，按問欲舉自首者，從謀殺減二等論」。

在這個案件當中，神宗雖然採取了王安石的意見，但仍有許多大臣不服，御史中丞滕甫請再選官定議，御史錢顗請罷許遵，於是神宗不得不再選翰林學士呂公著、韓維與錢公輔三人再度審定此事，他們審議的結果仍同安石，結果使齊恢、王師元、蔡冠卿等大臣又再度上詔，皇帝又令他們和安石同議，師元等人始終堅持己見，神宗左右爲難之下，於熙寧 2 年（1069）下詔「自今後謀殺人已傷自首，及按問欲舉，並奏取敕裁」，希望能平息爭議，但事與願違，刑部等人始終反對，要求再度交由兩府合議。在這個案件當中，延伸了阿云自首與否及減刑的法理問題，所以引起大臣的不同意見，神宗因爲重視王安石，以他的意見作爲裁決，但其他的大臣不服，神宗不得不爲此事下令再由大臣們反覆論難，這就證明了皇帝的裁決雖然是超越法律的權威，但仍會受到大臣們議論結果的制約。

皇帝除了藉由赦降制度來表示自己的仁慈愛民之外，對於案件當中的犯罪人的年紀、身體狀況與家庭情形，也具備自由裁量權。例如仁宗時寧州民龐張兒因毆龐惜喜死，應判處極刑，但仁宗哀矜張兒僅有九歲，應無爲惡之心，特免其罪。〔註 13〕又如慶曆年間，「寧州童子年九歲，毆殺人當棄市。帝以童孺爭鬥，無殺心，止命罰金入死者家。」〔註 14〕這些都是針對犯罪人的年紀所作的矜免，且皇帝的判決較法律更爲寬免的例子。

間的「敕律之爭」〉，《政法論壇》，1985 年第 4 期，頁 56～61。蘇基朗，〈神宗朝阿云案辨正〉，《唐宋法制史研究》，頁 149～171。Albert Borowitz, "Strict Construction in Sung China: The Case of a Yun", *American Bar Association Journal 63*（1977.4），pp522～28. John Langlois, "Living Law in Sung and Yuan Jurisprudence ," *Harvard Journal of Asiatic Studies 41.1*（1981），pp.165～217.

〔註 12〕《宋史》，卷 330〈許遵傳〉，頁 10627～8。

〔註 13〕《宋會要輯稿》，刑法 6 之 11，天聖元年 11 月 16 日，頁 6685 上。

〔註 14〕《文獻通考》，卷 170〈刑考九〉，頁 1475 上。

　　又如犯罪者因為自身的犯罪，必須接受徒刑或流配之刑時，由於自己的身份為獨子，使家中的長輩無人奉養，對於這種情形，犯罪者往往也會受到矜免。例如元豐 5 年（1082）屯駐豐州駐軍王安等人，因出言不遜，又鼓動軍衆擅還豐州，因王安上有老母六十餘歲，神宗因此而赦免了他。〔註 15〕南宋以降，「刑政紊而恩益濫矣」，〔註 16〕在赦降及恩宥之制上，更為常見。

　　宋代在法制史當中的特徵，常被學者們提出探討的是官吏犯贓罪的輕判及盜賊重法兩個特色。前者對於官吏的貪贓罪懲治愈來愈輕，可以說是宋代對於「刑不上大夫」與過度尊重文人的結果。但就中國在宋代以下皇權化上升的傾向來看，這種集權式的君主專制發展結果，使得執政者注意的是官吏在公共和私人之間犯罪的界限，國家會愈來愈重視官吏作為執法與維持政權之下的功能性，而非官員本身的廉潔。

　　皇權化上升的傾向，也可以由另一個角度來看。唐代編纂的重要成文法典《唐律疏議》的內容，為宋代所繼承。成文法典的建立與條文化，勢必削弱皇帝或法官的自由裁量權──他們必須依據法典來量刑，這點和皇權是相違背的，宋神宗以後，以敕令格式代替律的不足：「禁於已然之謂敕，禁於未然之謂令，設於此以待彼之謂格，使彼效之之謂式。……於是凡入笞、杖、徒、流、死，自名例以下至斷獄，十有二門，麗刑名輕重者，皆為敕。自品官以下至斷獄三十五門，約束禁止者，皆為令。命官之等十有七，吏、庶人之賞等七十有七，又有倍、全、分、釐之級凡五等，有等級高下者，皆為格。表奏、帳籍、關牒、符檄之類凡五卷，有體制模楷者，皆為式。」〔註 17〕在相當程度上，重視個案判決的「判例」，而非普遍適用的規則，則可以彌補法典化下侵犯皇權的缺憾。

第三節　儒家文化的影響

　　法律的基本精神是「人人平等」，不因貴賤、階級而有所分別。然而中國傳統的儒家文化則強調家族中的親疏、尊卑、長幼的分異，才能達到儒家心目中的理想社會。因此儒家提出一套能讓各階級有其特殊的行為規範的方法，這個方法就是禮：

〔註 15〕《宋會要》，刑法 6 之 18，元豐 5 年 5 月 13 日，頁 6688 下。
〔註 16〕《宋史》，卷 201〈刑法志〉，頁 5028。
〔註 17〕《宋史》，卷 199〈刑法志〉，頁 4964。

> 禮所以定親疏，決嫌疑，別同異，明是非。〔註18〕

荀子也云：

> 禮者，養也，君子旣得其養，又得其別。曷謂別？曰：貴賤有等，
> 長幼有差，貧富貴賤皆有稱者也。〔註19〕

儒家以「禮」來作爲分別親疏、尊卑、長幼的方式，並將「禮」當成達到理想社會的手段，使得每個人能夠「進退有度，尊卑有分」，社會中的秩序也因此而維持。儒家也視「禮」爲治國的手段，《禮記》：「禮者，即事之治也，君子有其事，必有其治，治國而無禮，譬猶瞽之」〔註20〕；荀子云：「人無禮則不生，事無禮則不成，國家無禮則不寧」〔註21〕，禮可以安定國家社稷，若沒有禮，壞國喪家亡人，「禮之所廢，眾之所亂也」。〔註22〕

　　法家注意的則是政治秩序的維持，法家認爲國家治理應賞罰分明，用以勸善、止姦，對於任何人的賞罰，都不要有客觀的標準，而是以同一的法律，才能維持公平。商鞅曰：「所謂一刑者，刑無等級，自卿相將軍以至大夫庶人有不從王令，犯國禁亂上制者，罪死不赦」〔註23〕，韓非子也云：「法不阿貴，繩不撓曲，法之所加，智者弗能辭，勇者弗敢爭，刑過不避大臣，賞善不遺匹夫。」〔註24〕這種在法律之前人人平等的想法，和儒家有等級之分有很大的差異。所謂「禮者禁於將然之前，而法者禁於已然之後」，儒家以禮教的力量來收潛移默化之功，使人心良善，而法家則以法律來禁姦止惡，以維持國家的長治久安。儒法之爭，實際上只是任德或任刑的體用之爭，全不涉及法本身是什麼的本質性問題，〔註25〕故而儒、法思想的不同，只是在於維持社會秩序的手段、實現理想社會的方法上不同。〔註26〕

　　經過先秦的眾學說百家爭鳴的盛況，秦代以法家治國，然而法家的嚴刑峻法與在文化上實行統一的種種政策，卻讓百姓民不聊生，秦代短暫的統治

〔註18〕《禮記》，卷1〈曲禮上〉，頁14上。

〔註19〕《荀子》（收入《叢書集成初編》，北京：中華書局，1985），卷13〈禮論篇第十九〉，頁402。

〔註20〕《禮記》，卷50〈哀公問〉，頁853下。

〔註21〕《荀子》，卷1〈修身篇第二〉，頁20。

〔註22〕《禮記》，卷50〈仲尼燕居〉，頁856下。

〔註23〕《商君書》，〈賞刑第十七〉，頁157。

〔註24〕《韓非子》（貴州人民出版社，1992.11），卷2〈有度〉，頁74。

〔註25〕梁治平，《尋求自然秩序中的和諧──中國傳統法律文化研究》（北京：中國政法大學出版社，1997），頁56。

〔註26〕瞿同祖，《中國法律與中國社會》，頁371。

似乎也代表著法家理論在實踐後的失敗。有鑑於此，漢初實行黃老之治，無為而治的主張，約法省禁，與民休養生息，固然達成政治上的盛世——文景之治，但在此時，執政者卻急需一套更符合現實，更能維持專制政治與帝王權威的思想，作為統治的需要之用，於是儒家思想便應運成為正統。

在漢武帝任命董仲舒將儒學定於一尊之後，董仲舒提出的儒家思想，其實已經就先秦的儒家、法家思想作過一番調和，他將儒家所提倡的道德倫理觀，推崇為政治、社會與家庭遵循的最高原則，並加上「天人感應」的目標作為永恒的真理。此外，他也參酌道家、陰陽五行家等思想，而使儒家思想成為能適應現實需要的精神指標，同時，也符合統治者的期望——大一統的思想統治。瞿同祖即指出，儒家以禮為維持社會秩序的規範，法家以法律為維持社會秩序的規範，儒家以德教為維持禮的力量，法家以法律制裁為推行法律的力量，這兩者的力量，在西漢武帝以後，已漸趨調協。〔註27〕

調協的原因，正是在漢武帝「罷黜百家，獨尊儒術」以後，以董仲舒為首的儒家思想，已經參合了法家、道家及陰陽五行家的思想。董仲舒認為德刑之不可偏廢，有如陰陽不可獨缺一樣：

> 王者欲有所為直求其端於天，天道之大者在陰陽，陽為德，陰為刑，……陽出布施於上而主歲功，陰入伏藏於下而時出佐陽，陽不得陰之助，亦不能獨成歲功。〔註28〕

董仲舒認為以刑來治理社會有其功能，也有其必要性，問題只是德與刑之間孰主孰副。他說：「陽為德，陰為刑，刑主殺而德主生。是故陰陽居大夏，而以生育養長為事，陰當居大冬，而積於空虛不用之處，以此見天之任德不任刑也。」〔註29〕由此可見，他的看法是「德主刑輔」，以儒為體，以法為用。這類看法也是當時漢儒以致後代多數的儒家最普遍的看法。

法律儒家化最明顯的例子就是西漢的春秋決獄之風，指在司法審判中直接援引《春秋》及儒家其他經典的事例或精神作為定罪量刑的依據。《春秋》決獄的實質是根據行為人的主觀心態來判斷其是否有罪。董仲舒云：「春秋之聽獄，也必本其事而原其志。志邪者不待成，首惡者罪特重，本直者其論輕」。

〔註27〕瞿同祖，《中國法律與中國社會》，頁409。趙曉耕，〈禮與法的衝突與融合〉，收入《儒學與法律文化》（中國儒學與法律文化研究會編，上海：復旦大學出版社，1992.9），頁218。

〔註28〕《漢書》，卷22〈禮樂志〉，頁1031。

〔註29〕《漢書》，卷56〈董仲舒傳〉，頁2502。

〔註 30〕而漢代桓寬則云：「故春秋之治獄，論心定罪。志善而違於法者，免；志惡而合於法者，誅。」〔註 31〕這些以儒家經典來判斷是否有罪的方式，最大的特點就是法官不必為法律條文所約束，可充分發揮自由裁量的權力，當然自由發揮並非完全無限制，而是有儒家的精神原則在節制。

春秋決獄之外，漢代亦有以經注律之風，儒生群聚闡釋法律，出現「治律有家，子孫並世其業，聚徒講授，至數百人」〔註 32〕的現象，至東漢尤為盛行，「後人生意各為章句。叔孫宣、郭令卿、馬融、鄭玄諸儒章句十有餘家，家數十萬言。凡斷罪所當用者，合二萬六千二百七十二條，七百七十三萬三千二百餘言」〔註 33〕。引經入律的目的，也在納禮入律，法律的儒家化也逐步形成，最後才是法典的編製。

由各代所編製的法典，最可以反映出儒法二家思想的調和。所謂的「引禮入法」、「德主刑輔」、「明刑弼教」的觀念，在法典當中尤其可以找到明顯的例子。東漢末年分崩離析之後，三國均懷更新之志，其中尤以曹魏為甚，曹魏當中陳群崇奉儒經，劉邵更執經講學，他們精研經典，魏律正出自他們之手。魏律儒家化的重要內容，就是引八議入律。

其後的晉律，依據魏律制定，參與晉律的鄭沖、杜預、裴楷也都是儒學通儒，以「竣禮教之防，准五服而治罪」為制律準則，〔註 34〕使法律條文又進一步納入儒家的理念。

晉律在法律儒家化的過程當中有承先啟後的作用，而其後朝的立法也值得注意。北朝之主雖為胡族，但推崇漢文化，也知以漢法治漢地的道理，創制立法均倚重中原人才，如參與北魏律的崔宏、崔浩父子及高允、劉芳等均為宏儒，使儒家思想納入北魏律中。北齊立法以北魏為藍本，至此，中國儒、法合流已基本上完成，隋唐將這個成果繼承與固定下來，如陳寅恪言：

> 古代禮律關係密切，而司馬氏以東漢末年之儒學大族創造晉室，統治中國，其所制定之刑律尤為儒家化。既為南朝歷代所因襲，北魏改律，復采用之，輾轉嬗蛻，經由齊、隋以至於唐，實為華夏刑統

〔註 30〕《春秋繁露》，〈精華〉，頁 75。
〔註 31〕《鹽鐵論》（北京：中華書局，1992.7），卷 10〈刑德〉，頁 565。
〔註 32〕《南齊書》，卷 28〈崔祖思傳〉，頁 519。
〔註 33〕《晉書》，卷 30〈刑法志〉，頁 923。
〔註 34〕《晉書》，卷 30〈刑法志〉，頁 927。

不祧之正宗。〔註35〕

唐代制訂的《唐律疏議》，集前代立法之大成，儒家理念中貴賤上下的差別及禮的基本精神，成爲唐律立法當中最重要的基礎。因此以下就中國古代最具影響力的法典《唐律疏議》爲例，在貴賤階級的基礎之上，唐律實際上規定了下列幾個原則，更可以顯現法律儒家化的影響。

一、君臣關係

儒家的「禮」曾提到「君臣之義」，主張「正君臣之位」〔註36〕，因此注意君臣的名分，對於非分踰制的行爲，都有明定禁止及罰則。如對臣子的車服、器物、墳塋等均應遵照禮典政令，不得踰矩，否則「杖一百，雖會赦，皆令改去之」〔註37〕。臣子處斷政務，亦不得非分擅權，應奏報皇帝，「諸上書若奏事而誤，杖六十，口誤，減二等」〔註38〕；又如擅自發兵，亦會受到懲處：

> 擅發兵十人以上徒一年，百人徒一年半，百人加一等，千人絞。
> 〔註39〕

對於死罪之囚也應覆奏，否則「流二千里」。〔註40〕皇帝的名諱也是不可侵犯的，「諸上書若奏事誤犯宗廟諱者，杖八十；口誤及餘文書誤犯者，笞五十；即爲名字觸犯者，徒三年。」〔註41〕皇帝的住所不得有喧譁之聲，「諸於宮內忿爭者，笞五十；聲徹御所及相毆者，徒一年；以刃相向者，徒二年。殿內，遞加一等。傷重者，又加鬥傷二等。」〔註42〕

由於皇帝是至高無上的，任何對皇帝有謀反、謀逆的行爲都被處以嚴厲的極刑。在十惡的重罪之中，前三項爲謀反、謀大逆、謀叛罪，即是與皇帝有關，處罰都是極刑，且家屬也會遭到連坐處分：

> 諸謀反及大逆者皆斬；父子年十六已上皆絞，十五已下及母女、妻
> 妾、祖孫、兄弟姐妹若部曲、資財、田宅並沒官。……伯叔父、兄

〔註35〕陳寅恪，《隋唐制度淵源略論稿》（《陳寅恪先生文集》，里仁書局，1982.9），頁100。

〔註36〕《禮記》，卷20〈文王世子〉，頁404上。

〔註37〕《唐律疏議》，卷26〈雜律〉「舍宅車服器物違令」，頁1818。

〔註38〕《唐律疏議》，卷10〈職制律〉「上書奏事誤」，頁787。

〔註39〕《唐律疏議》，卷16〈擅興律〉「擅發兵」，頁1162。

〔註40〕《唐律疏議》，卷30〈斷獄律〉「死囚覆奏報決」，頁2105。

〔註41〕《唐律疏議》，卷10〈職制律〉「上書奏事犯諱」，頁783。

〔註42〕《唐律疏議》，卷21〈鬥訟律〉「宮內忿爭」，頁1496。

弟之子皆流二千里，資財不在沒限。其謀大逆者，絞。〔註43〕

連坐的處分，是為了「除惡務本」，以免罪人之家屬日後犯上作亂，以斬草除根的方式，徹底消除謀反者及一干人等。

二、貴族與官吏的特殊待遇

貴族與官吏的犯罪，可透過「議」、「請」、「減」、「贖」、「官當」之法，來抵消其罪，使之獲得減免或易刑。這種特殊待遇的規定就是受到儒家禮教的影響。唐律規定，凡九品以上之官犯常罪（非死罪、非加役流、反逆緣坐流、子孫犯過失流、不孝流、會赦猶流等五種流罪），皆可以官抵罪，稱之為「官當」。

官當法的內容大致是：一、若犯私罪官當，「五品以上官貴，故一官當徒二年；九品以上官卑，故一官當徒一年。」〔註44〕九品以上之犯常罪，若其罪本輕，不必以官抵罪，可留官納銅，稱「收贖」，若其罪本重，官當後仍有餘罪，亦可聽贖。再者，若官已當盡，未重敘之前又犯流以下之罪，則「聽以贖論」。〔註45〕三、凡七品以上官，不論情節輕重如何，一律減一等，稱之「例減」。四、五品以上，三品以下之官，犯十惡以上之外的死罪，須奏請皇帝議決，謂之「上請」。

此外，還有八種特殊身份的犯罪之人，可獲得「先奏請議」的特殊待遇，這八種人是：議親、議故、議賢、議能、議功、議貴、議勤、議賓。議的方法是先由法司「先奏請議」，皇帝准後由尚書省召集「在京七品以上之官，於都堂集議」〔註46〕，最後由皇帝裁決。

除此之外，還有除名、免官等處分，這些處分看來嚴格，其實不然。因為在這些處分的保護傘下，真正受到處罰的貴族或官吏很少。就算被判除名、免官、免所居官等罪的官吏，依免官當敘法之規定，除名可「六載之後聽敘」；免官「三載之後降先品二等敘」；免所居官「期年之後降先品一等敘」〔註47〕。意即在除名、免官之後，等個三年五載仍可再敘，保持其官吏的身分。

〔註43〕《唐律疏議》，卷17〈賊盜律〉「謀反大逆」，頁1235。
〔註44〕《唐律疏議》，卷2〈名例律〉「官當」，頁182～3。
〔註45〕《唐律疏議》，卷2〈名例律〉「官當」，頁182～3。
〔註46〕《唐律疏議》，卷2〈名例律〉「八議」，頁113。
〔註47〕《唐律疏議》，卷3〈名例律〉「除免官當敘法」，頁227～8。

三、良賤的區別

良賤的區別也是禮在階級上的一個表現，《唐律》規定，良賤不能為婚、不得相養外，對於主奴之間的刑罰也有分別。例如良人賤人相犯，良人犯賤人，處刑上良人較犯一般人輕。若是賤人犯良人，犯罪的賤人階級愈低者愈重：

> 良人毆傷殺部曲、官戶，減凡人一等，故殺者絞；而部曲、官戶毆良人，加凡人一等，毆致死者即斬。良人毆傷殺官私奴婢，減凡人二等，故殺者流三千里；而官私奴婢毆良人，加凡人二等，折跌肢體或瞎一目者即絞，致死者即斬。〔註48〕

以上是《唐律》對良賤之間毆傷罪的規定，由此可見處刑的不平等。在主奴之間也是如此，奴犯主較一般賤人犯良人的處刑還要更重。以毆罪為例，主毆部曲致死徒一年，故殺者加一等徒一年半；主殺奴婢，若奴婢有罪主不告官司而殺，杖一百；無罪而殺者徒一年；若係過失殺部曲或奴婢者，各勿論。〔註49〕而部曲、奴婢過失殺主者即絞，過失傷主及罵者即流；毆者即絞，毆傷者即斬。〔註50〕

由此可知，《唐律》在良賤上以「同罪異罰」的方式體現了禮的精神，在這些規定上，身分等級分為：良人、部曲和奴婢三級，身分等級的差別也呈現了刑罰等級的差別，禮的等級的思想也在《唐律》上得到實現。

四、親屬之間相容隱、尊長的特權

《禮記》曰：「非禮無以別男女、父子、兄弟之親，婚姻疏數之交也。」〔註51〕可見禮對分別長幼、尊卑、親疏的重視，《唐律》也將儒家的宗法結構納入的律法的範圍中。呈現出來的有二方面：

（一）親屬之間相容隱

即親屬之間庇護之制。根據《唐律》規定，凡同居親屬，如犯有謀反、謀逆及叛等之外的一般罪，可以互相容隱，皆勿論。即使在官府查辦時為罪人提供資料，或知情藏匿，皆無罪。非同居小功以下又非情重的親屬，相隱有罪，但「減三等」處分。〔註52〕按照這個原則，同居的親屬，若犯一般罪

〔註48〕　《唐律疏議》，卷22〈鬥訟律〉，頁1527。
〔註49〕　《唐律疏議》，卷22〈鬥訟律〉，頁1534。
〔註50〕　《唐律疏議》，卷22〈鬥訟律〉，頁1536。
〔註51〕　《禮記》，卷50〈哀公問〉，頁848上。
〔註52〕　《唐律疏議》，卷6〈名例律〉「同居相為隱」，頁466～7。

若互相告訐，被告者按自首原罪免處分，告者反倒被科處罪。如告父母、祖父母「絞」〔註53〕、告「緦麻、小功、卑幼，雖得實，杖八十。大功以下，遞減一等。」〔註54〕

　　從儒家的角度而言，親屬之間有過應「有隱勿犯」，孔子曰：「父爲子隱，直在其中矣。」〔註55〕所以律許相隱，首匿不爲罪，不要求子孫爲證，也不容許子孫告父祖。〔註56〕才能達成親屬之間的敦睦和諧。

（二）尊長的特權

　　《唐律》中有「教令權」的規定，意即尊長對卑幼有教誨權，卑幼應悉心遵守，不得違犯：

> 祖父母、父母有所教令，於事合宜，即須奉以周旋，子孫不得違犯。……諸子孫違犯教令及供養有缺者，徒二年。〔註57〕

對尊長行使教令權時，若有不愼致使子孫受傷或致死時，法律則予以寬容：

> 若子孫違犯教令，而祖父母、父母毆殺者徒一年半，以刃殺者徒二年。故殺者各加一等，即嫡、繼、慈、養殺者又加一等。過失殺者，各勿論。〔註58〕

若尊長和卑幼彼此相毆時，根據《唐律》規定，尊長的處罰也較輕，但卑幼毆尊長則較凡人重。尊長毆死卑幼，期以下尊長處絞，期以上尊長處流，祖父母、父母處徒。相對來說，卑幼毆死尊長一概處斬。若爲謀殺，卑幼謀殺尊長，爲「惡逆」列入十惡之重罪，悉處極刑，絕不待時。而尊長謀殺卑幼，雖亦爲十惡之「不睦」罪，但倒也有程度上的區別：如祖父母殺孫，已傷徒一年半，已殺徒二年。尊長殺大功以上卑幼，已傷流二千里，已殺處絞刑。〔註59〕尊長和卑幼相盜，也有規定，親屬相盜均減常人犯，不分尊長卑幼，若恐嚇取財，則有分別：

> 即緦麻以上自相恐嚇者，犯尊長，以凡人論；犯卑幼，各依本法。
> 〔註60〕

〔註53〕《唐律疏議》，卷23〈鬥訟律〉「告祖父母父母」，頁1623。
〔註54〕《唐律疏議》，卷24〈鬥訟律〉「告緦麻卑幼」，頁1633。
〔註55〕《論語》，卷13〈子路〉，頁118上。
〔註56〕瞿同祖，《中國法律與中國社會》，頁422。
〔註57〕《唐律疏議》，卷24〈鬥訟律〉「子孫違犯教令」，頁1636。
〔註58〕《唐律疏議》，卷22〈鬥訟律〉「毆詈祖父母父母」，頁1561。
〔註59〕《唐律疏議》，卷22〈鬥訟律〉「毆詈祖父母父母」，頁1561。
〔註60〕《唐律疏議》，卷19〈賊盜律〉「恐喝取人財物」，頁1396。

除了尊長與卑幼的關係，受到法律的制約以外，夫妻的關係，在宗法制度中也如同長幼之分一樣不平等。「諸毆傷妻者，減凡人三等，死者以凡人論，毆妾折傷以上，減妻二等」〔註61〕，毆死妻屬十惡當中的不睦之罪，〔註62〕但毆傷妻則較凡人為輕。在身分等級上，夫的法律地位最高，其次為妻，再次為妾，夫、妻和妾的地位屬主與僕的分別。

除了以上所述尊長的「教令權」和尊長、卑幼相犯的規定之外，尊長對於財產、婚姻都有絕對的決定權。禮記曰：「子婦無私貨，無私蓄，無私器；不敢私假，不敢私與。」〔註63〕說明了儒家的「禮」當中的家庭財產，是屬於尊長所有的，卑幼不得有私有財，也不得私用。因此，《唐律》遵循禮記的原則，規定「卑幼不私輒用財」，如有違反，則處以笞杖之刑：「私輒用當家財物者，十匹笞十，十匹加一等，罪止杖一百。」〔註64〕對於父母在，別籍異財者也有罰則「徒三年」，這是因為對孝道最基本的要求，就是祖父母、父母在，子孫不得就養無方，出告反面，「而有異財別籍，情無至孝之心，名義以之俱淪，情節於茲並棄。稽之典禮，罪惡難容」，違者當十惡重罪「不孝」論。〔註65〕

在子孫的婚姻上，尊長也有絕對的主導權。禮記曰：「父甚宜其妻，父母不悅，出；子不宜其妻，父母曰：是善事我，子行夫婦之禮焉，沒身不衰。」〔註66〕這代表儒家同意父母對子女婚姻有決定權，即使子女不喜歡對方也一樣。《唐律》規定尊長對子孫的婚姻決定權：

> 諸卑幼在外，尊長後為定婚，而卑幼自取妻，已成者婚如法，未成者從尊長，違者杖一百。〔註67〕

不但婚姻由尊長決定，連「七出」、「義絕」也多半是由於「不事姑舅」或是惡言詈罵尊長等不孝之罪，導致解除婚姻，可見尊長在儒家社會與法律規定有絕對的地位。

〔註61〕《唐律疏議》，卷22〈鬥訟律〉「妻毆詈夫」，頁1543。
〔註62〕不睦罪指「謀殺緦麻以上親」，見《唐律疏議》，卷1〈名例律〉「十惡」，頁63。又如《冊府元龜》，卷153〈處分李榆殺妻條〉，李榆殺妻，遭杖死。
〔註63〕《禮記》，卷27〈內則〉，頁522上。
〔註64〕《唐律疏議》，卷12〈戶婚律〉「同居卑幼私輒用財」，頁960。
〔註65〕《唐律疏議》，卷1〈名例律〉「十惡」，頁61。
〔註66〕《禮記》，卷27〈內則〉，頁521下。
〔註67〕《唐律疏議》，卷14〈戶婚律〉「卑幼自娶妻」，頁1054。

五、五服制罪法

儒家的「禮」講求尊卑、長幼、親疏之別，對於親屬範圍當中的五服制度，就是判定親疏的標準。《唐律》將儒家的五服制度，大體襲用而成為定罪量刑的標準。在儒家的喪服禮當中，規定的服制為斬衰（三年）、齊衰（三年、杖期、不杖期、五月、三月）、大功（九月）、小功（三月）五等，在《唐律》當中對齊衰只保留一種不杖期，稱之為期。〔註68〕

《唐律》當中，就五服制作量罪的標準上，以毆傷罪為例，毆傷五服之內的父母、祖父母為十惡中的惡逆重罪，常赦不免，決不待時。若毆傷大功以上尊長、小功等尊屬，為不睦重罪，會赦合原，比惡逆稍輕。若毆緦麻兄姐杖一百，小功、大功各遞加一等，尊屬者又加一等。傷重者各遞加凡鬥傷一等。〔註69〕毆本服期之兄姐，徒二年半，傷者，徒三年；折傷者，流三千里。〔註70〕其間的分別在於，五服之內的直系親屬較旁系的尊屬等更為至親，所以量刑也較重，其量刑的原則在於親屬關係的不同等級。

在竊盜罪上，若犯罪者和被盜者有五服內的親屬關係，則也會因由疏至親逐漸遞減，如：

> 諸盜緦麻小功親財物者，減凡人一等；大功，減二等；期親，減三
> 等。〔註71〕

至於同居親屬私輒用財，處罰更輕，僅杖一百。〔註72〕這樣的目的是因為本著儒家的「親親之義」，關係愈近互通有無，同舟共濟，因此盜財或因生計所逼，情有可原，故而量刑較輕。

宋代的法典為宋太祖建隆4年（963）所編修的《宋刑統》，因「論者謂唐律一准乎禮，以為出入得古今之平。故宋世多采用之」。〔註73〕宋刑統對唐律的內容除了少數增刪之外，內容與精神都大致相同。而其後的元律、大明

〔註68〕 根據劉俊文，《唐代法制研究》（台北：文津出版社，1999）所做的研究：齊衰三年本為子母服，而唐律中父母不分；齊衰杖期本為孫為祖父母服，而唐律中祖父母同父母；齊衰五月本係曾孫為曾祖父母服，齊衰三月本係玄孫為高祖父母服，但唐律中祖父母，曾高同，「稱期親，曾高祖父母同」，使得所有的直系血親都從齊衰下劃出來了，只剩下旁系血親的「不杖期」。見頁117。
〔註69〕 《唐律疏議》，卷22〈鬥訟律〉「毆緦麻兄姐」，頁1552。
〔註70〕 《唐律疏議》，卷22〈鬥訟律〉「毆兄姐」，頁1557。
〔註71〕 《唐律疏議》，卷20〈賊盜律〉「盜緦麻小功財物」，頁1405。
〔註72〕 《唐律疏議》，卷12〈戶婚律〉「卑幼私輒用財」，頁960。
〔註73〕 《四庫全書總目提要》（台灣商務印書館，1985.5三版），〈唐律疏議〉，頁1735。

律、大清律例也都多依唐律爲根據。可見唐律是一本最能貫徹儒家精神的成文法典，它更是整個法律儒家化過程中的方式與成果的呈現。

中國古代在律法的執行上，往往有著國法、天理、人情之間的討論，似乎三者之間，不能共存。往往爲後人所詬病的，似乎也是這種「情理不分」、「情理難分」的局面，造成「害法」、「壞法」，最後法理無法伸張，法制無法貫徹。南宋擔任縣官的眞德秀，在一篇勸諭文提到：

> 公事在官，是非有理，輕重有法，不可以己私而拂公理，亦不可瓢公法以狥人情。諸葛公有言：吾心有秤，不能爲人作輕重。此有位之士所當視以爲法也。然人之情每以私勝公者，蓋狥貨賄則不能公，任喜怒則不能公。黨親戚，畏豪強，顧禍福，計利害，則皆不能公。殊不思是非之不可易者，天理也，輕重之不可踰者，國法也。以是爲非，以非爲是，則逆乎天理矣！以輕爲重，以重爲輕，則違乎國法矣！居官臨民，而逆天理，違國法，于心安乎？雷霆鬼神之誅，金科玉條之禁，其可忽乎？故願同僚以公心持公道，而不汨於私情，不撓於私請，庶幾枉直適宜，而無冤抑不平，此所謂當勉者三也。〔註74〕

眞德秀這篇勸諭官僚爲官之道的文章，提出了爲官者，應「情理法」衡量得宜，不能因人而秤輕重，以致徇人情、違國法。然而此三者的分寸掌握實爲不易，中國傳統的父母官式的審判方式，仍然在不同案件的審理上，有按著律敕來斟酌情理的判決習慣。

小　結

古代中國的法官判案，原則上是應該依據著法律來審案，但在許多實際的案例當中，卻發覺法官判案有著相當大的彈性空間。這可以說是自從漢代以後春秋決獄的風氣使然，春秋決獄的實質內容是根據人的主觀狀況判斷其罪，故而給予司法官吏很大的裁量空間，雖然法官仍須依據儒家的精神與法意來判案，但仍然可以不完全依照律文作爲定罪量刑的標準。

如北宋名臣張齊賢「以小人犯盜者眾，強竊盜持杖不得財，論罪太重，非治平之法，乃申明律減裁之」，刪定官王濟以爲太寬，則犯罪者益眾，「以

〔註74〕《名公書判清明集》，卷1〈官吏門〉「論州縣官僚」，頁6～7。

死懼之尚不畏，況緩其死乎，是惠姦也」，齊賢表陳濟嘗同議定，而復有異論，皇帝乃下尚書省集官詳議，最後刑名如齊賢之請，自是犯盜者歲亦不增，論者稱齊賢之措施平允。〔註75〕

在宋人著作《折獄龜鑑》也有許多法官審案減罪的案例。馬亮在任潭州知州時，轄內有一逃亡士兵進行搶掠，鄉人合謀殺死他，合謀者一共四人。馬亮認為，這些鄉人是為民除害，結果被處死，不應為法律的本意，於是批覆該案，使四人免罪。〔註76〕又如《清明集》當中有一個胡穎受理了一個母訟子的案子，案情大致是阿蔣控告其子鍾千乙不孝，又將其錢妄用，久而不歸，比照法規，鍾千乙有不孝之罪，但法官卻未將鍾以不孝罪懲處：

> 鍾千乙合行斷治，今觀其母羸病之餘，喘息不保，或有緩急，誰為之倚，未欲寘之於法，且責戒勵，放。自此以後，仰革心悔過，以養其母。本州仍支五斗，責付阿蔣，且充日下接濟之須。〔註77〕

不孝之罪為十惡內的重罪，罪最重可處極刑，但胡穎考量到阿蔣身體及其後生計倚賴其子的問題，特從輕量刑。這類不依法律律文而依照情理及其他非成文淵源判決案件的例子，不僅僅存在於宋代，自漢代的春秋決獄，晚至清代皆有此現象。尤其，受到後人稱道，並且為「名公楷模典範」者，也多半是這類參酌情理的司法判決。

這種父母官式，依據著事件的人情與法理來作的判決，由現代法治社會的眼光看來，是件危害司法的事，然而這也是傳統中國特有的現象。儒家的理想社會，是一個以德治教化為治，人人皆遵守倫理綱常，從而無訟事的社會，儒家思想反映在傳統中國上，則是以禮教治國，執政者將「德主刑輔」奉為信條，因此，地方官對於審判也採取著同樣的態度，不以刑事的處分作為主要的判決，而參酌當事者的情形作出審判。

其次，中國古代的官吏所受的訓練，一直是以儒家內容為主的經典，加上行政職能的治民手段，獨立的法官階層並不存在，自然也不會為法律本身作出任何辯護，代之是父母官式道德優越感的呈現。在判文當中，存有教化目的，與濃厚的說教色彩，可以說明這個突出的特點，以《清明集》當中的戶婚案件來看，一半以上可以看出有相關法令，法官酌情向當事人說明案情與法理的內

〔註75〕《名臣碑傳琬琰集》，卷2〈張文定公齊賢傳〉，頁1301。

〔註76〕鄭克，《折獄龜鑑》，卷4〈馬亮貸死〉，頁205～6。

〔註77〕《名公書判清明集》，卷10〈母訟子不供養〉，頁364。

容，但這些法條並非是用來支持法官執行懲罰，而是要讓即使「揆之天理，決不可容」者亦能明白個中情理所在，以達到眞正息訟的目的。〔註78〕

第三章　刑罰減輕的原因

　　法律必須因時制變，但也須在一定時間內保持穩定與連續性，否則法律不但變化無常，令人無所適從，也會喪失其權威。因此，立法不應任意制法出令，其次法律既出，就要堅決執行，不可輕易變更。然而，宋代法制的一大特色，就是輕率出令更法，宋仁宗時張方平曰：「朝廷詔令或尋即遷改，或久而自廢，吏易之而奉行不固，民忽之而苟慢」。〔註1〕由於出令不加詳加考量，使得容易「循人言而輕發」、「任私意以驟更」，因此在立法上，有大量的增敕出現的情形。

　　宋代刑罰的修正，指的是在刑罰上有減輕，有加重。本章討論宋代刑罰減輕的各種原因，內容共分為：限制人的責任能力；「議」、「請」、「減」、「贖」與官吏犯罪的特殊待遇；皇帝的恩赦與恤刑；孝道原因的減輕等四大部分。刑罰減輕當然也包括了刑罰制度上的配合，如對囚犯自首的減罪等，有鼓勵犯罪人改過自新的意義。這些刑罰減輕的原因，其中有些雖非宋代的特有性質，但承襲前代的結果，宋代呈現出來的是否有較前代不同的處理方式？這點即為本章加以探討的重點。

第一節　限制人的責任能力

　　法律上所謂的「責任能力」，指的是行為人是否在犯罪時具有判斷不法，並依其判斷而為行為之能力。〔註2〕行為人的責任能力，係根據其年紀、精神

〔註1〕 張方平，《樂全集》（收入四庫全書珍本，台灣商務印書館，1968），卷6〈立信之本在信命令〉，頁4右。

〔註2〕 參見林山田，《刑法總論》（台大法律系，1995.9），頁199。另可參見蔡墩銘，《刑法總論》（台北：三民書局，1977.3），頁162〜3。

狀態或疾病情形，來作事實上的判斷。這項法則，在現行各國的法律當中，亦將行爲人分成三種：「有責任能力」、「限制責任能力」、「無責任能力」，而根據行爲人的種類，來作不同刑責的懲處。〔註3〕

在中國古代，這種限制人的責任能力的規定，可溯源自《周禮》。〔註4〕《周禮》：「其奴男子入于罪隸，女子入于舂稾，凡有爵者與七十者與未齔者，皆不爲奴」，〔註5〕將七十歲以及未齔者排除在犯罪爲奴的範圍之外，所謂「未齔」，據鄭注：「齔，毀齒也。男八歲，女七歲而毀齒。」故得知此處的未齔指的是還沒有掉乳牙的七、八歲年紀。

漢代最早即實施「民年七十以上，若有不滿十歲，有罪當刑者，皆完之」。〔註6〕漢代以來對老小與疾者犯罪，均有著「從輕量刑」的恤刑思想。如《漢書》卷23〈刑法志〉載：「孝宣元康四年，又下詔曰：『朕念夫耆老之人，髮齒墮落，血氣既衰，亦無逆亂之心，今或羅于文法，執于囹圄，不得終其年命，朕甚憐之。自今以來，諸年八十非誣告殺傷人，它皆勿坐。』至成帝鴻嘉元年，定令：『年未滿七歲，賊鬥殺人及犯殊死者，上請廷尉以聞，得減死。』合於三赦幼弱老眊之人，此皆法令稍定也。」〔註7〕此外《周禮》亦載鄭注引漢律文：「若今律令；年未滿八歲、八十以上，非手殺人，他皆不坐。」〔註8〕可知漢代以年紀區分來規定其刑事責任，爲「老小及疾有犯」定下明確規定之始。

魏晉以下，大致與漢代之制相去不遠。晉代的規定：「若八十，非殺傷人，他皆勿論」〔註9〕；後魏規定：「年十四以下，降刑之半。八十及九歲，非殺人者不坐。」〔註10〕唐代的律法即沿襲各代的規定，對三級年紀上則略有修訂。〔註11〕規定「年七十以上、十五以下及廢疾犯流罪以下者，收贖。八十

〔註3〕見林山田，《刑法總論》，頁199～200。
〔註4〕根據《周禮》（《十三經注疏》本，台北：藝文印書館，1997.8第十三刷），卷36〈秋官・司屬〉載：「年七十以上及未齔者，並不爲奴。」又據《唐律疏議》曰：「周禮三赦之法，一曰幼弱，二曰老眊，三曰蠢愚。今十歲合於幼弱，八十是爲老眊，篤疾蠢愚之類，並合三赦之法。」故可知此立法之源來自周禮。
〔註5〕《周禮》，卷36〈秋官・司屬〉，頁543。
〔註6〕《漢書》，卷2〈惠帝本紀〉，頁85。
〔註7〕《漢書》，卷23〈刑法志〉，頁1106。
〔註8〕《周禮》，卷36〈秋官・司屬〉，頁543。
〔註9〕《晉書》，卷30〈刑法志〉「張裴上律注表」，頁930。
〔註10〕《魏書》，卷111〈刑罰志七之第十六〉，頁2874。
〔註11〕對於唐代刑事責任能力的法意溯源，可參見桂齊遜，〈唐律「刑事責任能力」

以上、十歲以下及篤疾，犯反、逆、殺人應死者，上請。盜及傷人者亦收贖。餘皆勿論。九十以上、七歲以下雖有死罪不加。」〔註12〕在唐代天寶年間曾因朝臣的眾議，作局部修訂：

> 臣等眾議，捌拾以上及篤疾人有犯拾惡死罪，造劫盜妖訛等罪至死
> 者，諸矜其老疾，移隸僻遠小郡，仍給遞驢發遣，其犯反逆及殺人，
> 奏聽處分，其玖拾以上，拾歲以下，請依常律勑旨依奏。〔註13〕

對以上之議，玄宗即同意實施。這是針對八十以上和篤疾之人所作的修正，原本此類人犯反逆殺人應死者，可以上請，「盜及傷人者亦收贖」，現依天寶之勑文，改為「移隸僻遠小郡」發遣，若犯了反逆或殺人等罪罰，也要奏聽處分，顯示天寶以後對於這類行為人的犯罪減免也趨於嚴格。

宋代的規定，見於《宋刑統》載：

> 諸年柒拾以上，拾伍以下及廢疾犯流罪以下收贖。捌拾以上，拾歲
> 以下及篤疾犯反、逆、殺人應死者，上請。盜及傷人者亦收贖。餘
> 皆勿論，玖拾以上，柒歲以下雖有死罪不加刑。即有人教令坐其教
> 令者，若有贓應備受贓者備之。〔註14〕

由上可知，唐律的律文，與《宋刑統》均相同。區分的方法，是以刑責與年紀來作減輕處分的分級，第一級為七十以上，十五以下。第二級為八十以上，十歲以下。第三級為九十以上，七歲以下。而周禮將十歲合於幼弱，八十為老耄，故將八十與十歲作為第二級。禮記曰：「九十曰耄，七歲曰悼，悼與耄雖有死罪不加刑。」〔註15〕，故以九十與七歲為第三級。立法的基本原則是犯罪人的年紀、狀況是否能為自己的行為負責。對於年紀超過七十歲及低於十五歲的犯罪人，刑責均有所減輕。但在減輕之下，仍須接受懲罰。除了《宋刑統》在律文上對「老疾犯罪」者有相關規定外，哲宗元祐 6 年（1091）也對年老及篤疾者，有所恩恤：「在沙門島滿五年，遇赦不該移配與不許縱還而年及六十以上者，移配廣南。在島十年者，依餘犯格移配。篤疾或年及七十

規範溯源〉，《元培學報》第四期，頁 173～185。桂齊遜，〈刑事責任能力〉，收入《唐律與國家社會研究》（台北：五南圖書公司，1999.1），頁 113～160。黃源盛，〈唐律刑事責任的歷史考察〉，《現代刑事法學與刑事責任——蔡墩銘教授六秩晉五華誕祝壽論文集》（台北：國際刑法學會，1997.2），頁 477～510。

〔註12〕　《唐律疏議》（北京：中華書局，1996.6），卷 4〈老小及疾有犯〉，頁 298。
〔註13〕　《宋刑統》，卷 4〈名例律〉，「老幼疾及婦人犯罪」，頁 42。
〔註14〕　《宋刑統》，卷 4〈名例律〉，「老幼疾及婦人犯罪」，頁 44。
〔註15〕　《禮記》，卷 1〈曲禮上〉，頁 17。

在島三年以上，移配近鄉州軍。犯狀應移而老疾者同。」﹝註16﹞這個詔令對犯下重罪，流配沙門島而年過六十之人，可改移配廣南。若身有篤疾或年過七十，在沙門島上已滿三年者，可移配至近鄉州軍。值得注意的一點是，有些犯罪人在犯時未及六十、七十歲，而是在流配沙門島五年、三年之後才符合。此條文的立意，主要是更改移配的地點，以表示對老疾者的寬減。

此外，在南宋《慶元條法事類》中亦有規定：

> 諸年七十以上，十五以下，若廢疾時，勑法杖或犯加役流及逆、緣
>
> 坐流、會赦猶流應決者，並量決不任者奏裁。﹝註17﹞

對老、疾應贖人，充莊宅牙人者，不但杖一百，許人告，仍予五百里編管。﹝註18﹞由此可見南宋對老疾犯罪者的規定較爲嚴格，但規定可予奏裁，則有彈性處理的空間。

至於對廢疾者的定義，依據唐代的解釋：

> 痴瘂、侏儒、腰脊折、一肢廢，如此之類，皆爲廢疾。﹝註19﹞

此處是將合乎廢疾之人的條件，作了明確的界定，凡是聾啞或是外形殘缺者均爲廢疾，可與年紀作相同量刑的考量。但在南宋以下，對廢疾者的界定則擴大了範圍：

> 諸壹目盲、兩耳聾、手無貳指、足無參指、手足無大拇指、秃瘡、
>
> 無髮、久漏、下重、大癭腫之類，爲殘疾。痴瘂、侏儒、腰脊折、
>
> 壹肢廢之類，爲廢疾。惡疾、癲狂、貳肢廢、兩目盲之類，爲篤疾。
>
> ﹝註20﹞

南宋將廢疾者分爲殘疾、廢疾和篤疾三類。除了原有的聾啞與外形殘缺外，也將「秃瘡」、「無髮」、「癲狂」列入，可見其對於刑罰之修正。

按照律文的精神，第一級人犯流罪以下的罪刑，可收贖，但犯「加役流」、「反逆緣坐流」、「會赦猶流」者除外。所謂加役流、反逆緣坐流、會赦猶流者，指的是本是死刑（加役流）、或因忤逆至親（反逆緣坐）、或爲害深坐（會赦猶流）這三類情形者，雖爲老小或疾者有犯，仍不收贖。第二級人則犯盜及傷人者收贖，犯反、逆及殺人等重罪應上請，意即這兩級犯者雖可因其年

﹝註16﹞《宋史》，卷 201〈刑法志〉，頁 5019。

﹝註17﹞《慶元條法事類》，卷 73〈刑獄門〉，「老疾犯罪」，頁 394。

﹝註18﹞《慶元條法事類》，卷 74〈刑獄門〉，「老疾犯罪」，頁 408。

﹝註19﹞仁井田陞，《唐令拾遺》（長春出版社譯本，1989.11），〈戶令〉九，頁 136～7。

﹝註20﹞《慶元條法事類》，卷 74〈刑獄門〉，「老疾犯罪」，頁 407。

紀而減免刑責，但不代表可完全免罪。尤其是反、逆及殺人罪爲十惡當中之前三項重罪，可能會對政權的穩定形成威脅，故而對於老疾者犯重罪的情形，執法人員可「上請奏裁」，請示皇帝，已保留了矜減的空間。唯有第三級可免刑責，但緣坐應配沒者除外，有贓物也須交回。

又「諸犯罪時雖未老疾，而事發時老疾者，依老疾論。若在徒年限內，老疾亦如之。犯罪時幼小，事發時長大依幼小論」〔註21〕則是針對老疾者的犯罪懲處，作了明確的期限規定。這是考量行爲人若在犯罪時與事後的責任能力有很大的變化，那就必須有一個處分原則。此外在律疏還補充，若在事發之後，斷決以前才成爲老、疾者，老者依老論，疾者則須推究本情，而決定是否爲疾論，此舉可避免犯罪人有僥倖之心。

爲了怕老疾者憑恃有寬減的優待，故作違法之事，南宋時規定：「故有違犯，情不可恕者，鄰州編管」〔註22〕。然而對「故有違犯」的犯意認定，則依照法官對犯罪情形的了解、蒐集的相關事證來認定，一般而言，並無一定的標準。

就以上的討論，可知唐宋在律文上對於「老疾犯罪」者的寬減上相去不遠，下面就犯罪的實例上來看兩朝實際的案例及其量刑原則。唐太宗貞觀 18年（644），茂州童子張仲文，「忽自稱天子，口署其流輩數人爲官司」，後被處以妖言入罪。〔註23〕德宗長慶 2 年（822），京兆府云陽縣人張莅，因欠康憲錢米，雙方發生衝突，憲的兒子買得，爲救其父，以木鍤擊莅之首，導致三日後莅死亡。〔註24〕參照律文，父爲人所毆，子往救，擊其人折傷，減凡鬥三等，至死者依常律，這個案例符合上件，但因康買得尙在童年，雖殺人當死，但參酌情理，減死罪一等。又唐高宗諸子當中，許王素節因政爭被殺，其子琳、瓘、璆、欽古等因年小，特令長禁雷州。〔註25〕此案例也是因爲其子年幼，將原來應遭受連坐處分的幼子們獲得減免，大體而言也依照律文治罪。

以下再來看宋代的案例。宋太宗時期，於蜀州捕獲了一群劫賊，約有

〔註21〕　《宋刑統》，卷 4〈名例律〉，「老幼疾及婦人犯罪」，頁 42。
〔註22〕　《慶元條法事類》，卷 74〈刑獄門〉，「老疾犯罪」，頁 407。
〔註23〕　《唐會要》，卷 39〈議刑輕重〉，頁 708。
〔註24〕　《舊唐書》，卷 50〈刑法志〉，頁 2155。
〔註25〕　《舊唐書》，卷 86〈高宗諸子・許王素節傳〉，頁 2827。另見《新唐書》，卷81，頁 3587。

十人之多，按律盜賊的重刑皆當死，其中有一人年約十三歲，是其父親令他持兵器從行，太宗看他年幼，且認為他不過是與其父親同行，應不是主動為惡，於是就赦免了他。〔註26〕仁宗時亦有二例，寧州民龐張兒因毆龐惜喜死，應判處極刑，但仁宗哀矜張兒僅有九歲，應無為惡之心，特免其罪。〔註27〕另外一例是發生在景祐年間，濠州民王泮奇與李婆相爭斫木柴，結果泮奇不慎斫傷李婆致死，因泮奇才九歲，故經上奏後免除其罪。觀看這三個例子，三個行為人年紀一個在十五歲以下，兩個在十歲以下，前者所犯之罪，屬流以上之重罪，應依律科刑。後兩者則應屬「反逆、殺人應死、盜及傷人」罪，可以上請皇帝裁定。經皇帝裁定的結果，均較律文所規定的更加寬減。

另又如仁宗慶曆年間，「寧州童子年九歲，毆殺人當棄市。帝以童孺爭鬥，無殺心，止命罰金入死者家。」〔註28〕雖然是犯下毆殺人的重罪，但皇帝認為孩童年幼無知，打鬧之間應是不小心才致死，但除免罪之外，另交罰金給死者之家，算是以贖代刑。

在廢疾者的案例方面。唐太宗時李好德因患有風疾瞀亂，有妖妄之言，大理丞張蘊古奏，好德有癲病，法不當坐。但因好德之兄厚德為蘊古有從屬關係，太宗遂斬好德於東市。〔註29〕宋代亦有一例，高宗時開封府民呂安坐斥乘輿大理寺，理應處斬，但因呂安癲狂，與有意悖逆者情況不同，故貸其死。〔註30〕

由唐宋兩朝對於年幼犯罪者的案例來看，相同的是案例都呈現出君主以制敕斷罪的痕跡，但宋代君主則有較唐代更加寬減的傾向。原本年幼者的殺人犯罪，僅能減等處理，但在君主的裁決之下有數例獲得免罪。老、疾、幼、孤、貧的犯罪者，雖可獲得減刑，但他們因為財力不足無法交納贖金，這種情形下，宋代君主也有矜放之舉，頒布直行放免的措施。〔註31〕甚至在慮囚時頒行「老幼疾病者，流以下聽贖，杖以下釋之」的敕令。〔註32〕

除了年紀之外，性別也是考慮的因素。晉代時即將老、小、女人當罰金

〔註26〕 參見《宋會要輯稿》，刑法6之9，太宗至道2年8月11日，頁6684上。
〔註27〕 參見《宋會要輯稿》，刑法6之11，天聖元年11月16日，頁6685上。
〔註28〕 《文獻通考》，卷170〈刑考九〉，頁1475上。
〔註29〕 《舊唐書》，卷50〈刑法志〉，頁2139。
〔註30〕 《宋會要輯稿》，刑法6之20，紹興元年11月16日，頁6689下。
〔註31〕 《長編》，卷323，神宗元豐5年2月丁巳，頁3345下。
〔註32〕 如《宋史》，卷6〈真宗本紀〉，咸平元年2月乙未，頁107。

杖罰者，皆令半之；〔註33〕使女子也納入三赦的範圍。南朝則女子贖罰皆半。〔註34〕北周，婦人當笞者，聽以贖論。〔註35〕皆對女子有恤刑之意。唐宋之律，則規定：

> 其婦人犯流者，亦留住。流二千里決杖六十，一等加二十，俱役三
> 年。若夫、子犯流配者，聽隨之至配所，免居作。〔註36〕

這裡指的是婦人犯流罪，不應真配，應易以決杖留住，而其換算的方法就是流二千里者杖六十，一等加二十。其次，婦人若隨丈夫流配時，則須真配，隨兒子時則聽隨自便，兩者皆可免居作。這是考量婦人出外的不便性，因此若是在丈夫和兒子都流配的情形下，才可不以決杖處理。這裡的立法精神，除了對婦女的恩恤之外，也是一種務實的處理方式。

在宋代的敕令上，則較律文更為寬恤。太宗時即有針對婦人有所恩恤，淳化四年（993）詔：

> 婦人犯杖以下，非故為，量輕重笞罰或贖銅釋之。〔註37〕

真宗景德 4 年（1007）也有相同的詔令。〔註38〕婦女之中，尤其是懷有身孕的婦人，比一般的婦女更加減輕其刑。如仁宗寶元 2 年（1039）詔：「婦人稱有娠，乞且送知在，如無官告、娠孕，不與原免，從之。」〔註39〕另如神宗熙寧詔：「孕婦人係杖罪情輕者，並釋之。」〔註40〕原本婦人在杖罪之下，若非為故意，則可以笞罰或贖銅來代替，但有娠的婦人則直接可獲釋放。

雖說「法律之前，人人平等」，但對於老、小、廢疾等人，從古至今，中外皆然，將之列為無責任能力或限制責任能力者，因此在刑罰上可獲得寬減的機會。此外性別也會形成不同的判決結果，主要是考量婦人的身體承受程度比男性來得小，因此在量刑上也多有代替刑。

這類寬減的律文，雖已明定，但從幾個案例看來，宋代的判決結果比實際律文明定者，還要更加寬恤，故而更能彰顯宋代刑罰修正的特色。

〔註33〕參見《慶元條法事類》，卷七十六〈當贖門〉，頁 428。
〔註34〕參見陳顧遠，《中國法制史》（北京：中國書店，據商務印書館 1934 年影印本重印，1988.4），頁 309。
〔註35〕參見《北史》，卷 9〈周本紀上第九〉，頁 335。
〔註36〕《唐律疏議》，卷 3〈名例律〉，「工、樂、雜戶及婦人犯流決杖」，頁 283～284。
〔註37〕《宋史》，卷 201〈刑法志〉，頁 5025。
〔註38〕參見《長編》，卷 66 景德 4 年 7 月丁卯，頁 635 下。
〔註39〕《宋會要輯稿》，刑法 5 之 8，寶元 2 年 4 月 25 日，頁 6659 下。
〔註40〕《宋會要輯稿》，刑法 5 之 10，熙寧 9 年 9 月 11 日，頁 6660 下。

第二節　「議」、「請」、「減」、「贖」與官吏犯罪的特殊待遇

一、「議」、「請」、「減」、「贖」的特殊待遇

「議」、「請」、「減」、「贖」指的是在犯罪人符合特殊的資格與條件的情形下，可憑藉著這四種方式，來奏請減免罪刑。

所謂符合「議」的資格者，有「八議」，指的是在中國刑律上，對於八種權貴人物在審判上給予特殊待遇的制度。八議包括：「議親」、「議故」、「議賢」、「議能」、「議功」、「議貴」、「議勤」、「議賓」：

> 壹曰議親。注云謂皇帝袒免以上親、太皇太后、皇太后緦麻以上親、皇后小功以上親。貳曰議故。注云謂故舊。參曰議賢。注云謂有大德行。肆曰議能。注云謂有大才業。伍曰議功。注云謂有大功勳。陸曰議貴。注云謂職事官參品以上、散官貳品以上及爵壹品者。柒曰議勤。注云謂有大有勤勞。捌曰議賓。注云謂承先代之後為國賓者。〔註41〕

八議之始，源於周代的「八辟」。〔註42〕漢末已有八議流行的說法，直至曹魏才將八議載入律文之中。唐代規定，凡屬八議之人犯了十惡以外的死罪，必須將犯罪的情形和應議內容，奏請公議後由皇帝裁決，〔註43〕除非是犯流罪以下的輕罪，否則承辦審理的官吏不能擅自裁斷。

八議議刑的程序如下，第一，「先奏請議」，即由法司條錄犯罪人的罪行及罪條，說明具有的資格（指的是八議的那一種情形），奏請皇帝批請議刑。第二，由大臣於朝堂當中集議，再由皇帝裁決。

「請」又稱「上請」，漢代始有請，指的是凡具有特殊身分的貴族或官僚犯罪，有司無權斷罪，而須「上請」皇帝奏裁。如漢高祖時「令郎中有罪耐以上，請之。」〔註44〕漢光武帝建武3年詔曰：「吏不滿六百石，下至墨綬長、相，有罪先請。」〔註45〕

〔註41〕《宋刑統》，卷2〈名例律·八議〉，頁20。
〔註42〕見《周禮》，卷35〈秋官·小司寇〉：八辟為議親、議故、議賢、議能、議功、議貴、議勤、議賓。頁524。
〔註43〕參見《唐律疏議》，卷2〈名例律·八議〉，頁113：「諸八議者，犯死罪，皆條所坐及應議之狀，先奏請議，議定奏裁。」《宋刑統》，卷2〈名例律·八議〉，頁20。
〔註44〕《漢書》，卷1下〈高祖紀〉，頁63。
〔註45〕《後漢書》，卷1上〈光武帝紀〉，頁35。

在宋代符合「請」資格者，有三種：第一，皇太子妃之大功以上親。第二，應議者之期以上親及孫。第三，五品以上官爵之人。〔註46〕「請」與「議」的最大差別，在於議者犯死罪得議刑，而請者犯死罪須上請聽敕，在程序上法司在「議」上無法提供處理意見，而是由京諸司七品以上諸官集議，但在「請」上法司可提供意見。其次，議的法律特權適用範圍較大，除了十惡之外的死罪皆可議，但請則「死罪不合上請，流罪以下不合減罪」。再次，議者的資格較寬，而請者所蔭及的親屬範圍則較小，此三為兩者的差別所在。但兩者在本質上，均是由帝王來權斷，作最後的裁決。

「減」指的是減等入罪，隋時「其在八議之科，及官品第七已上犯罪，皆例減一等。」〔註47〕唐宋因襲隋制有所損益而成。符合減者犯流罪以下始可減等：

> 諸柒品以上之官及官爵得請者之祖父母、父母、兄弟姐妹、妻、子孫，犯流罪以下，各從減一等之例。〔註48〕

上面這段內容主要是規定符合減者的資格和條件。

「贖」法實施很早，在湖北睡虎地秦墓所出竹簡有云：「欲歸爵二級以免親父母為隸臣妾者一人，及隸臣斬首為公士，謁歸公士而免故妻隸妾一人者，許之，免以為庶人」〔註49〕，這裡的意思是有軍功受爵之人，可以將爵退還二級，用來贖免隸臣妾之罪的親身父母一人，以及退還公士的爵，用來贖免現為隸妾的妻一人，所贖之人都免為庶人，可見贖法在秦即有。至南朝陳：「其三歲刑，若有官，准當二年，餘一年贖。若公坐過誤，罰金。其二歲刑，有官者，贖論」〔註50〕。隋代亦有贖律：「其品第九已上犯者，聽贖」〔註51〕。宋代贖的資格與條件如下：

> 諸應議請減及玖品以上之官，若官品得減者之祖父母、父母、妻、子、孫犯流罪以下，聽贖。若應以官當者，自從官當法。其加役流、反逆緣坐流、子孫犯過失流、不孝流及會赦猶流者，各不得減贖，除名、配流如法。〔註52〕

〔註46〕　參見《宋刑統》，卷2〈名例律〉，頁21。
〔註47〕　《隋書》，卷25〈刑法志〉，頁711。
〔註48〕　《宋刑統》，卷2〈名例律〉，頁21。
〔註49〕　《睡虎地秦墓竹簡》（台北：里仁書局，1981.11），〈秦律十八種〉，頁369。
〔註50〕　《隋書》，卷25〈刑法志〉，頁703。
〔註51〕　《隋書》，卷25〈刑法志〉，頁711。
〔註52〕　《宋刑統》，卷2〈名例律〉，頁21。

由以上的規定，可知符合贖的資格，第一種是九品以上之官。第二種是本身有官品符合減者條件（七品以上官）的血親（祖父母、父母、妻、子孫）者。第三種是符合「議」、「請」、「減」資格的人，在經過減刑之後，可再援用贖的特權。

將「議」、「請」、「減」、「贖」四者加以比較，可以參見表3-1明列四種特權的資格與限制。這四種特權，以「贖」的實施範圍最廣，因爲它的資格限制最寬，而贖的刑制立意並不在於減輕其刑，而在於替代原來的刑罰，因此它的限制是不能犯有五流罪或過失殺傷期親尊長、外祖父母、夫、夫之祖母父母應徒，故毆人至廢疾應流，男夫犯盜應徒，婦人犯姦等罪。

此外，爲釐清三者並用的關係，另有「兼有議請減」條來說明之：

　　諸壹人兼有議、請、減，各應得減者，惟得以壹高者減之，不得累
　　減若從坐減、自首減、故失減、公坐相承減，又以議、請、減之類，
　　得累減。〔註53〕

據以上說明，可知若一人同時符合三項資格時，只能選擇一項最高的作減罪，不能同時援用三項來累減。

宋代對於「議」、「請」、「減」、「贖」的條件，除了援用前代規定外，另也做了部分的補充與修正。針對前朝官員，宋太祖乾德4年（966）規定「今犯罪身無官，須祖、父曾任本朝官，據品秩得減贖；如仕于前代，須有功惠及民、爲時所推、歷官三品以上，乃得請。」〔註54〕仁宗至和元年8月（1054）也規定：「前代帝王後嘗仕本朝，官八品以下，其祖父母、父母、妻子犯流以下罪，聽贖。未仕而嘗受朝廷賜者，所犯非凶惡，亦聽贖。」〔註55〕皆放寬了適用的範圍。如仁宗時隨州司理參軍李抃父毆人死，抃上所授官以贖父罪，帝哀而許之，仍免決，送湖南編管。〔註56〕

宋代的「議」、「請」、「減」、「贖」，也放寬至一般民眾。如神宗熙寧4年（1071）的案例：

　　（趙）彥若前通判淄州，獄有失火、僞印者，法當死。彥若曰：在
　　律，雜犯死罪，親年九十，無兼養，應上請。與知州解賓王議異，

〔註53〕《宋刑統》，卷2〈名例律〉，頁23。
〔註54〕《宋史》，卷201〈刑法志〉，頁5025。
〔註55〕《宋史》，卷12〈仁宗本紀〉，頁237。
〔註56〕《宋史》，卷201〈刑法志〉，頁5026。另見《長編》，卷185，嘉祐2年4月
　　　　癸丑，頁1837下。

遂獨刻奏，二人皆得貸死，賓王慚之。〔註57〕

以上的例子說明了宋代的改變，雜犯死罪者，只要有雙親年老須奉養，亦可上請減免其罪刑。

二、官吏犯罪的特殊待遇

官吏的犯罪，有著與庶民不同的罪責。官吏除了原本的刑事責任外，有時尚須負行政責任，然而官吏可以用官品來贖罪，或落職下官等，已經比一般人多了許多的特殊待遇。所謂「禮不下庶人，刑不上大夫」〔註58〕，因此，官吏的身分，也是形成刑罰減輕的原因之一。

官吏以官品來贖罪，列入官當法的條文之中。唐律對於官當法的規定，凡九品以上之官犯常罪（非死罪、非加役流、反逆緣坐流、子孫犯過失流、不孝流、會赦猶流等五種流罪），皆可以官抵罪，稱之為「官當」。

表 3-1　宋代議請減贖一覽表

類　別	資　格	特　權	限　制
議	一、議親（皇帝袒免以上親、太皇太后皇太后緦麻以上親、皇后小功以上親）。二、議故。（謂故舊） 三、議賢。（謂有大德行） 四、議能。（謂有大才業） 五、議功。（謂有大功勳） 六、議貴（三品以上職官、二品以上散官、一品以上爵）。 七、議勤。（謂有大勤勞） 八、議賓。（謂承先代之後為國賓者）	犯死先奏請議，議定奏裁。 犯流以下罪者減一等。 犯流以下罪聽贖。	一、死罪議刑之限制：十惡。 二、流以下罪減罪之限制：十惡；五流；過失殺傷期親尊長、外祖父母、夫、夫之祖父母父母應徒，故毆人至廢疾應流，男夫犯盜應徒，婦人犯姦。 三、流以下罪聽贖之限制：五流；過失殺傷期親尊長、外祖父母、夫、夫之祖父母父母應徒，故毆人至廢疾應流，男夫犯盜應徒，婦人犯姦。
請	一、皇太子妃大功以上親。 二、應議者期以上親及孫。 三、五品以上官爵。	犯死罪者上請聽教。 犯流以下罪減一等。 犯流以下罪聽贖。	一、死罪上請之限制：十惡。 二、流以下罪減罪之限制：十惡；反逆緣坐；殺人；監守內姦、盜、略人、受財枉法；五流；

〔註57〕《長編》，卷220，熙寧4年2月甲戌，頁2232上。
〔註58〕《禮記》（十三經注疏本），卷3〈曲禮上〉，頁55。

			過失殺傷期親尊長、外祖父母、夫、夫之祖父母父母應徒，故毆人至廢疾應流，男夫犯盜應徒，婦人犯姦。 三、流以下罪聽贖之限制：五流；過失殺傷期親尊長、外祖父母、夫、夫之祖父母父母應徒，故毆人至廢疾應流，男夫犯盜應徒，婦人犯姦。
減	一、應請者祖父母、父母、兄弟姐妹、妻、子孫。 二、七品以上官。	犯流以下罪減一等。 犯流以下罪聽贖。	一、流以下減罪之限制：十惡；五流；反逆緣坐；殺人；監守內姦、盜、略人、受財枉法；過失殺傷期親尊長、外祖父母、夫、夫之祖父母父母應徒，故毆人至廢疾應流，男夫犯盜應徒，婦人犯姦。 二、流以下罪聽贖之限制：五流；過失殺傷期親尊長、外祖父母、夫、夫之祖父母父母應徒，故毆人至廢疾應流，男夫犯盜應徒，婦人犯姦。
贖	一、應減者祖父母、父母、妻、子孫。 二、九品以上官。	犯流以下罪聽贖。	一、五流。 二、過失殺傷期親尊長、外祖父母、夫、夫之祖父母父母應徒，故毆人至廢疾應流，男夫犯盜應徒，婦人犯姦。

資料來源：《宋刑統》，卷第 2〈名例律〉，頁 19～23。

　　官當法的內容大致是：一、若犯私罪官當，「五品以上官貴，故一官當徒二年；九品以上官卑，故一官當徒一年。」〔註 59〕九品以上之犯常罪，若其罪本輕，不必以官抵罪，可留官納銅，稱「收贖」，若其罪本重，官當後仍有餘罪，亦可聽贖。再者，若官已當盡，未重敘之前又犯流以下之罪，則「聽以贖論」。〔註 60〕所謂的「私罪」，依疏議曰「謂不緣公事，私自犯者。雖緣公事，意涉阿曲，亦同私罪，對制詐不以實者，對制雖緣公事，方便不吐實

〔註 59〕《唐律疏議》，卷 2〈名例律〉「官當」，頁 182～3。
〔註 60〕《唐律疏議》，卷 2〈名例律〉「官當」，頁 182～3。

情，心挾隱欺，故同私罪。受請枉法之類者，謂受人屬請，屈法申請，縱不得財，亦爲枉法。」〔註61〕三、凡七品以上官，不論情節輕重如何，一律減一等，稱之「例減」。四、五品以上，三品以下之官，犯十惡以上之外的死罪，須奏請皇帝議決，謂之「上請」。除此之外，還有除名、免官等處分，這些處分看來嚴格，其實不然。因爲在這些處分的保護傘下，眞正受到處罰的貴族或官吏很少。就算被判除名、免官、免所居官等罪的官吏，依免官當敘法之規定，除名可「六載之後聽敘」；免官「三載之後降先品二等敘」；免所居官「期年之後降先品一等敘」〔註62〕。意即在除名、免官之後，等個三年五載仍可再敘，保持其官員的身分。

　　《宋刑統》亦有官當法之條，宋代對於官員的處罰，也繼承了唐代的相關規定，但處罰方式則與唐代略有不同。〔註63〕如太祖乾德5年（967）詔：

> 自後命官犯罪，當隸者多於外州編管，或隸牙校，其坐死特貸者，決杖黥面，配遠州牢城。經恩量移，即免軍籍。大凡命官犯罪，多有特旨或勒停，或令釐務贓私罪重，即有配隸。或處散秩自遠移近者，經恩三、四或放從便，所以禁貪贓而肅諸品也。〔註64〕

就以上所言可知，除了免官、停敘、免所居官的懲處外，宋代對官員犯罪視犯罪的情形不同，犯罪當隸者，於外州編管，而貸死罪者也須刺配。編管法與刺配法皆爲宋代於五刑之外增設的刑種。所謂「編管」指的是編錄名籍、接受監督管轄並限制犯人身自由的法律，宋初適用於命官犯罪者，南宋以後也用於「諸罪緣坐家屬」，〔註65〕行使上也漸漸廣泛。

　　「編管法」的行使，用於官吏上多半是犯贓貸死、黨爭或政治因素、斷案不愼等三種原因。宋初官吏犯贓枉法，罪刑皆爲杖殺等死刑。眞宗時「品官犯贓情理乖當，但千錢以上，皆配隸衙前」〔註66〕，對官吏犯贓施以配隸，其後懲罰也有愈來愈輕的趨勢，此部分在下面會作詳盡探討。其次是因黨爭或其他政爭因素而編管。如徽宗時蔡京所列元祐黨人中，有七十餘人遭到編

〔註61〕《唐律疏議》，卷2〈名例律〉「官當」，頁182。
〔註62〕《唐律疏議》，卷3〈名例律〉「除免官當敘法」，頁227～8。
〔註63〕關於宋代官員的處罰與管理，可參見苗書梅，《宋代官員選任和管理制度》（河南大學出版社，1996.6）；鄧小南，《宋代文官選任制度諸層面》（河北教育出版社，1993）等書。
〔註64〕《宋會要輯稿》，刑法4之1，乾道5年2月14日，頁6608上～下。
〔註65〕《慶元條法事類》，卷75〈編配流役〉，頁412。
〔註66〕參見《長編》，卷85，大中祥符8年閏6月癸巳，頁813上。

管。南宋權臣當政時，朝臣謗訕朝政也會遭到編管。高宗紹興 8 年（1138）胡銓曾上書直諫議和，送至昭州編管，韓紃坐上書論與金議和事，送循州編管。〔註67〕因斷案不當而遭到編管的情形也很多，如神宗熙寧 2 年（1069）規定，失人死罪一人，追官勒停；二人，除名；三人，除名編管。〔註68〕南宋時規定：「失入死罪一名，爲首當職官勒停，吏人千里編管，二名者，爲首當職官追一官勒停，吏人二千里編管；三名者，爲首當職官追二官勒停，吏人配千里」〔註69〕，可見編配也針對失人入死罪的官員作懲處。

此外，對於官吏犯罪，懲處的刑種還有「安置法」、「居住法」。唐代即有安置法，宋代則對於高級官員罪行使安置法，較編配法管理較寬，人身也較自由，如遭到安置的官員，雖然安置的地區較爲荒僻，但不用「枷項」，也不用兵士押送，多半只派一二名低級官員送去。安置的官員不許出城，會受到官府的監視，且因他們未被除名，仍可和當地官員交往。

居住法則又較安置法爲輕，宋代居住法根據官吏的罪行輕重而分爲除名勒停居住、追官勒停居住、責授散官居住、落職領宮觀居住、責授分司居住之別。如犯贓者，南宋多用居住法。寧宗嘉定元年（1208），朝奉大夫李澄因其奸贓，被追三官勒停，送南康軍居住。〔註70〕

至於官吏的犯罪原因，以下列三種最爲普遍。第一類是斷案失刑，造成民怨。宋代相當重視文人的法律素養，對於斷案不當的法官，均有所懲處。其中最嚴重者，即爲失人入死罪，致生冤獄，作出不當判決的法官，會追官勒停處分，有的還會削籍爲民。根據眞宗雍熙 3 年 7 月（986）的詔令：

> 自今失入死罪，不至追官者，斷官沖替，候放選日，注僻遠小處官，
> 連書幕職州縣官注小處，京官朝官任知州、通判、知令錄、幕職，
> 授遠處監當。其官高及武臣內職臨時取旨。從之。〔註71〕

將罪不至追官者，改放至遠處任官。熙寧 2 年（1069）則進一步規定，失人死罪一人，追官勒停；二人，除名；三人，除名編管。自此之後，官吏失人入死之罪較輕。〔註72〕

〔註67〕 參見《宋史》，卷 29〈高宗本紀〉，頁 537、540。
〔註68〕 見吳曾，《能改齋漫錄》，卷 13，〈敕官吏失入死罪〉，頁 342。
〔註69〕 《慶元條法事類》，卷 73〈出入罪〉，頁 398。
〔註70〕 《宋會要輯稿》，職官 74 之 28，嘉定元年正月 17 日，頁 4050 下。
〔註71〕 《宋會要輯稿》，職官 15 之 1～2，雍熙 3 年 7 月，頁 2684 上～下。
〔註72〕 見吳曾，《能改齋漫錄》，卷 13，〈敕官吏失入死罪〉，頁 342。

　　第二類是保舉不當，形成連坐處分。宋代對於官員的派任、循資、磨勘、晉升等均有一定的規定與程序，在過程中，有所謂的薦舉保任制度，由在任官薦舉人才擔任官吏，但若被保之人有貪污不法情事，其「舉主」亦會連坐處分。如眞宗天禧 2 年正月（1018）：「龍圖閣待制判大理寺李虛己言，凡斷命官、使臣犯贓私罪，並檢勘舉主。竊詳條制，蓋以因保任而改官，犯贓私則連坐，其保舉一任，於所任犯罪亦如之。……從之。」〔註 73〕又如 4 月規定：「詔自今命官犯贓，不以輕重，並劾舉主，私罪杖以下勿論，從判大理寺李虛己之請也。」〔註 74〕這些都是針對犯贓命官的保舉人所作的懲處規定，以便讓保舉人勿因爲人情請託或收受贈品，不加詳察對方的人品而胡亂保舉。

　　哲宗時「今後舉官得罪，如被舉人犯贓私罪，特旨編配者，舉主雖該恩並取旨」〔註 75〕，也是針對保舉人的行爲不當，舉主須取旨受懲。

　　南宋時，則有不同的規定，對於舉主的懲處較北宋爲嚴。如《慶元條法事類》云：

　　　　若犯入己贓，舉主與同坐，至死者減一等，私罪徒以上減貳等。〔註 76〕
如此一來，使舉主必須負起連帶保證責任，才能戒愼恐懼，爲國舉才。

　　第三類是瀆職罪，如貪污受贓、在盜賊或外敵來犯時棄城遁逃等，這類的罪行也是最普遍發生的罪行。〔註 77〕這裡指的，是一般性的官吏犯罪，高官犯罪有時另有考量，甚至與朋黨之爭、官員間的權力爭奪相關，〔註 78〕罪責也無法與一般官吏相提並論，故不在這裡討論。

　　以官當法懲處犯罪官員，以其犯罪的性質與程度，處以「編管」、「居住」或「安置」法等，尤以「居住」或「安置」法兩者針對高級官員懲處，仍保有部分人身自由，可說是官員的特殊待遇。

〔註 73〕　參見《長編》，卷 91 天禧 2 年正月癸卯，頁 872 下。
〔註 74〕　參見《長編》，卷 91 天禧 2 年 4 月丙子，頁 877 上。
〔註 75〕　參見《長編》，卷 414 元祐 3 年 9 月甲子，頁 4256 上。
〔註 76〕　《慶元條法事類》，卷 14〈職制門・薦舉總法〉，頁 157。
〔註 77〕　關於宋代官員的貪污犯罪，可參見曹海科，〈試論北宋初年的法制與吏治〉，《蘭州大學學報》（社科版），1987.4；黃啓昌，〈試論中國古代的反貪立法〉，《中國史研究》1999 年第 1 期；郭東旭〈論宋代防治官吏經濟犯罪〉，柳立言主編《宋元時代的法律、思想和社會》，台北：國立編譯館，2001.1。
〔註 78〕　如以北宋的宰臣陳執中家中嬖妾殺婢一事，此案引發不同朝臣的討論，關鍵在於陳執中是否應負持家不周之責，及引發其不適任宰執之位的爭議。可參見 Brain E Mcknight，*Crime in High Places: The case of Ch'en Chih-Chung*，《劉子健博士頌壽紀念宋史研究論集》（東京：同朋舍，1989.9），頁 499～515。

三、官員的貪贓罪—律文與懲治結果

官吏犯罪有其特殊待遇，而官員最常犯的貪贓罪，更可以看出各朝對於官員的犯罪的懲治的態度。尤其是官員的受賄貪污、監守自盜官物等罪，各朝一向視爲重罪，唐代即有所謂六贓罪，〔註79〕其中受財枉法、受財不枉法、受所監臨和坐贓四種，則多與官員的受賄犯罪有關。我們從宋代官員的犯贓的懲治，可以了解宋代對於官員犯罪的態度。

對於官吏的犯贓問題，一般可依情節的輕重，分成四種：受財枉法、受財不枉法、受所監臨財物、坐贓等四類。所謂「受財枉法」指的是負有領導監督管轄的主管官或承辦事務的官吏收受別人的財物，沒有依據法律，而作了不當的處斷，受財不枉法則是官吏雖有收受財物，但未曲法處斷，因此受財枉法比受財不枉法在懲處上要嚴重得多。

在處罰上，可分成刑事處分、行政處分和民事處分三種，在刑事上對有祿和無祿者，有不同的處罰，無祿者較輕，有祿者較重。但值得注意的是，宋刑統當中的律文是全部依照唐律的內容照本宣科的，唯一不同的在於附敕。根據宋刑統的附敕，在唐天寶元年即對受財枉法的官吏放寬到 20 疋絞，後周顯德再放寬到 25 疋絞，南宋末年的《慶元條法事類》也針對有祿者和無祿者分別規定 20 疋、25 疋。（見表 3-2）受財不枉法則放寬到 50 疋奏取敕裁，《慶元條法事類》則過 50 疋配本城，皆有較唐代更放寬的趨勢。行政處罰方面，受財枉法者最重可至除名，除名是對官吏施以最嚴重的行政處分，不但剝奪出身，也將剝奪原有的官位。受財不枉法者最重的行政處分是免官，免官較除名爲輕，僅免兩官，「爵及降所不至者聽留」。

根據劉俊文《唐律疏議箋解》的研究，在監主受財枉法方面，有三點是值得注意的：第一，如果犯罪的官吏，並非監臨主司（主事的官吏）而受有事之人財，則當以坐贓論，依雜律坐贓致罪論科罰，而不得定此罪。第二，主事者是利用職務之便受財的，若與執行職務無關，則當以受所監臨財物論。第三，受財必須在事前，如事後受財，則當以「事後受財」條科罰，而不得定爲此罪。〔註80〕

〔註79〕 六贓之名，見於《唐律・名例律》第 33 條「以贓入罪」：「在律正贓唯有六色：強盜、竊盜、枉法、不枉法、受所監臨及坐贓。自外諸條，皆約此六贓爲罪。」《唐律疏議》，卷 1，頁 328。

〔註80〕 見《唐律疏議》，卷 11〈職制律〉，頁 865。

　　受所監臨財物之罪，是指主事的官吏「不因公事」而接受所部饋送財物的行為，「乞取」所監臨財物乃指官員主動索取財物的行為，另外尚有監臨內受饋遺、監臨內借貸役使買賣遊客乞索等諸如此類皆屬貪贓，只是和職務無關，因此和受財枉法罪有所區別。乞取者較受所監臨財物者，要罪加一等，若為「強乞取」則準枉法論。〔註81〕附敕中後周顯德時的規定，則放寬到100疋奏取敕裁。而大中祥符8年（1015）詔：「編敕所言，監臨主守自盜及盜所監臨財物者，舊自五匹徒二年，遞加至二十五匹流二千五百里，三十匹即入絞刑。緣法律凡加重刑，皆須循次，自獨此條頓至大辟，望改三十匹為流三千里，三十五匹絞，從之。」〔註82〕

表3-2：宋代官吏犯贓罪的律文規定

		受財枉法	受財不枉法	受所監臨財物	坐　贓
犯罪人		監臨主司	監臨主司	監臨主司	非監臨主司之官及常人、有罪之與財者
對象		官私財物或田宅	官私財物或田宅	官私財物或田宅	官私財物或田宅
犯罪行為		受人財為曲法處斷	雖受有事人財，判斷不為曲法	不因公事而受監臨內財物	因事受財
刑事處罰	宋刑統正文	1尺杖100 1疋加一等	1尺杖90 2疋加一等	1尺笞40 1疋加一等 8疋徒1年 8疋加一等	1尺笞20 1疋加一等 10疋徒1年 10疋加一等
		15疋絞 無祿者減一等，20疋絞	30疋加役流 無祿者減一等，40疋加役流	50疋流2000里 與者減五等 乞取者加一等 強取者準枉法論，無祿者減一等	罪止徒3年
	唐天寶附敕	20疋絞			

〔註81〕參見《宋刑統》，卷11〈職制律〉，「受所監臨贓」，頁105。
〔註82〕參見《長編》，卷85大中祥符8年閏6月癸巳，頁812下。

	周顯德附敕	無祿人犯枉法贓者，加至 25 疋絞	不枉法論過 50 疋者奏取敕裁	過 100 疋者奏取敕裁	
	慶元條法事類	有祿者 20 疋，無祿者 25 疋絞	若罪至流，不枉法贓 50 疋，配本城	贓百疋，命官奏裁，餘配本城。	諸內外見任官因生日，輒受所屬慶賀之禮，及與之者，各徒一年，詩頌，減一等，所受贓重者，坐贓論。
行政處罰		監臨主守於監守內受財枉法，贓一疋，除名；獄成會赦者，免所居官。會降者，免官；死罪不合上請，流罪以下不合減罪	監主受財不枉法，斷徒刑以上，免官，爵及降所不至者，聽留，若會降有餘罪者，聽從官當、減、贖法。	無	無
民事處罰		彼此俱罪之贓沒官，其他則還主	同左	同左	彼此俱罪之贓沒官

資料來源：《宋刑統》卷 2〈名例律〉，頁 28～30；卷 4〈名例律〉，頁 44；卷 11〈職制律〉，頁 104～106；卷 26〈雜律〉，頁 228。《慶元條法事類》卷 9 職制門六、職制門十。

　　坐贓罪指的是非監臨主司之官吏，因事收受他人財物，但無枉法情事，因其犯事情節較輕，處罰也最輕。坐贓罪包含了收受人和給與人，兩者都屬違法，唯與人可減五等。而俱罪之贓則全部充公，不會歸還原物主。據《慶元條法事類》的記載：「諸品官以金繒珠玉、器用什物、果實醞醢之類送遺按察官及權責，若受之者，並坐贓論」、「諸內外見任官因生日，輒受所屬慶賀之禮，及與之者，各徒一年，詩頌，減一等，所受贓重者，坐贓論」〔註83〕，將官員彼此之間饋贈的禮品、生日慶賀的禮物，若禮品價值不菲者，亦以坐贓論罪，則是對官員的饋贈，做了更爲明確的約束。

　　律文的規定，官吏的犯罪可透過議、請、減、贖或官當的方式，來獲得減免或易刑，縱使在行政處分上，對未來的仕途仍有不利的影響，但比起一般人來說，已有較爲優惠的待遇。在受贓罪來說，無論是受財枉法、受財不枉法、受所監臨財物或坐贓等罪，以受財枉法爲最嚴重，因爲貪官污吏又曲

〔註83〕　《慶元條法事類》，卷 9〈職制門〉，「饋送」，頁 91～92。

法處斷，若無法杜絕，會引起百姓的不滿與不安，甚至導致政權的不穩，各朝代在建立之初，往往都會嚴懲贓吏，在刑事處罰的實際執行上，比律文的規定還要更爲加重，其目的即是以殺雞儆猴的方式，減少貪瀆事件的發生，並施以明快的處斷，以下我們就一些實際的官吏犯贓案例，來看宋代官吏犯贓的處理，及其對刑罰修正的意義。

對於貪贓官吏，宋代行政處分的方式，有下列幾種：

第一，訂定永不敘用之法。意即對於貪贓不法的官吏，永不錄用，這是相當嚴重的行政處分。如太宗：「諸職官以贓致罪者，雖會赦不得敘，著爲令。」〔註84〕。眞宗天禧3年9月（1019）詔：

> 詔自今應犯贓注廣南、川峽幕職、州縣官，委逐路轉運使常加糾察，再犯贓罪者，永不錄用。時司勳員外郎梁象言，川峽幕職、州縣官會坐贓左降者，多復恣貪，踰以擾遠民。請自今犯贓者，不注川峽官，並除廣南遠惡州軍。上以廣南亦吾民也，且非自新之道，故特有是詔。〔註85〕

天禧3年雖有此詔，但隔年就發生了代州的吳太初因捕獲私鹽，田夢澤於公廨課子弟種麥半畝兩件事，兩人皆因贓罪不許敘用，結果任職戶部員外郎的魯宗道則爲兩人叫屈，認爲「除枉法受贓，其因事受贓，情可憫者並奏裁」〔註86〕。結果也得到眞宗的同意。

南宋亦有不收敘之法。南宋建炎2年（1138）詔：「自今犯枉法自盜贓者，中書籍其姓名，罪至徒者，永不錄用。」〔註87〕可見宋代一直有不敘用的詔令規定，只是執行上不會那麼嚴格。

第二，定限制參選敘用之法：這種限制參選敘用的方法，也是對犯贓的官員的懲處之一。如眞宗大中祥符6年（1013）規定：

> 詔：使臣入己贓徒已上罪，敘用已至本職降兩資者止；犯入己贓杖罪及元斷徒以上，該恩特停官者，敘用至元職降一等止。縱逢赦命，不得敘進。又詔援赦理選人，如曾犯贓及酷刑害命者，令流內銓責其再犯當永不敘用知委狀。〔註88〕

〔註84〕陳邦瞻，《宋史紀事本末》（上海古籍出版社，1994.7），卷17〈太宗致治〉，太平興國3年2月丙辰，頁35。

〔註85〕參見《長編》，卷94天禧3年9月甲戌，頁899上。

〔註86〕參見《長編》，卷95天禧4年2月丁亥，頁903下。

〔註87〕《宋史》卷25〈高宗本紀〉，建炎2年春正月丙申，頁453。

〔註88〕參見《長編》，卷80大中祥符6年正月丙午，頁766下～7上。

根據以上的規定，對於入己贓徒以上罪的官吏，先降兩資示懲，若再犯則永不敘用。至徽宗時規定，職官「年六十已上及曾犯贓罪情重，不注知縣；進納授官不許權縣事」〔註89〕。南宋時寧宗又有「贓吏毋減年參選」〔註90〕「命官犯贓毋免約法」〔註91〕之詔，來限制官吏參選敘進。對於吏人不得犯贓，在《吏學指南》等書中也有提及。〔註92〕

對犯贓官吏的限制敘用與晉升，主要是在行政處分上給予懲罰，在刑事處分上，宋初多有杖殺、棄市的刑責，可說對五代以來的貪污風氣，有一定的遏止作用。宋代初期，命官犯貪贓罪，罪刑較重。如太祖建德5年2月（967）詔：「大凡命官犯罪，多有特旨或勒停，或令釐務贓私罪重，即有配隸，或處散秩，自遠移近者，經恩三、四或放從便，所以禁貪贓而肅諸品也。」〔註93〕意思是就算有特旨貸死，也須刺面流配，用以懲戒。真宗以前對於貪贓官吏多處以棄市、杖殺等極刑，但其後則漸漸放寬，以除名、杖脊、流配之刑懲之，可說較太祖、太宗時期放寬許多。此外，朝臣上曰朝廷緩於懲戒，又多有減死之舉：

> 上謂宰相曰：數有人言官吏犯贓者多，蓋朝廷緩於懲戒。王旦曰：今品官犯贓，情理乖當，但千錢已上皆配隸衙前，遇赦，得逐便，再遇赦，得參軍、文學，終身不齒善良。其有犯法輕贓，遇大慶不過得一判司，每赴選調，必首載其贓濫，為辱極矣。然萬一有當極典者，朝廷但委之攸司，死者無由得免。蓋太宗謹重刑罰，行三宥之恩，此等多蒙減死，陛下即位以來，贓吏若比前代，則犯者亦似差少。〔註94〕

仁宗時，坐贓當死的官雖有刺配者，但免杖黥者也不在少數。天聖8年（1030），監翰林司閣門副使郭承祐，坐監主自盜，依法合實極刑，但仁宗特貸之，免除

〔註89〕《宋會要輯稿》，刑法2之55，政和元年6月20日，頁6509上。

〔註90〕不著撰人，《續編兩朝綱目備要》（北京：中華書局，1995.7），卷14，嘉定8年5月辛酉，頁270。

〔註91〕《續編兩朝綱目備要》，卷16，嘉定16年春正月戊申，頁301。

〔註92〕見徐元瑞《吏學指南》（浙江古籍出版社，1988）、《吏部條法》（台北：文海出版社，1981）。另關於吏人的規定，可參見林煌達《北宋吏制研究》（台中：國立中興大學歷史所碩士論文，1994）《南宋吏制研究》（嘉義：國立中正大學歷史所博士論文，2001.7）

〔註93〕《宋會要輯稿》，刑法4之1，建隆5年2月14日條，頁6608上～下。

〔註94〕《長編》，卷85大中祥符8年閏6月癸巳，頁812下～3上。

黥面，僅除名，配至岳州衙前編管。〔註95〕自是，編管成爲命官犯贓死罪的代用刑，〔註96〕廣泛施行於貸死的官員。神宗以後，官吏犯贓更加寬減，當時任職金州的知州張仲宣犯了受贓罪，依例當刺配放海島，知審刑院蘇頌即言：

> 仲宣所犯可比恐喝條，且古者刑不上大夫，仲宣官五品，有罪得乘
> 車，今刑爲徒隸，恐污辱衣冠耳，其人則無足矜也。〔註97〕

最後仲宣免去杖黥之苦，只流配海島，且使「宋世命官犯贓抵死者，例不加刑」〔註98〕。但吏人則不在此限，如南宋、寧州永新縣獄吏〔註99〕、理宗時攸縣吏受民之賄，仍受黥配。〔註100〕

　　哲宗時，刑部侍郎邢恕言：「藝祖初定天下，主典自盜，贓滿者往往抵死。仁祖之初，尚不廢也。其後用法稍寬，官吏犯自盜，罪至極法，率多貸死。然甚者猶決刺配島，……比朝廷用法益寬，主典人吏軍司有犯，例各貸死，略無差別。」〔註101〕

　　南宋以後，貪贓問題日益嚴重，懲治的規定與北宋大同小異，但對於貪贓的官吏，處理更加慎重，如高宗紹興7年8月甲寅（1137）詔：「命官犯贓，刑部不得擅黥配，聽朝廷裁斷。」〔註102〕此外增加追繳贓錢沒入官的項目。高宗詔：「自今犯枉法自盜贓罪至死者，籍其貲」〔註103〕。孝宗亦一度嚴贓吏法。〔註104〕又如乾道6年（1170）規定：

> 敕：勘會親民之官，無如縣令，儻非其人，爲害不細。今貪贓之令，
> 監司守倅公然蓋庇，致民無赴訴。在法：所部違犯，監司知通失按
> 舉者奏裁。而近年以來，因朝廷訪聞及臣僚論列者甚眾，如今後失
> 按舉，當議　重行停降。〔註105〕

〔註95〕《宋會要》，刑法6之12，天聖8年11月6日，頁6685下。
〔註96〕參見郭東旭，〈論宋代防治官吏經濟犯罪〉，收入《宋元時代的法律、思想和社會》（台北：國立編譯館，2001.1），頁244。
〔註97〕《文獻通考》卷167〈刑法考〉，頁1448中。
〔註98〕《宋史》，卷340〈蘇頌傳〉，頁10868。
〔註99〕《宋史》，卷430〈張洽傳〉，頁12787。
〔註100〕《宋史》，卷409〈高斯得傳〉，頁12325。
〔註101〕參見《宋史》，卷201〈刑法志〉，頁5019。
〔註102〕《宋史》，卷28〈高宗本紀〉，頁531。
〔註103〕《宋史》，卷25高宗建炎2年2月辛未，頁454。在紹興4年2月壬午又再強調「贓罪至死者仍籍其貲」。見卷27，頁509。
〔註104〕《宋史》，卷33孝宗隆興2年9月丁酉，頁627。
〔註105〕《宋會要輯稿》，職官71之33，孝宗乾道6年11月6日條，頁3974上。

南宋孝宗的懲治之法看來嚴格，但在實例上卻發現孝宗時期貪污的官吏往往只受到「放罷」的輕懲，可見懲處並無實效。在光宗、寧宗以後，吏治廢弛，經濟困窘，政局不穩，致使懲貪之政令無法貫徹，使官吏「餽賄公行，薰染成風」〔註106〕，情況更加積弊難返。

對於南宋時期官吏的貪贓問題，南宋中期以後彙集的《名公書判清明集》一書，關於官吏的貪污犯罪，也有許多案例，例如：〈虛賣鈔〉所載：

> 程全、王選以縣吏同謀擅創方印，印賣虛鈔，作弊入己。勘鞫情犯昭然。其事雖起於前任張知縣，而李縣丞權縣日，用程全之計，輒於一日之內印幾二百石，所賣之錢輒以撥充丞廳起造爲名，節次支撥六百貫入宅庫，監臨主守而自爲盜焉。……以本邑賢厚貴寓曾謂其明敏可任，人材難得，不欲玷其素履，姑免申奏。〔註107〕

此段蔡杭所作的判詞，對李縣丞夥同縣吏印賣虛鈔的行徑，作了一番舖陳，但卻稱犯罪人「明敏可任，人材難得」，致使貪贓的縣官不但未按律治罪，反而未作任何懲處，而由縣吏受罰。

南宋的貪官問題，可說是因爲受賄的官吏，「事將敗露，即作先期悔還，竟從末減」〔註108〕，又因事發之後，未能將律文的規定嚴格執行，按律懲處，反而輕判居多，造成官吏的僥倖之心。如蔡杭言：

> 當職到任之初，非不知本州貪謬之吏甚多，但以州務彫疲，儻即見之施行，恐見譴責，謂不可展布，日復一日，民怨益深。……內有饒州推官舒濟，蔑視官箴，肆爲攫拏，如本州抛買金銀，則每兩自要半錢，鈺銷出剩，自袖入宅。提督酒庫，科取糯米，受納受糯米，官稅之外，自取百金。以配吏吳傑爲腹心，受成其手，交通關節，略無忌憚。〔註109〕

因此，在追查吳傑到案後，蔡杭判吳傑決脊杖七十，於原配州外加刺配一千里，家產充公。

南宋的貪賄，雖說是朝廷放縱的結果，但朝廷「籍其貲」的目的，竟是在於增加財政收入。如理宗時賈似道言：「裕財之道，莫急於去贓吏，藝祖治贓吏，杖殺朝堂，孝宗眞決刺面，今日行之，則財自裕。」〔註110〕可說是上

〔註106〕如《宋史》，卷437〈眞德秀傳〉，頁12958。

〔註107〕《名公書判清明集》，卷2〈虛賣鈔〉，頁52。

〔註108〕《宋會要輯稿》，刑法1之61，嘉定14年11月4日，頁6478上。

〔註109〕《名公書判清明集》，卷2〈對移貪吏〉，頁55～56。

〔註110〕《宋史》，卷42〈理宗本紀〉，嘉熙2年2月癸巳，頁815～6。

下交相利，風氣自然敗壞。

由以上的探究，可見北宋太祖、太宗時對於官吏的貪贓枉法特別嚴格，到了真宗、仁宗以後，廣泛施行編管、杖脊之刑，到了神宗，命官例不加刑，對於官吏犯罪愈來愈放寬。南宋以後，命官犯贓只以降官、放罷處理，此因優禮士大夫，對於官吏犯罪多所寬貸。對於宋初嚴懲贓吏，之後則漸趨寬弛的情形，清代的史學家趙翼則有一語指陳：「姑息成風，反以庇奸養貪爲善政。其於不肖官吏之非法橫取，蓋已不甚深求。」〔註111〕

官吏的犯贓最能彰顯出官吏犯罪的特殊待遇，因爲貪贓枉法涉及了政府效能、國計民生，若不能好好懲治，不但風氣敗壞，也會產生民怨。然而，由以上的探究，我們知道宋代律文對犯贓的相關規定相當嚴格，尤其是受財枉法可處以極刑。而在實際的案例上，宋初按律劾治，嚴懲贓吏，但在神宗張仲宣事件之後，命官犯贓皆更加寬減其刑，南宋以後，更爲減輕，官員犯贓雖免官放罷，但過一陣子後又可再度任官。

第三節　皇帝的恩赦與恤刑

自秦始皇統一六國（221B.C），爲皇帝建立之始，皇帝仰賴官僚體系承理各項業務。然而，皇帝的專制與獨裁，也是隨著政治制度、社會結構的建立、乃至於意識型態——主要爲忠君思想的形成，逐步加以鞏固的。因爲，皇帝權力的絕對與完全性，是皇帝統治的基本特質與要求。〔註112〕

因此，皇權的專制與至高無上性，使得在法律的執行上，皇帝成爲最後的決定者。無論是符合「無責任能力人」、「議、請、減、贖」或是其他減罪原則的犯罪人，或者是完全不符合以上減罪條件的犯人，皇帝透過例行性的「大赦」、「曲赦」等恩赦，或是對於某些爭議性的案例予以減輕，讓許多犯人仍然可受到恩恤而獲得減免。

一、赦降制度

古代即有免除犯罪或減輕的恩赦制度。「恩赦」意指皇帝頒佈的大赦、曲赦及錄囚等，乃皇帝專屬的措施，以此來彰顯皇帝的親民仁德之心及皇權，

〔註111〕趙翼，《二十二史箚記》（台北：世界書局，1986.10 第九版），卷 24〈宋初嚴懲贓吏〉，頁 327。

〔註112〕見劉靜貞，《北宋前期皇帝和他們的權力》（台北：稻鄉出版社，1996.4），頁 4。

但有的並非常制。恩赦的內容極廣，主要為囚犯刑罰的減免，另外也有對官員及人民的賞賜、減免民眾賦稅等。古代帝王的恩赦，行之於皇帝登基、立儲、郊祀等例行性的場合之中。宋代所行的恩赦制度稱之為「赦降」：

> 諸稱恩者，謂赦降；稱降者，德音、疏決同。〔註113〕

可知赦降為赦免有罪之人及降等處罰的恩宥制度。〔註114〕就赦降的種類而言，可以分為：大赦、曲赦、德音、錄囚四大類。據《宋史》記載：

> 凡大赦及天下，釋雜犯死罪以下，甚則常赦所不原罪，皆除之。凡曲赦，惟一路或一州，或別京，或畿內。凡德音，則死及流罪降等，餘罪釋之，間亦釋流罪，所被廣狹無常。又，天子歲自錄京師繫囚，畿內則遣使，往往雜犯死罪以下，第降等，杖、笞釋之，或徒罪亦得釋。若并及諸路，則命監司錄焉。〔註115〕

以上這段記載，說明了四類赦降分別處理的對象及方式，以下分別簡述之。

（一）大赦

皇帝實施大赦的場合，大致可分為三種。第一，新即位的皇帝，為示恩宥，赦「常赦所不原者」。根據郭東旭的研究，除了新帝即位之外，在仁宗以前，亦曾因太祖、太宗平定各地、真宗東封西祀、仁宗因皇太后不豫等原因而大赦天下，但在仁宗以後，即無此類例外。〔註116〕第二，郊祀大赦，於「京城之外大祭祀」，「大禮畢，車駕登樓，有司於麗正門下肆赦」〔註117〕，郊祀的時間大約是每年的十一月，在典禮完畢後，即降釋有罪之人，加恩百官，以施恩澤。第三，因自然現象產生而降大赦，如遇有日食、地震、水旱災等災異現象，為安民心、尊天意，即降大赦天下。

（二）曲赦

指對局部區域而言：「乃專為一事一處有兵災罪眚之類」〔註118〕。宋代則

〔註113〕《慶元條法事類》，卷16〈文書門·赦降〉，頁181。

〔註114〕關於赦宥制度的討論，有郭東旭，〈論宋代赦降制度〉，《宋史研究論叢》第三輯（河北大學出版社，1998.4），頁34～53; Brian E.Mcknight, *The Quality of Mercy: Amnesties And Traditional Justice* , Honolulu: The University of Hawaii , 1981. 本書的第四章即討論宋代的大赦制度。

〔註115〕《宋史》，卷201〈刑法志〉，頁5026。

〔註116〕郭東旭，〈論宋代赦降制度〉，《宋史研究論叢》第三輯，頁36。

〔註117〕趙昇，《朝野類要》（叢書集成初編本，北京：中華書局，1985年），卷1〈郊祀大禮〉，頁3。

〔註118〕《朝野類要》，卷4〈曲赦〉，頁43。

是對於雜犯罪至死者，「其恩霈之及有止於京城、兩京、兩路、一路、數州、一州之地者，則謂之曲赦。」〔註119〕如在某些區域發生了旱災，致飢民爲盜，皇帝即減降盜者。〔註120〕又如宋代初年，在平定江南、蜀、荆湖、北漢等之後，也會曲赦這些區域，由於這些區域剛發生戰爭，如此可以安撫民心。宋代的曲赦數量相當多，但非常制。

（三）德音

以恩詔的方式赦免「雜犯死罪，死減等而餘罪釋之，流以下減等，杖笞釋之，皆謂之德音」〔註121〕。如太祖時皇太后疾，太祖因而頒德音赦天下，並降死罪囚，流以下釋之。〔註122〕又如神宗元豐2年（1079）太皇太后疾、元符3年（1100）皇太后不豫皆降德音。頒布德音亦非常制，但赦免的範圍不限一地，較曲赦爲廣。

（四）錄囚

又稱「慮囚」，是皇帝「臨決囚徒，不拘暑月，至景德中，盛暑臨決，遂爲定制」〔註123〕的制度，原來錄囚之制是皇帝親自審問，目的是在辨明司法官吏是否有用心審案，囚徒是否有冤待伸等情形，但在宋代皇帝躬自折獄之下，往往多示寬仁，都會降下減罪的詔令。

宋代錄囚的情形，可分爲三種。第一，皇帝錄「在京諸司繫囚」，第二是遣使分決各地刑獄，第三是針對災傷州軍「疏理管內繫囚」。〔註124〕錄囚制度在宋代成爲寬降犯罪當中的重要形式，其降免的標準，以「雜犯死罪遞減一等，杖罪以下釋之」爲最普遍。〔註125〕

根據郭東旭的研究，宋代赦降頻率十分頻繁，由郭氏所作的統計（見表3-3）來看，宋代每年都有2次以上的赦降，加上各種原因的恤刑、恩宥、減刑的恩詔，使得宋代的犯罪者，能得到許多寬減的機會。《宋史》即云：

〔註119〕《文獻通考》，卷173〈赦宥〉，頁1495中。
〔註120〕如《宋史》，卷15〈神宗本紀〉：「熙寧4年6月丁巳，河北飢民爲盜者，減死刺配」，頁279。
〔註121〕《文獻通考》，卷173〈赦宥〉，頁1495中。
〔註122〕《長編》，卷2建隆2年5月癸亥，頁17上。
〔註123〕《宋會要輯稿》，刑法5之14，孝宗乾道4年6月7日，頁6662下。
〔註124〕《宋會要輯稿》，刑法5之17、5之18、5之20，頁6664上～下、頁6665下。
〔註125〕《宋會要輯稿》，刑法5之12，頁6661下。

宋自祖宗以來，三歲遇郊即赦，此常制也。世謂三歲一赦，於古無
有。景祐中，言者以爲：三王歲祀圜丘，未嘗輒赦。……有罪寬之
未必自新，被害者抑之未必無怨。不能自新，將復爲惡，不能無怨，
將悔爲善。一赦而使民悔善長惡，政教之大患也。願罷三歲一赦。……
然亦未嘗行。〔註126〕

根據陳俊強對於北朝隋唐時期恩赦制度的研究，以大赦的數量最多，幾乎占
了一半以上。〔註127〕而根據下表3-3的統計，在宋代則是以錄囚的次數最多，
共有246次，比較次的大赦與郊赦合計221次還多。這顯示了從隋唐到宋代
在恩赦制度上有所變化，皇帝的錄囚，是爲了確保刑獄無冤滯，遇有天災人
禍，便會錄囚，這雖顯示皇帝重視刑獄，也反映了君主干涉司法審判，錄囚
制度欠缺法定規範，此種法外施恩的形式，對於刑罰更有減輕的作用。

表3-3　宋代赦降次數表

類別＼朝代	在位年限	大赦次數		曲赦次數		德　音	錄　囚	合　計
		大　赦	郊　赦	曲　赦	特　赦			
宋太祖	17	5	4	7	4	2	2	24
宋太宗	20	9	5	8	3	2	13	40
宋眞宗	26	19	8	14	4	5	22	72
宋仁宗	42	11	13	11	3	12	50	100
宋英宗	4	3	1	1		1	5	11
宋神宗	19	6	6	11	4	11	18	56
宋哲宗	15	4	5	6		11	18	44
宋徽宗	25	16	10	18	1	27	24	96
宋欽宗	2	1		1			1	3
宋高宗	36	14	12	16	4	1	38	85
宋孝宗	27	7	9	6			24	46
宋光宗	5	2	1	3			8	14
宋寧宗	30	13	11	25			19	68
宋理宗	40	7	13	3			2	25

〔註126〕《宋史》，卷201〈刑法志〉，頁5029。
〔註127〕陳俊強，《北朝隋唐恩赦制度的研究》，國立台灣師範大學歷史所博士論文，
　　　　2001.6，頁120。

宋度宗	10	1	3					4
宋恭宗	2		1	2			2	5
宋端宗	1		1					1
綜計	321	118	103	132	23	72	246	694

來源：郭東旭，〈論宋代赦降制度〉，《宋史研究論叢》第三輯，頁 43。據《宋史》、《長編》、《宋會要輯稿》刑法 5、《文獻通考》卷 173 等所作的統計

二、皇帝的恩恤

除了皇帝例行性的赦降之外，皇帝亦有各種恩恤來減免其刑。如在宗教上，對於僧、道的犯罪者，可減輕其刑。這也與宋代各帝王對於宗教的態度有關。

宋代在太祖開國之初，對於佛教就採取扶植的政策，太祖不但熱衷於參拜名剎寺廟，也曾派遣人員入天竺求舍利子等物品。〔註 128〕甚至還耗費巨貲修建寺院，如據史載：太祖開寶 2 年（969），重修同州龍興寺舍利塔，耗費百萬。〔註 129〕又如地方志載太祖重修杭州昭慶律寺，規制十分宏偉壯麗。〔註 130〕太宗也崇尚釋教，曾詔令在開寶寺內建造一座舍利塔，歷時逾八年。〔註 131〕真宗「遣使葺泗州僧伽塔，內出供帳什物給之」〔註 132〕，又增修峨嵋山普賢寺、惠明寺舍利塔等寺廟，大力放寬度僧名額，〔註 133〕致使部分逃避徭役及賦稅的平民，假冒僧尼。而真宗信奉道教至為虔誠，當時僧道的人數大量增加，他們不事生產，不服稅役，也形成很多社會與經濟的問題。

南宋以後，除了高宗對於佛教有所限制之外，孝宗以下，寺廟的數量又有所增加，據吳自牧對杭州城寺廟的記載：

〔註 128〕見范成大，《吳船錄》（知不足齋叢書本，日本京都：中文出版社，1980）卷上，乾德二年詔沙門三百人入天竺求舍利，及貝多葉書事，頁 4666 上。

〔註 129〕見王昶，《金石萃編》（續修四庫全書本，上海古籍出版社，2000），卷 125〈重修龍興寺東塔記〉，頁 146 下。

〔註 130〕《咸淳臨安志》（收入宋元方志叢刊，北京：中華書局，1990），卷 79〈寺觀〉，頁 4075 下。

〔註 131〕《長編》，卷 30，太宗端拱 2 年 8 月丁巳條，此舉遭到大臣田錫之批評，認為是「塗膏釁血」，頁 328 下。

〔註 132〕《長編》，卷 66，真宗景德 4 年 8 月丁酉條，頁 639 上。

〔註 133〕真宗曾下〈特度僧道詔〉，載《宋大詔令集》（北京：中華書局，1997.12），卷 223〈道釋〉，大中祥符 2 年正月，頁 861。此外，據《宋會要》記載，真宗大中祥符 3 年曾命於京師與諸路設有戒壇七十二處。見《宋會要》，道釋 2 之 2，頁 7875 下。

城內寺院，如自七寶山開寶仁王寺以下，大小寺院五十有七。倚郭
尼寺，自妙淨福全慈光地藏寺以下，三十有一。又赤縣大小梵宮，
自景德靈隱禪寺、三天竺、演福上下、圓覺、淨慈、光孝、報恩禪
寺以次寺院、凡三百八十有五，更七縣寺院，自餘杭縣徑山能仁禪
寺以下，一百八十有五，都城內外庵舍，自保寧庵之次，共一十有
三。諸錄官下僧庵，及白衣社會道場奉佛，不可勝記。〔註134〕

吳自牧記載了臨安城內的大小寺院的數量及信奉的盛況。宋代承襲唐代，對
於僧尼頒布「度牒」，所謂度牒：

度牒自南北朝有之，見高僧傳。名籍限局必有憑由，憑由，即今祠
部牒也。〔註135〕

由上可知，度牒是出家僧尼的一種許可證，持有此證的僧侶，才算擁有合法
的出家身分，得到朝廷的承認，也可以得到徭役和賦稅的豁免權。〔註136〕因
此，若非僧尼，冒買度牒或是也是被禁止的。如眞宗咸平5年（1002）詔「天
下有竊買祠部牒，冒爲僧者，限一月隸軍籍陳首釋其罪，違者論如律，少壯
者隸軍籍。」〔註137〕

對於僧尼剃度，宋廷規定地方政府要深加究察其身分，以免犯罪者混雜
其中。眞宗大中祥符6年（1013）云：

詔自今諸寺院童行，令所在官吏試經業，責主首僧保明行止，乃得
剃度。如是驗不公及保明失實者，並寘深罪。先是歲放童行皆游角
不呈之民，靡習經戒，至有爲寇盜以犯刑者甚眾，故條約之。〔註138〕

除了犯者外，眞宗天禧2年（1018）又規定祖父母、父母無別子侍養者，不
得出家，否則寺觀與本人、知事僧尼等均受科罪〔註139〕仁宗不但重申此令，
還規定男年二十以上、女年十五以上者方可出家爲僧尼，若有犯行者出家，

〔註134〕吳自牧，《夢梁錄》（叢書集成初編本，北京中華書局，1985），卷 15〈城內
　　　　外寺院〉，頁 135。

〔註135〕高承，《事物紀原》（叢書集成初編本，北京：中華書局，1985），卷7〈度牒〉，
　　　　頁 273。

〔註136〕自北宋仁宗以後，由於宋代政府財政拮据，不得不將度牒視爲一種特殊的商
　　　　品，因此度牒可買賣，成爲政府一種重要的財政收入，甚至作爲一種貨幣使
　　　　用。參見黃敏枝，《宋代佛教社會經濟史論集》（台灣學生書局，1989）；顧吉
　　　　辰，《宋代佛教史稿》（河南：中州古籍出版社，1993.12），頁 32～33。

〔註137〕《宋會要輯稿》，道釋 1 之 18，咸平 5 年 10 月，頁 7863 下。

〔註138〕《宋會要輯稿》，道釋 1 之 21，大中祥符 6 年 2 月，頁 7865 上。

〔註139〕《宋會要輯稿》，道釋 1 之 22，天禧 2 年 3 月，頁 7865 下。

亦勒還俗。雖年幼但家長若同意其出家，亦聽。〔註140〕

　　由於統治者及社會上普遍對於出家人都有所禮遇，因此犯罪者若在身份上是出家的僧眾，量刑上也可以獲得減免。如眞宗大中祥符 2 年（1009）詔：「僧尼、道士、女官犯公罪者聽贖。」〔註141〕又如天禧 5 年（1021）詔：「僧尼、道士、女冠、文武七品以上者，有罪許減贖，當還俗者自從本法。」〔註142〕

　　南宋《慶元條法事類》對僧道犯罪也有規定減免：

> 諸僧道犯私罪杖以下，及僧道錄犯贓私罪杖、公罪徒以下並贖。諸應贖人爲僧道而合還俗者，不在比罪收贖之例。諸僧道犯應還俗而會恩原者，仍還俗。諸僧道犯盜詐、恐喝財物、若博賭及放毆傷人，并避罪逃亡或犯私罪徒、公罪流并編管，及再犯私罪，杖，並還俗。
>
> 〔註143〕

就以上的規定看來，可知僧道犯罪的減免，也有一定的限制。第一，犯私罪在杖刑以下，公罪在徒刑以下可以收贖。第二，僧道之人犯罪皆應還俗。第三，若犯私罪徒、公罪流刑以下，則一併編管。

　　除了宗教的原因外，皇帝的恩恤也會考量犯罪人的犯意，是否情理可矜，予以減免其刑。如仁宗天聖 4 年（1026），開封府教學人董可道因箠學生致死，據法應死。然「原其情理，教道童孺，不施複楚，無以訓習」，加上董可道之父母無他子，頗甚悲苦，最後貸死，杖脊十七，放。〔註144〕又如天聖 7 年（1029），泉州民柯智因毆養男蔡伯先死，法當棄市，柯智雖非其親身父親，但養伯先爲子已有五年之久，酌情特貸死，命杖脊、刺配廣南。〔註145〕

　　另外天災之下，各地飢民爲盜，此種情形與一般盜賊不同，也算情有可原。如仁宗寶元 2 年（1039）「詔：兩川飢饉，百姓艱食，其盜賊劫廩穀，非傷、殺人者，並刺配五百外牢城。爲首及累犯盜者，配出川界，俟歲豐如舊。」〔註146〕又如哲宗元祐 8 年（1093）詔「京東西、河北、淮南路，飢民爲盜者，

〔註140〕《宋會要輯稿》，道釋 1 之 27，天聖 8 年 3 月，頁 7868 上。
〔註141〕參見《長編》，卷 73 大中祥符 2 年閏 2 月丙辰，頁 808 上。
〔註142〕參見《長編》，卷 97 天禧 5 年 11 月乙未，頁 933 下。
〔註143〕《慶元條法事類》，卷 50〈道釋門〉，頁 369。
〔註144〕《宋會要輯稿》，刑法 6 之 11，天聖 4 年 2 月 24 日，頁 6685 上。
〔註145〕《宋會要輯稿》，刑法 6 之 12，天聖 7 年 9 月 5 日，頁 6685 下。
〔註146〕《長編》，卷 124，寶元 2 年 9 月乙巳，頁 1186 上。

特末減。」〔註147〕有的民眾則是因爲賊所迫，替賊饋送飲食，也獲得恤免。〔註148〕

皇帝的恤刑，目的也在於讓犯罪人有自新的機會。如眞宗大中祥符 8 年（1015），有妖人谷隱等妖言惑眾，眞宗「特從寬宥，咸許自新，其谷隱下弟子，除係禁勘別行指揮外，其餘干連人並放」。〔註149〕

皇帝有例行的大赦，又可藉由死刑覆奏的機會表示仁德之心，〔註150〕施以恩恤，減免其刑。南宋即有一明確的數字可知其寬貸的程度：

> 嘉泰改元一全年，天下所上死案共一千八百一十一人，而斷死者才一百八十一人，餘皆貸放。〔註151〕

如此寬貸的結果，雖有輕重取捨的考量，能補律文之不足，但也產生了「刑之寬猛繫乎其人」的流弊。

第四節　孝道原因的恩恤——以復讎爲例

中國自古即有孝道的傳統，在儒家所宣揚的理念當中，「孝」更是不可缺的一環，孝是「天之經也，地之義也，民之行也」，孝的內涵是「德之本也，教之所由生也」〔註152〕，孝表現在外的，就是順從父母的心意。對內來說，提倡敦人化、崇孝悌，對長輩的尊敬與順從。對外而說，可進一步轉變爲對君王的「忠」，以孝事君則忠。孝道不但是儒家提倡的傳統，也爲著政權的穩固原因，受到各朝統治者的大力宣揚，使「忠」與「孝」結合起來，成爲道德的重要規範。

因爲重視孝道，所以犯罪之人可以因爲孝道上的原因，而獲得減免罪刑的機會。例如犯罪者因爲自身的犯罪，必須接受徒刑或流配之刑時，由於自己的身份爲獨子，使家中的長輩無人奉養，對於這種情形，犯罪者往往會受到矜免。例如神宗元豐 5 年（1082）屯駐豐州駐軍王安，因出言不遜，又鼓動軍眾擅還豐州，因安上有老母六十餘歲，而神宗因此而赦免了

〔註147〕《宋會要輯稿》，刑法 6 之 20，元祐 8 年 9 月 15 日，頁 6689 下。
〔註148〕《宋會要輯稿》，刑法 6 之 9，景德 4 年 11 月 11 日，頁 6684 上。
〔註149〕《宋會要輯稿》，刑法 6 之 10，大中祥符 8 年 5 月 25 日，頁 6684 下。
〔註150〕見《宋史》，卷 199〈刑法志〉，頁 4975：「天聖四年，遂下詔曰：其令天下死罪，情理可矜及刑名疑慮者，具案以聞。」
〔註151〕《宋會要輯稿》，刑法 6 之 44，嘉泰 2 年 11 月 11 日，頁 6701 下。
〔註152〕《孝經》，卷 1〈開宗明義章第一〉，頁 10。

他。〔註153〕

　　相對來說，不孝的人或官員也會受到責罰。余靖爲諫官時，曾劾奏太常博士茹孝標不孝，「匿母喪」，結果「坐廢」。〔註154〕又如陳荐曰李定：「頃爲定涇縣主簿，聞庶母仇氏死，匿不爲服，詔下江東淮、浙轉運使問狀，奏云：『定嘗以父年老，求歸侍養，不云持所生母服』，定自辯言，實不知爲仇所生，故疑不敢服，而以侍養解官。」〔註155〕

　　復讎能特別彰顯孝道上的特殊原因。〔註156〕以下就復讎爲例，說明相關的法令規定及實際的案例，以明宋代對復讎的審理原則。此外，爲作比較研究，唐代的復讎案例，也將一併作討論。

一、復讎的起源及相關法規

　　在國家尙未形成的原始社會，法規的實行乃淵源自復讎。復讎係屬一種民族與血親的報復性質，原始復讎的對象，主要是仇人本身，有時也有以牙還牙、以眼還眼的情形存在，即你殺死我的父親，我也殺死你的父親，甚至嚴重者會形成氏族人規模的械鬥。例如在中國古代北方民族中的烏桓，其男子性格強悍，一旦與家人爭執，常致父兄於死地，但殺死母親，則易遭母方族人的報復，最後造成兩族的互相報復。〔註157〕如果雙方殺害不止，尙須請族中首領調解。

　　在周代以前，關於復讎的資料不多，而周代規定，以義復讎者，在得知仇家的下落之後，必須向「士」報告，才能免除罪刑。〔註158〕這裡的士包括了掌政法的朝士、掌本鄉及國中獄訟的鄉士、掌本縣與野地四竹寺公邑訴訟的縣士與掌都家獄訟的方士等，最後彙集於朝士保管，且復仇對象，只限仇人本身。其次，若殺人者是屬於誤殺、過失，而非有意殺人，則可由「調人」來調解。

　　此外，春秋公羊傳亦載：「父不受誅，子復讎可也；父受誅，子復讎，推

〔註153〕　《宋會要輯稿》，刑法 6 之 18，元豐 5 年 5 月 13 日，頁 6688 下。《宋史》，卷 16〈神宗本紀〉，頁 307。
〔註154〕　《宋史》，卷 320〈余靖傳〉，頁 10410。
〔註155〕　《宋史》，卷 322〈陳荐傳〉，頁 10445、《宋史》，卷 329〈李定傳〉，頁 10602。
〔註156〕　參見桂齊遜，《唐代「判」的研究——以唐律與皇權的互動關係爲中心》（台北：中國文化大學史學研究所博士論文，1996），內有一章專論唐代的復讎。
〔註157〕　參見《後漢書》，卷 90〈烏桓傳〉，頁 2979。
〔註158〕　參見《春秋・公羊傳》，十三經注疏本，定公四年，頁 321。

刃之道也」〔註159〕，這就是說，符合復讎規定來報讎，是合法的。在復讎的案例中來看，春秋戰國時期，復讎的風氣是相當盛行的。〔註160〕然而隨著秦漢以後中央集權的確立，法律已不容許復讎。復讎者私行報復，情可囿，而法難容，一經告發，官府的追究與處理，也有不同的情形。漢代所援引處置復讎者的條例，多在「賊律」的殺人法中，雖在法律上未明示禁止復讎，但經由律令的實施與案件的審理，來禁止人民私自報怨。

魏承漢律，並依古義制定五刑，明令民不得復讎，如文帝下詔：「喪亂以來，兵革未戢，天下之人互相殘殺，今海內初定，敢有私復讎者，皆族之。」〔註161〕由文帝的重懲看來，當時復讎之事想必不少，由詔令來宣示法律權威與達到止殺的目的。南北朝時期禁復讎也沿用魏律。初期北周武帝原下令：「若報讎者，告於法而自殺之，不坐。」〔註162〕但此令往往難以控制止殺，又有「初除復讎之法，犯者以殺人論」〔註163〕之令，回到嚴禁復讎的局面。

復讎也有各區域間不同族群的差異性。有些較偏遠地區的民族仍存復讎之風。如唐代的黨項羌「重復讎，若讎人未得，必蓬頭垢面跣足蔬食，要斬讎人而後復常」〔註164〕，而宋代的真臘國則「大舉伐占城以復讎，殺刃殆盡，俘其主以歸，國遂亡」〔註165〕，撫水州地區的諸蠻族，族性好報復，常忿怒則加兵父子之間，「復讎怨不顧死」〔註166〕，由此可見一斑。

由遠古溯及復讎的淵源與法律的流變，可知為父母復讎雖為盡孝，對執法者而言，也代表著禮和刑、道德與法律之間的衝突。

以下先就復讎的法律條文來作一檢視。若復讎造成對方的死亡，其懲處依賊盜律中的殺人罪規定：

> 諸謀殺人者，徒三年。已傷者，絞。已殺者，斬；從而加功者絞，
> 不加功者流三千里；造意者雖不行仍為首。雇人殺者，亦同。即從

〔註159〕同上。
〔註160〕關於古代復讎的案例，可參見周天游，《古代復仇面面觀》（陝西：人民教育出版社，1992.9出版）；霍存福，〈對中國古代復仇案的諸分析〉，收入《法律史論集》（北京：法律出版社，1999.10），頁1～46。
〔註161〕《三國志》〈魏書〉，卷2〈文帝紀第二〉，頁82。
〔註162〕《隋書》，卷25〈刑法志〉，頁709。
〔註163〕《隋書》，卷25〈刑法志〉，頁709。
〔註164〕《舊唐書》，卷198〈黨項羌傳〉，頁5290。
〔註165〕《宋史》，卷489〈占城傳〉，頁14086。
〔註166〕同上，卷495〈蠻夷傳〉，「撫水州」，頁14209。

者不行減行者一等。〔註167〕

此條內容主要是規定一般人謀殺罪的刑罰，分成謀殺未成處徒三年、已傷處絞及已殺者處斬。至於首犯的認定，則視其是否為原謀。其次是從犯的刑罰，亦依其行為之性質，分成三等，從而加功者，處絞，其從而不加功者，減從而加功者一等，處流三千里，其從而不行者，減行者一等，徒三年。

　　若對方未死而受傷，在鬥訟律中亦有相關律條：

> 諸鬥訟毆殺人者絞，以刃及故殺人者斬。雖因鬥而用兵刃殺者，與故殺同。為人以兵刃逼己，因用兵刃拒而傷殺者，依鬥法。不因鬥，故毆傷人者，加鬥毆傷罪一等。雖因鬥但絕時而殺傷者，從故殺傷法。〔註168〕

此處是規定鬥殺罪及故殺傷罪之刑罰。即犯人本無殺害之心，因鬥毆而致人於死或傷的行為。

　　在同謀不同謀毆傷人上，也有不同的規定：

> 諸同謀共毆傷人者，各以下手重者為重罪，元謀減一等，從者又減一等；若元謀下手重者，餘各減二等；至死者，隨所因為重罪。
> 其不同謀者，各依所毆傷殺論，其事不可分者，以後下手為重罪。
> 〔註169〕

這也就是說，二人以上同謀毆傷人，以下手重為重罪，而若毆傷人致死，則依其死因判斷重罪之人，例如若由頭傷致死者，則由毆頭者償死，其餘同謀者各減二等。

　　因此據以上可知，根據鬥毆罪的相關規定，復讎者殺死敵讎，按律應為斬首，以命抵命，但對方未死只是受傷或者復讎者有同謀者的情形，應按律文作其他處理。宋律另針對孝道原因的復讎，規定「諸祖父母為人所毆擊，子孫即毆擊之，非折傷者，勿論。折傷者，減凡鬥折傷參等，至死者，依常律」〔註170〕，這也就是從寬認定的處理方式。又：「如有祖父母、父母之讎者，請令今後具案奏取敕裁」〔註171〕，這亦是為了考量不同的案件情形，可以作更為彈性的處理。

〔註167〕參見《宋刑統》，卷17〈賊盜律〉，頁158上。
〔註168〕《宋刑統》，卷21〈鬥訟律〉，頁186下。
〔註169〕《宋刑統》，卷21〈鬥訟律〉，頁188上。
〔註170〕《宋刑統》，卷23〈鬥訟律〉，頁201下。
〔註171〕《宋刑統》，卷23〈鬥訟律〉，頁201下。

此外，還有移鄉制度的規定。移鄉制度古代即有，其法用於會赦免罪死之殺人犯，目的在於迴避仇家親屬的復仇，如唐律曰：

> 若殺祖父母、父母應償死者，雖令赦，仍移鄉避讎，以其與子孫為讎，故令移配。〔註172〕

唐律在移鄉制度上規定：

> 諸殺人應死會赦免者，移鄉千里外。其工、樂、雜戶及官戶、奴，並太常音聲人，雖移鄉，各從本色。若群黨共殺，止移下手者及頭首之人。若死家無期以上親，或先相去千里外，即習天文業已成，
> 若婦人有犯及殺他人部曲、奴婢，並不在移限，違者徒二年。〔註173〕

宋律關於移鄉制度的內容，與唐律同。〔註174〕據上內容，包括三項：一為移鄉之要件，二為移鄉之方法，三是移鄉違例之處罰。其目的是為了避讎家，而移鄉之方法，則依被移者身分而定，如良人各移千里外為戶，妻妾從之。而官、奴戶如工、樂、雜戶等，雖移鄉，仍保持原身分。凡違反上述移鄉之法，應移而不移，不應移而移，或不依法移，各徒二年。值得注意的是，移鄉制度是一種強制遠徙的制度，應視為刑罰的一種。

二、復讎案例的考察

從復讎的案例來看，表3-4唐代復讎案例有十二例，其中除了三例為女性為父復讎皆獲赦免外，其餘九例男性當中，有四例被判極刑，三例獲減刑，一例免罪，還有一例被他人所殺。四例獲判死罪分別在唐高宗、武則天、玄宗、憲宗時，朝代上並無特別差異。由個別案例引起的討論則不少，如武則天時下邽人徐元慶之父為縣尉趙師韞所殺，元慶為父報仇，自囚詣官，武后原欲赦死，左拾遺陳子昂曰：

> 先王立禮以進人，明罰以齊政。枕干讎敵，人子義也；誅罪禁亂，王政綱也。然無義不可訓人，亂綱不可明法。聖人脩禮治內，飭法防外，使守法者不以禮廢刑，居禮者不以法傷義；然後暴亂銷，廉恥興，天下所以直道而行也。元慶報父讎，束身歸罪，雖古烈士何以加？然殺人者死，畫一之制也，法不可二，元慶宜伏辜。……臣聞刑所以生，遏亂也；仁所以利，崇德也。今報父之仇，非亂也；

〔註172〕《宋刑統》，卷17〈賊盜律〉，「親屬為人殺私和」，頁1288。
〔註173〕《宋刑統》，卷18〈賊盜律〉，「殺人移鄉」，頁1318。
〔註174〕《宋刑統》，卷18〈賊盜律〉，頁163下。

行子之道，仁也。仁而無利，與同亂誅，是曰能刑，未可以訓。然
則邪由正生，治必亂作，故禮防不勝，先王以制刑也。今義元慶之
節，則廢刑也。跡元慶所以能義動天下，以其忘生而及於德也。若
釋罪以利其生，是奪其德，虧其義，非所謂殺身成仁、全死忘生之
節。臣謂宜正國之典，寘之以刑，然後旌閭墓可也。〔註175〕

陳子昂的看法是典型法家的看法，他認為元慶的復仇雖情可矜恕，但法無可
逭，為兩全其美，宜將元慶正典，再將之表揚。而這種看法為當時人不以為
然，任禮部員外郎的柳宗元即上文駁斥，他認為禮和刑的目的，都在防亂，
旌表與誅其人是矛盾的，不可以並行：

且夫不忘讎，孝也；不愛死，義也。元慶能不越於禮，服孝死義，
是必達理而聞道者也。夫達理聞道之人，豈其以王法為敵讎者哉！
議者反以為戮，黷刑壞禮，其不可以為典明矣。

雖然有陳子昂和柳宗元兩者不同的意見，武后還是將元慶處斬。

又如唐玄宗張瑝、張琇兄弟殺父仇人萬頃一案，當時都城士女「皆矜琇
等幼稚孝烈，能復父仇，多言其合矜恕者」，獲得當時的輿論的支持。但是大
臣裴耀卿、李林甫言：「國法不可縱報仇」，玄宗深以為然，對支持矜恕的中
書令張九齡說：「復仇雖禮法所許，殺亦格律具存。孝子之情，義不顧命，國
家設法，焉得容此。」〔註176〕因此還是將二人按律處刑。但在宋人王栐的著
作中，將此事與宋代之甄婆兒為母復讎被釋之例並列，認為「九齡君子喜人
為善，林甫小人，嫉人為善，好惡不同故也。苟其父罪當死，子不當報讎，
父死不以罪，或非出上命，而為人擠陷以死，可不報乎！」，並認為「瑝、琇
之不遇聖時明主也」，〔註177〕可見宋人一般的看法。

唐憲宗時富平梁悅殺仇人，其後詣縣請罪。當時憲宗即下詔：「在禮父
讎不同天，而法殺人必死。禮、法，王教大端也，二說異焉。下尚書省議。」
〔註178〕職方員外郎韓愈曰：

子復父讎，見于春秋、于禮記、周官、若史子，不勝數，未有非而
罪者。最宜詳于律，而律無條，非闕文也。蓋以為不許復讎，則傷
孝子之心；許復讎，則人將倚法顓殺，無以禁止。夫律雖本於聖人，

〔註175〕《新唐書》，卷195〈孝友傳〉，頁5585～6。
〔註176〕《舊唐書》，卷188〈孝友傳〉，頁4533。
〔註177〕見王栐《燕翼詒謀錄》（北京：中華書局，1997.12），卷4，頁32。
〔註178〕《新唐書》，卷195〈孝友傳〉，頁5587。

　　然執而行之者，有司也。經之所明也，制有司者也。丁寧其義於經
　　而深沒其沒於律者，將使法吏一斷於法，而經術之士得引經以議也。
究以上所言，韓愈認為律條規定，但執行者則是人，對於復讎的案件，其名
稱相同，但事件始末各不相同，有的是百姓相讎，有的則為官吏所誅，最好
的方式是「具其事下尚書省集議以聞」來斟酌處理。但是韓愈的建議並沒有
受到憲宗的採納，反倒是在宋代才規定，子孫復仇者可由有司具案奏請敕裁。

　　以表 3-5 宋代的案例來看，七例當中，有四例獲赦免，三例獲減罪。如宋
神宗時張朝殺死從兄為父報仇，雖然張朝是為父報仇，但因他和從兄的關係，
被審刑院認為犯了不睦之罪，而引起爭議。上奏時，參知政事王安石認為朝
父為堂兄所殺在先，於法不得私和，不得責其不睦，將張朝赦免死罪。〔註 179〕

　　宋代也普遍以集議的方式來審理復讎的案件，如前述神宗時張朝為父復
讎的例子，及孝宗時王公袞案也是在朝堂集議，再由皇帝作最後裁決。王公
袞因其母墳為本村無賴所發，無賴被判黥隸他州之刑，公袞因不勝悲憤，誘
守卒飲酒，斷賊首，自首述其罪。其兄則以狀白堂，欲納官以贖弟之罪。當
時下集議，楊椿任給事、張孝祥任舍人，書議狀曰：

　　律曰：發冢開棺者絞。二子之母遺骸，散逸於故藏之外，則賊之死
　　無疑矣。賊誠死，則二子之讎亦報，此佐、公袞所以不敢殺之於其
　　始獲，而必歸之吏也。獄成而吏出之，使賊陽出入閭，與齊民齒。
　　夫父母之讎，不共戴天者也。二子之始不敢殺也，蓋不敢以私義故
　　亂法，今獄已成矣，法不當死，二子殺之，罪也；法當死，而吏廢
　　法，則地下之辱，沈痛鬱結，終莫之伸。為之子者，尚安得自比也
　　哉。佐有官守，則公袞之殺是賊，協於義而宜於法者也。〔註 180〕

由於法律無法適當懲治發王公袞之母墳的惡徒，而只是將之黥隸他州，並未
按律處死，是吏人廢法在先，因此公袞尋私人途徑復讎，也是不得已之事，
因此也獲得大臣的支持，並未將公袞論罪。

　　由唐、宋兩朝對於復讎案的態度來看，唐代似乎較為尊重法制，也重視
大臣的意見。且由女性復讎者全獲赦免來看，也有性別上的差異。宋代雖也
有下集議討論，但為孝道因素，皇帝敕裁的結果，多判赦免或減罪，這也顯

〔註 179〕參見《宋史》，卷 201〈刑法志〉，頁 5007.。另可見《宋會要輯稿》，刑法 4
　　　　之 75，頁 6645 上。
〔註 180〕周密《齊東野語》（上海：華東師範大學出版社，1987.5），卷 9〈王公袞復讎〉，
　　　　頁 176～7。

示了宋代刑罰修正的一大特色。

　　復讎在儒家傳統的觀念裡，認爲是孝道表現，也因此衍生了禮和刑之間不同立場的衝突。如漢代荀悅所言：

> 或問復讎古義也，曰：從復讎可？曰：不可，曰：然則如之何，
> 曰：有縱有禁，有生有殺，制曰：依古復讎之科，使父避諸異州
> 千里，兄弟之仇避諸異地五百里，從父從兄弟之仇避諸異縣百里，
> 弗避而報者無罪，避而報之殺，犯王禁者罪也，復讎者義也。以
> 義報罪從王制順也，犯制逆也，以逆順生殺之，凡公命行止者不
> 爲弗避。〔註181〕

荀悅的討論亦代表兩種不同的看法，這種看法，宋亦不例外。有趣的是對復讎罪刑的減免，應視爲法外施仁，一般輿論卻加以贊揚。有時皇帝站在法理一方，認爲不可寬赦，有時卻又偏向儒家。以唐宋君主的態度來比較之，宋代雖仍禁止復讎，但規定子孫復讎者應由有司具案奏請敕裁，也算是給予特殊考慮的機會。元代以後才有復讎的規定，父爲人所殺，子毆死仇人不但不用抵罪，且殺父之家尚須付銀五十兩。〔註182〕明清律則較元律嚴格，規定祖父母或父母爲人所殺，子孫一時痛忿，登時將凶手殺死可以免罪，但事後稍遲再殺，便不能適用此律，而須杖六十。〔註183〕

　　由以上對於孝道原因的復讎案件來看，唐代與宋代君主有不同的審理態度，宋代寬免盡孝的復讎者的刑罰，此種減輕也影響之後對復讎案件的處理。

表3-4　正史所見唐代為父母復讎案例表

時　間	事　由	結　果	出　處
唐太宗	絳州孝女衛氏，其父爲鄉人衛長則所殺，衛無兄弟，以磚擊殺長則。	太宗令免罪，給傳徙於雍州，並給田宅，令州縣以禮嫁之	《舊唐書》卷193〈列女傳〉，頁5141
唐太宗	即墨人王君操，父隋末鄉人李君則所殺，君操長後密挾刃殺之，剔其心肝噉立盡。	州上狀，帝爲貸死	《新唐書》卷195〈孝友傳〉，頁5585

〔註181〕荀悅著，錢培名校，《申鑒》（四庫全書珍本，台灣商務印書館，1968）〈時事第一〉，頁12。

〔註182〕《元史》，卷105〈刑法志〉，頁2678。

〔註183〕瞿同祖，《中國法律與中國社會》，頁89。

唐高宗	孝女賈氏，濮州鄄城人，其父爲宗人玄基所害，其弟強仁年幼，賈氏撫之。待其弟長，思共報復，候玄基殺之。	高宗下制賈氏及強仁免罪，移其家於洛陽	《舊唐書》卷193〈列女傳〉，頁5142
唐高宗	周智壽及智爽兄弟擊殺父仇人，相率歸有司爭爲首，有司不能決者三年	或言弟始謀，乃論死，智壽自投地委頓，身無完膚，舐智爽血盡乃已	《新唐書》卷195〈孝友傳〉，頁5585
唐高宗	絳州人趙師舉父爲人殺，師舉長，手殺讎人，詣官自陳	帝原之	《新唐書》卷195〈孝友傳〉，頁5585
武則天	杜審言爲司馬，周季重與郭若訥所構，繫獄，將因事殺之。杜之子并，年十三，懷刃擊季重	季重重傷死，而并亦爲左右所殺，審言後爲則天擢用	《舊唐書》卷190〈文苑傳〉，頁4999
武則天	下邽人徐元慶父被害，元慶殺之，自囚詣官	武后原赦死，陳子昂與柳宗元俱上書	《新唐書》卷195〈孝友傳〉，頁5585-7
唐玄宗開元年間	張琇及瑝兄弟殺其父仇人	帝下詔申諭，乃殺之，人莫不閔之	《新唐書》卷195〈孝友傳〉，頁5584-5
唐憲宗	富平縣人梁悅殺父仇人，詣縣請罪	下尙書省議，後流循州	《唐會要》卷40，頁725
唐憲宗	衢州人余常安，父叔爲里人殺，過十七年殺仇人	刺史元錫奏輕比，刑部尙書李鄘執不可，卒抵死	《新唐書》卷195〈孝友傳〉，頁5587
唐穆宗	京兆人康買得殺父之仇人	刑部侍郎建言，有詔減死	《新唐書》卷195〈孝友傳〉，頁5588
不明	段居貞妻謝小娥爲父兄報仇	刺史張錫嘉其烈，白觀察使，使不爲請。還豫章，人爭娉之	《新唐書》卷205〈列女傳〉，頁5828

表3-5　正史所見宋代爲父母復讎案例表

時　間	事　由	結　果	出　處
宋太祖	李璘復父仇	太祖壯其烈而釋之	《宋史》卷456〈孝義傳〉，頁13386
宋太宗	鄞縣民甄婆兒殺知政，爲母復讎	詔決杖遣之	《宋史》卷456〈孝義傳〉，頁13386-7
宋仁宗	劉斌，父爲從弟志元所殺，長後與兄共復讎，志元未死，詣吏自陳	上詔志元黥面配隸汝州，釋斌之罪	《宋史》卷456〈孝義傳〉，頁13397
宋仁宗	單州民劉玉父爲王德毆死，德更赦，玉私殺德以復父讎	帝義之，決杖，編管	《宋史》卷200〈刑法志〉，頁4990

宋神宗元豐元年	青州民王贇父爲人毆死，贇至冠，刺讎，斷支首祭父墓	自首，論當斬，帝貸死，刺配鄰州	《宋史》卷 200〈刑法志〉，頁 4990
宋神宗	州民張朝之從兄以槍戳死朝父，逃去，朝執而殺之	帝釋朝不問	《宋史》卷 201〈刑法志〉，頁 5007；《宋會要輯稿》刑法 4 之 75，頁 6645 上
宋孝宗	王公衮，會稽人，本村無賴掘其母塚，公衮斷賊首自歸有司	楊椿爲給事，謂公衮復讎之義可嘉，爲無罪	《宋史翼》卷 33〈王公衮傳〉，頁 362 上《齊東野語》卷 9，頁 176-7

小　結

　　《宋史》有段話提到宋代的皇帝對法的態度：

　　　其君一以寬仁爲治，故立法之制嚴，而用法之情恕。獄有小疑，覆
　　　奏輒得減宥。〔註184〕

以上這段話，可以說明宋代法制的特色，就是法令規定嚴，但實際審案則多
有修正。「刑之寬猛繫乎人」尤可說明這種傾向。

　　本章討論的主題，在於刑罰減輕的各種原因。宋代的刑罰減輕，爲宋代
刑罰修正的一部分。刑罰的減輕，除了制度上符合減刑要件可獲減輕之外，
還有因爲犯罪人的年紀、性別、疾病、階級（如身分爲皇親國戚或官吏），皇
帝的恩赦及恤刑，或者是犯罪人的特殊狀況（如孝道），獲得減輕其刑的機
會。刑罰的減輕，由法律的層面上來觀察，有下列幾個意義：第一，顯示帝王的
恩德與權威，透過皇帝的矜貸與大赦來表示統治者的恩恤與仁慈，藉以得到
皇帝好的聲名和民眾的擁戴。尤其是對於宋代官吏犯貪賄之罪呈現著由嚴到
弛的轉變，從另一個面向，也代表著皇權對官僚有一定程度的收編作用，以
此換來官吏的忠誠。第二，鼓勵囚犯有改過自新的機會，加強社會教化的作
用。第三，考慮犯罪者的特殊身分或犯罪的環境不同，以尋求眞正的公正。
這是受到儒家思想的影響，而有著階級特權與年紀等區別。

　　宋代皇權的集中現象，已是學界的共識。尤其皇帝採取的方式是分割臣
下的事權，藉由行政機構的事權劃分來分散權力。如在職官設置上，有「官
與職殊」、「名與實分」的「官」、「職」、「差遣」制度，〔註185〕使得各官均受

〔註184〕《宋史》，卷 199〈刑法志〉，頁 4961～62。
〔註185〕見《宋史》，卷 161〈職官志〉，頁 3768～3769。宋代的官制，有官、職、差

到不同機構的牽制，因此呈現在法律制度上，除了頻繁的立法之外，大量的赦降活動，以示皇帝的權威與仁慈，則是宋代法制在刑罰減輕上的主要原因。

遣之分，官名與實際的職務不同，從僕射、尚書到員外郎等均不擔任與官名相稱的職務。官代表官位及俸祿的高低，有文資、武官的區分，所以又稱「寄祿官」，差遣是官員擔任的實際職務，又稱「職事官」。

第四章　盜賊重法

「盜」與「賊」指的是侵犯統治權及危害人民生命財產安全的犯罪行為，兩者雖常並稱，但實際上「盜」、「賊」之間，性質與意義並不相同。「盜」指的是私取他人財物，所謂「竊賄爲盜」〔註1〕，分爲「竊盜」（不告而取）、「強盜」（不告而強搶）。「賊」指的是故意非法殺人或逆亂的行爲，「殺人不忌爲賊」，賈公彥注云：「盜賊並言者，盜謂盜取人物，賊謂殺人曰賊。」〔註2〕因此，就以上的字義解釋，盜賊罪指的是竊盜、強盜與殺人，另外謀逆、謀反等屬於陰謀顛覆政權的重罪，也被列入盜賊罪之中。

由於盜賊對於政權的穩定與地方治安的維持，都是一個很大的威脅，因此盜賊一向是中國各朝代所重視的問題。中國史上對於盜賊罪的律文制定也極早。據《唐律疏議》云：「賊盜律者，魏文侯時李悝首制法經，有盜法、賊法，以爲法之篇目。自秦、漢逮至後魏，皆名賊律、盜律。北齊合爲賊盜律。後周爲劫盜律，復有賊叛律。隋開皇合爲賊盜律，至今不改。」〔註3〕宋於太祖建隆四年（963）制訂的《宋刑統》，其中內容多承襲唐律，亦定盜賊律，共有四卷、廿四門，凡律條五十五條，此即爲宋代律文中對於盜賊的懲處依據。

據學者的研究，唐代的盜賊律中即有輕盜法、重賊法的傾向，而此傾向也被宋律所承襲，如對於謀反、謀亂與大逆等罪可處以族誅連坐，但對竊盜

〔註1〕《左傳》，《十三經注疏本》，卷20文公十八年引周公誓命曰，頁352上。
〔註2〕《左傳》，卷47昭公十四年，頁821上。
〔註3〕長孫無忌等修、劉俊文箋解，《唐律疏議箋解》（北京：中華書局，1996），卷17〈賊盜律〉，頁1233。

或強盜的罪犯，則依論贓計處，處以極刑的狀況極少。〔註4〕但與唐不同的是，宋的律文當中，對於持杖或不持杖的強盜，皆可處以極刑。可見宋律較唐律在盜罪有加重的趨勢。宋代的賊盜罪，除了宋初的《宋刑統》中對於盜賊問題有相關律文的制訂外，自仁宗朝開始，又另訂盜賊窩藏重法，此後宋代所行的「盜賊重法」，則成爲懲治盜賊的方策之一，也是宋代法制的一大特色。如宋徽宗時的侍御史陳次升云：

> 竊惟：祖宗仁政加於天下者甚廣，刑罰之重改而從輕者至多。惟是
> 強盜之法特加重，蓋將禁姦宄而惠良民故也。〔註5〕

據陳次升所言，宋代刑罰多從輕，惟有強盜之法加重，乃欲以此法嚴懲盜賊以遏姦宄，以保護善良百姓，這也是宋代實施「盜賊重法」的主要目的。由於此法於法制史上至爲特殊，學者對此一問題亦多有研究成果問世，但多著墨於法令的實施過程與政令本身的探討，對於盜賊「重」法的實施效果，則無進一步的探究。因此，本章除探討宋代的「盜賊重法」外，並想透過實際的法令執行，觀察重法是否有達到防治與嚇阻盜賊的效用，並改善社會治安。

第一節　北宋「重法地分」的實施

唐代後期開始，盜賊罪即有趨嚴的傾向，尤其是強盜之罪，不論有贓無贓，皆處死刑。〔註6〕北宋第三代帝王眞宗以下，宋室的國力漸走下坡，一方面是財政困難，二方面是眞宗能力不如前兩位帝王。北宋開國以來軍事戰爭不斷，加上和遼與西夏的對抗耗損國力，另又須納歲幣以維持安定，形成內部經濟的危機。隨著政治、經濟問題的發生，地方盜賊也有增多的趨勢，尤其是仁宗時京城劫盜件頻繁，對首都治安影響甚鉅，爲了遏止盜賊的猖獗，首創歷代所無的「重法地分」，企圖加重部分區域對盜賊的懲治，來降低這些特定區域盜賊的犯罪情形。

〔註4〕參見郭東旭，《宋代法制研究》（河北大學出版社，1997），頁160。

〔註5〕陳次升，《讜論集》（四庫全書本，台北：商務印書館，1983），卷3〈上徽宗奏論盜法第一狀〉，頁11右。

〔註6〕據唐元和10年8月9日敕，擒獲強盜，不論有贓無贓，並集眾決殺。後周顯德5年7月7日敕：京兆府奏，應今後應持杖行劫，不問有贓無贓，並處死。見竇儀等修，《宋刑統》（海王村古籍叢刊本，北京：中國書店，1990），卷19〈賊盜律〉「強盜竊盜」，頁171～172。此與唐律當中規定：強盜罪依不傷人得財、傷人得財、持杖行劫等行爲區分來論罪，有極大的差別。

　　北宋的「重法地分」是伴隨著「盜賊重法」一併施行的，它的特色是：盜賊重法有施行區域的差別，被列於重法地的區域，加重盜賊的罪刑，而不列於重法地的盜賊，則按律論處。以下即就北宋時期實施重法地分的原因與法令的發展、實施區域、朝臣的意見分別探討。

一、「重法地分」的實施時間與區域

　　北宋「重法地分」的實施，乃源於仁宗景祐二年（1035）對於不持杖得財下的竊盜與強盜罪的討論：

> 既而有司言：「竊盜不用威力，得財爲錢五千，即刺爲兵，反重於強盜，請減之。」遂詔至十千始刺爲兵，而京城持杖竊盜，得財爲錢四千，亦刺爲兵。自是盜法惟京城加重，餘視舊益寬矣。〔註7〕

據以上所言可知，自仁宗景祐年間開始，凡是在京城持杖竊盜者，只要得財四千即刺面、發配爲兵，而在其他區域持杖竊盜者，則得財五千刺爲兵，強盜至十千刺爲兵，已有京城和其他區域的盜法差異。其後更進一步實施「窩藏重法」，加重首都地區的盜賊和窩藏盜賊的共犯的刑責。在仁宗實施「窩藏重法」之前，據宋初所編修的《宋刑統》所載，原窩藏罪法的規定如下：

> 諸知情藏匿罪人，若過致資給，令得隱避者，各減罪人罪一等。

〔註8〕

原罪所指的藏匿人，意指知道犯人的不法勾當還意圖協助藏匿或資給衣糧等物，使得犯人有隱避他處的機會，亦爲共犯，較犯人所犯之罪減一等懲處。但親屬之間相容隱而藏匿犯人，則不在此法之限。由於此罪對於窩藏罪犯的協助者，懲處較輕，又因當時盜賊問題日趨嚴重，有此雙重背景之下，才有仁宗「窩藏重法」的施行。

　　當時盜賊問題的嚴重性，如慶曆時的諫官余靖言：

> 今天下至大，而官吏弛事，細民眾而爲盜賊，誠不能禁止，蓋賞罰之不行也。若非大設隄防，以矯前弊，則臣憂國家之患，不在夷狄，而起于封域之內矣。南京者，天子之別都也，賊入城，斬關而出。解州、池州之賊不過十人，公然入城，虜掠人户。鄧州之賊不滿二十人，而數年不能獲。又清平軍賊人入變，城主泣告，而軍使反閉

〔註7〕李燾，《續資治通鑑長編》，以下簡稱《長編》（台北：世界書局，1986），卷117，景祐2年8月壬子朔，頁2749上。

〔註8〕《宋刑統》，卷28〈捕亡律〉，「知情藏匿罪人」，頁259。

門不肯出，其弊如此。而官吏皆未嘗重有責罰，欲望賊盜衰息，何
由可得？〔註9〕

余靖不但指出了盜賊蜂起之狀，也認爲無法對地方官吏賞罰分明才是問題的
癥結。爲使地方官吏能盡心捕賊，唯有嚴立賞罰制度，若有民行盜或殺人或
窩藏罪犯，須依限捕獲，否則地方所司應負失職之罪。〔註10〕而到了嘉祐年
間，刑部尚書李綖也指出：一年之中，天下上刑部的死刑犯人數共有二千五
百六十人，其中以故謀、鬥殺千有三百、劫盜九百七十人爲最多。〔註11〕而
李綖所指的這三類都是犯下盜賊罪的死刑犯，可見當時盜賊問題對地方治安
的危害程度。鑒於原法懲治過輕，因而於嘉祐六年（1061）行盜賊「窩藏重
法」：「命開封府諸縣，盜賊囊橐之家立重法。」〔註12〕，並將開封府附近的
東明、考城、長垣等縣，作爲窩藏重法的實施區域，這也是最早實施的重法
區域。

英宗即位後，在京東、京西地區，又發生幾起水災，使得民不堪命，群
起爲盜，雖然災民爲盜，乃因糧食不足而起，縱使有可恤之處，可以以慈善
救濟工作撫恤之，但是盜賊畢竟是盜賊，「群盜殺害輔郡之官吏，繫囚叛起京
畿之獄」的局面，〔註13〕乃是朝廷的心腹之患，英宗在治平二年（1065）命
開封府判官王靖提舉捉殺府界及曹、濮、澶及滑州未獲盜賊，另又於治平三
年（1066）詔：

> 開封府長垣、考城、東明縣，並曹、濮、澶、滑州諸縣，獲強劫罪
> 死者，以分所當得家產給告人，本房骨肉送千里外州軍編管，即遇

〔註9〕 《宋會要輯稿》，兵志11之18～19，仁宗慶曆3年6月29日，頁6932下～3
　　　 上。又見余靖，《余襄公奏議》（叢書集成續編本），卷下。

〔註10〕 據《宋刑統》所載：「諸部內有一人爲盜，及容止盜者，里正笞五十，三人加
　　　 一等。縣內，一人笞三十，四人加一等。州縣隨所管縣多少，通計爲罪，各
　　　 罪止徒二年。強盜者，各加一等。即盜及盜發、殺人後，三十日捕獲，主司
　　　 各勿論。限外能捕獲，追減三等。若軍役所有犯，隊正以上、折衝以下，各
　　　 準部內征人冒名之法，同州縣爲罪。」，見卷20〈賊盜律〉「部內有盜及容止
　　　 盜」，頁183。由此可知，宋初即有對地方官吏依限捕獲盜賊的相關規定，但
　　　 由仁宗時余靖所言，可見對此規定並未嚴格實行，以致造成法令不行。隨後
　　　 范仲淹所推行的慶曆改革，也主張要「推恩信、重命令」，各機構應施政守法，
　　　 不得有損朝廷威信。

〔註11〕 《長編》，卷191，仁宗嘉祐5年4月庚申，頁1893下。

〔註12〕 《長編》，卷344，元豐7年2月乙巳，頁3528上。

〔註13〕 趙瞻，〈上英宗論京東盜賊〉，收入趙汝愚編，《諸臣奏議》（臺北：文海出版
　　　 社，1965），頁5013。

赦降，與知人欲告案問、欲舉自首、災傷減等，并配沙門島。罪至
徒者，刺配廣南遠惡州軍牢城，以家產之半賞告人，本房骨肉送五
百里外州軍編管，編管者遇赦毋還。〔註14〕

據以上所言，英宗將重法地分的範圍，由仁宗時期的開封府諸縣擴大到京東、
河北的幾個州縣。而且擴大的原因是因為這幾個州縣出現了盜賊問題，居民
「自來習慣為盜，以至結集徒黨，殺害官吏，遂立重法」。〔註15〕

　　宋與西夏的戰爭，軍事經費耗費極大，約在國家財政的百分之八十，邊
境的疲敝，也影響著東南地方的商稅收入，如茶，鹽專賣收入的減少，甚至
引起惡性的通貨膨脹，帶來物價的暴漲，也引來地方上的小型叛亂。如河北
貝州的王則之亂。這些叛亂的領導人，多為私賣茶或鹽的商人而成的盜賊。
東南地區軍務鬆弛，對叛賊無力抵禦，神宗乃銳意更新，一面以王安石為相，
變法圖強，一面在盜賊問題上延續過去的政策，於熙寧四年（1071）行盜賊
重法：「盜罪當死者，籍其家貲以賞告人，妻子編置千里。遇赦若災傷減等，
配遠惡地。罪當徒、流者，配嶺表；流罪會降者，配三千里，籍其家貲之半
為賞，妻子遞降等有差。」〔註16〕此令係使盜賊不但自身獲重罪，其至親與
家產也同受處置，進一步加重了盜賊的處分。窩藏者雖身處非重法之地，亦
以重法論，可見對窩藏賊盜者，也加重其刑。

　　其後朝臣安燾對京東、河北等路盜賊橫行，以至於「率眾群行，殺害官
吏」的嚴重情景，提出四項建議：

一，彊盜雖殺人，為首者能捕斬死罪兩人，為從者捕斬一人以上，並
原罪給賞。二，告獲強盜，各依重法地酬賞外，第加一等。三，大名
府、濱、棣、德州賊盜，如被告獲，依重法處斷，不用格改法。四，
強盜如不自陳首，遇將來郊赦，未得原免，並具情理奏裁。〔註17〕

安燾的建議也獲得神宗的採納，不但加重告獲強盜人的酬賞，其次也擴大了
重法地的區域：

凡重法地，嘉祐中，始於開封府諸縣，後稍及諸州。以開封府東明、
考城、長垣縣，京西滑州、淮南宿州、河北澶州、京東應天府、濮、

〔註14〕　《宋會要輯稿》，兵志11之26～27，英宗治平3年4月5日，頁6936下～7
　　　　　上。
〔註15〕　《宋會要輯稿》，兵志11之27，治平4年6月23日，頁6937上。
〔註16〕　《宋史》，卷199〈刑法志〉，頁4978。
〔註17〕　《長編》，卷282，熙寧10年5月丁巳，頁2996下～7上。

> 齊、徐、濟、單、兗、鄆、沂州、淮陽軍，亦立重法，著爲令。至
> 元豐時，河北、京東、淮南、福建等路皆用重法，郡縣寖益廣矣。
> 元豐敕：重法地分，劫盜五人以上，兇惡者，方論以重法。紹聖後，
> 有犯即坐，不計人數。〔註18〕

由以上所述，可知由仁宗、英宗乃至神宗實施重法地分的區域不斷擴大，至
神宗時已有十七州。而對神宗實施重法的時間，史料卻不甚其詳，據《宋史》、
《文獻通考》均載爲元豐年間，李心傳對此考證，元豐應爲史官記載謬誤，
正確實施的時間，應爲熙寧十年五月，因爲當時安燾以中書檢正官考察河北、
京東的盜賊問題，才在安的建議之下，實行了山東與河北等十七州的重法，
於十二月時，再度行之於福建路四州。〔註19〕《長編》當中則有實施時間與
區域的詳盡記載，可印證李心傳之說：

> 熙寧十年六月癸未，……詔南京、鄆、兗、曹、徐、齊、濮、濟、
> 單、沂、澶、博、棣、亳、壽、濠、泗、宿州、淮陽軍、開封府之
> 東明、考城、長垣、白馬、胙城、韋城、邢州之鉅鹿、洺州之雞澤、
> 平恩、肥鄉縣，盜賊並用重法。〔註20〕

由《長編》的記載可知，熙寧十年五月開始將重法實施的區域，擴及更
多的州縣。同年十二月，福建路的南劍州、汀州、建州及邵武軍四個地區也
被列入重法地。〔註21〕

哲宗元祐元年（1086），陝西路的商州、虢州，也被列入重法地：

> 陝西轉運司言，本路近歲賊盜多出商山，乞將商、虢州二州及永興
> 軍乾祐縣山居百姓，並依重法地分施行。〔註22〕

除了以上述的商、虢州，另有唐州、鄧州；京西路的汝州、蔡州、潁州，也
分別被列入重法地，〔註23〕然而，哲宗不僅是增加了行使重法地的區域而

〔註18〕《宋史》，卷199〈刑法志〉，頁4978。

〔註19〕李心傳，《舊聞證誤》（北京：中華書局，1981.1），卷2，頁36。

〔註20〕《長編》，卷283，熙寧10年6月癸未，頁3005上。

〔註21〕《長編》，卷286，熙寧10年12月癸卯，頁3036上。

〔註22〕《長編》，卷375，元祐元年4月丙申，頁3851上。

〔註23〕唐州、鄧州是在元祐2年8月時被列入重法地。見《長編》，卷404，元祐2
　　　年8月壬辰，頁4161上。汝州則是依地方所請，強盜三人以上，許依重法地
　　　分。見《長編》，卷402，元祐2年6月丁未，頁4142下。蔡州、潁州則因州
　　　界處，強盜甚多，人民不得安居，被列入重法地。《長編》，卷423，元祐4
　　　年3月甲申，頁4330上。

已，同時對盜賊行使的重法也有所變更，原由「劫盜五人以上，凶惡者論重法」變爲「有犯即坐」，且規定「劫盜罪至死者，配遠惡處，再犯者配沙門島。盜者情重，窩藏人當行處斬，罪至徒、流者，配五百里，再犯者配二千里」〔註24〕，對於盜賊的處置，顯得較先前嚴格。

北宋的重法實施，在徽宗大觀元年（1107）罷止，〔註25〕似乎也顯示重法對盜賊不能有效遏止的問題。

二、「重法地分」實行區域與原因的分析

據史料所載，北宋實施「重法地分」的區域，有開封府所轄部分州縣，及京東路、京西路、河北路等州縣，再次擴大到陝西路、淮南路、福建路的部分州縣。（參見下表）

表 4-1　北宋重法地分實施區域表

實施時期	區域	州縣名稱	備考
仁宗嘉祐六年	開封府	東明縣、考城縣、長垣縣	
英宗治平四年	開封府	東明縣、考城縣、長垣縣	
	京西路	滑州、曹州	
	京東路	濮州	
	河北路	澶州	
神宗熙寧四年	開封府	東明縣、考城縣、長垣縣	
	京西路	滑州、曹州	
	京東路	濮州、應天府、齊州、濟州、單州、鄆州、兗州、徐州、沂州、淮陽軍	
	河北路	澶州	
神宗熙寧十年六月～元豐時期	開封府	東明縣、考城縣、長垣縣、白馬縣、胙城縣、韋城縣	
	京西路	滑州、曹州	
	京東路	濮州、應天府、齊州、濟州、單州、鄆州、兗州、徐州、沂州、淮陽軍	
	河北路	澶州、博州、滄州、棣州、邢州鉅鹿縣、洺州雞澤縣、平恩縣、肥鄉縣	
	淮南路	宿州、亳州、濠州、濠州、泗州	

〔註24〕《長編》，卷465，元祐6年閏8月戊辰，頁4693下～4上。
〔註25〕蔡絛，《鐵圍山叢談》（北京：中華書局，1997.12），卷1，頁19。

	福建路	南劍州、汀州、建州、邵武軍	
	陝西路	永興軍路	見《長編》，卷319 元豐4年11月癸未 詔，頁3313上
哲宗元祐	開封府	東明縣、考城縣、長垣縣、白馬縣、胙城縣、 韋城縣	
	京西路	滑州、曹州、汝州、蔡州、穎州、唐州、鄧州	汝州等以下均爲新 增，見註22
	京東路	濮州、應天府、齊州、濟州、單州、鄆州、兗 州、徐州、沂州、淮陽軍、廣濟軍	
	河北路	澶州、博州、滄州、棣州、邢州鉅鹿縣、平鄉 縣、洺州雞澤縣、平恩縣、肥鄉縣	
	淮南路	宿州、亳州、壽州、濠州、泗州	
	福建路	南劍州、汀州、建州、邵武軍	
	陝西路	永興軍乾祐縣、商州、虢州	

資料來源：《宋史》卷199〈刑法志〉、《宋會要輯稿》兵志11之26~27、《長編》卷 219、283、286、《文獻通考》卷167等史料

　　由實施的時間和區域的關係來看，被列爲重法地的區域是當時盜賊問題最爲嚴重的地區。而隨著地方官的上報，重法地也不斷隨之擴大。值得注意的是，北宋由仁宗實施「窩藏重法」開始，至哲宗止，都並未對重法地作一全面性的檢討，如某些地區若盜賊問題已有所改善，這些改善的地區仍然還是被列在重法地區之中，因此呈現重法地隨著實施時間而不斷擴大的現象。

　　仁宗實施「窩藏重法」的原因，是因爲當時開封地區劫盜頻繁，部分不肖的人戶和吏人又因貪圖蠅利而窩藏賊人，以致捕盜效果不彰。而京城附近的安全，是相當重要的，宋代的基本國策，就是強幹弱枝。〔註26〕仁宗時又有西夏犯邊，時人張方平即有針對當時宋與夏的緊張關係，使得京城附近的重兵調往邊境，以利戍防。〔註27〕宋夏雖一度議和，但又因西夏時和時叛，用兵的軍費耗費不少財政支出，也形成物力窮困、民怨滋生。如富弼云：

　　　臣伏見：西鄙用兵以來，搔動天下，物力窮困，人心怨嗟，朝廷不
　　　能撫存，遂使聚而爲盜。今張海、郭邈山等數伙，驚擾州縣，殺傷

〔註26〕關於宋代國策的研究，可參見蔣復璁，〈宋代一個國策的檢討〉，收入氏著，《宋
　　　史新探》（台北：正中書局，1970.11）。
〔註27〕張方平，《樂平集》（四庫全書珍本，台灣商務印書館，1968），卷21〈論京師
　　　衛兵事〉，頁15右。

吏民，恣凶殘之威、洩憤怒之氣，巡檢、縣尉不敢向前。……陝西、
南京、唐、汝、均、房、金、襄、鄧、相、安去凡千餘里，殺人放
火，所在瘡痍。〔註28〕

這種內憂外患，使得當時各地除京城之外，其餘陝西、南京、唐、汝州等各
地，也都出現殺人放火的凶惡盜賊，地方均無兵力可自保，使百姓生活恐懼，
而朝廷大臣亦擔心賊勢熾盛，對於人心與政權均有不利的影響，不得不以「重
法」先行使於京師附近。

　　重法地分的區域，乃集中於盜賊頻起的地區。盜賊與地域之間的關係，
是休戚相關的。如京西路的蔡州「封部闊遠，戶口繁庶，土饒山林，素多盜
賊」〔註29〕，因地區多富庶之家，引來賊人之窺伺。地狹人稠、維生不易的
地區，更爲容易產生盜賊，所謂「倉廩實而知禮節，衣食足而知榮辱」，找不
到工作的流民、填不飽肚子的飢民，群聚而起，做起不用本錢的買賣，也就
產生對治安的威脅。如淮南路的宿州，「民多乏食」。〔註30〕或因當地出現天
災，糧食收成短缺，以致飢民群起爲盜，如神宗熙寧九年（1076）因當年累
歲荒旱，導致穀價翔貴，而河北、京東、福建諸路盜賊竊發，不但殺戮人民、
焚燒廬舍，還「劫束官吏，攻略縣鎮」。〔註31〕哲宗元祐二年（1087）京東當
年荒災，飢民也因艱食而群起爲盜。〔註32〕

　　盜賊群聚之地，儘管有的是因天災引起，也有的是因爲當地地力貧瘠，
民風原本就較爲彪悍，如文彥博云「曹、濮人專爲盜賊」。〔註33〕或因當地特
殊的風土及物產，當地多有巨富之家，使心懷不軌者覬覦其財。如蘇軾云，
京東路的徐州，不僅在地理上是南北的要津、京東諸郡安危之所繫，在州之
東北七十餘里，即「利國監，自古產鐵，官、商賈所聚，其民富樂，凡三十
六冶，冶戶皆大家，藏鏹巨萬，常爲盜賊所窺，而兵衛寡弱同於兒戲」〔註34〕。
仁宗時金、銀、銅礦的開採處附近常發生盜賊，因而下詔「取金、銀、銅礦
及鼓鐵錢幣聚集群眾之處，宜密設方略，常爲警備，詔巡檢、縣尉捕捉賊」

〔註28〕富弼，〈上仁宗乞選任轉運守令以除盜賊〉，《諸臣奏議》，卷144，頁4997～8。
〔註29〕《長編》，卷195，嘉祐6年11月戊寅，頁1972上。
〔註30〕《長編》，卷222，熙寧4年4月，頁2354上～下。
〔註31〕《長編》，卷279，熙寧9年12月甲午，頁2971上。
〔註32〕《長編》，卷395，元祐2年2月己亥，頁4080上。
〔註33〕《長編》，拾補卷6，熙寧2年12月乙亥，頁2201下。
〔註34〕蘇軾，《蘇東坡全集‧奏議集》（北京：中國書局，1986），卷2〈上皇帝書〉，
　　　　頁416。

〔註35〕，可見礦產採集處的附近，容易有盜賊滋生的問題。

販私鹽的盜賊，在宋代也有數起案例。宋代鹽業行官賣法，但販私鹽利潤極高，常有商人鋌而走險。仁宗時即有販私鹽盜賊群起：「江西、福建路鹽賊群至千百人，公行劫掠殺害，官吏不能禁」〔註36〕。其中，福建路原就爲「四境之險，殆爲天設」〔註37〕，又因瀕海，有魚鹽之利。而福建路當中，建州、南劍州、汀州、邵武軍四州沒有產鹽，鹽都需由外地運入，此四處又地險山僻，當地民眾販私鹽爲業者，十有五六，形成治安極大的問題。〔註38〕《長編》當中即記載汀州民眾販私鹽的情形：

> 初，江湖漕鹽既雜惡，又官估高，故百姓利食私鹽。而並海民，以魚鹽業，用工省而得利厚，由是盜販者眾。又，販者皆不逞無賴，捕之急，則起爲盜賊。而江淮雖衣冠士人，狃於厚利，或以販鹽爲事；江西則虔州，地連廣南，而福建之汀州亦與虔接，虔鹽弗善，汀故不產鹽，二州民多盜販廣南鹽以射利。每歲秋冬，田事既畢，往往數十百爲群持甲兵旗鼓，往來虔、汀、漳、潮、循、梅、惠、廣八州之地，所至劫人穀帛，掠人婦女，與巡捕吏卒鬥格，至殺傷吏卒，則起爲盜。依阻險要，捕不能得，或赦其罪招之。〔註39〕

由上所言，可知福建路的汀州因不產鹽，與之接壤的虔州鹽又不善，兩州民多有以販私鹽爲業，地方捕之甚急，反而被逼爲盜，爲求自保，殺傷吏卒、劫掠穀帛婦女，令朝廷頭痛不已。邵武軍亦因鹽額問題，爲福建路當中受害最深：「福建路州軍，比年增起鹽額之弊，就四州軍所苦爲甚者較之，則邵武軍立額最重，受害尤深」〔註40〕，亦因盜賊群起所苦。福建路的四州軍是在神宗熙寧十年被列入重法地，該年也曾發生廖恩的鹽賊起事，其聲勢甚大，不僅公然殺害追捕的官吏，且聚集百餘日，當地官吏束手無策，無法撲滅，朝廷只好以招安方式招降廖恩等人。〔註41〕廖恩等是在熙寧十年七月被招降，但該地的鹽賊問題仍然無法根本解決，故而熙寧十年十二月，神宗下詔

〔註35〕《宋會要輯稿》，兵志11之23，皇祐2年12月8日，頁6935上。

〔註36〕《宋會要輯稿》，兵志11之26，至和7年2月3日，頁6936上。

〔註37〕廖剛，《高峰文集》（四庫全書珍本，台灣商務印書館，1968），卷1，頁32下。

〔註38〕見戴裔煊，《宋代鈔鹽制度研究》（台北：華世出版社，1982.9），頁346。

〔註39〕《長編》，卷196，嘉祐7年2月辛巳，頁1975下～6上。

〔註40〕《長編》，卷368，元祐元年閏2月壬辰，頁3759下。

〔註41〕《宋會要輯稿》，兵志12之4，熙寧10年7月5日，頁6940上。

將福建路等四州軍列入重法地。

　　這些被列入重法實施的地區，雖因爲不同的原因而產生盜賊，朝廷雖然也會針對其原因對症下藥，如於水、旱災的地區，另行救濟與撫卹災民的措施，對於地方治安不靖而又兵力不足的地區，加強官吏如縣尉、巡檢的人數等，但是仍有朝臣認爲，宋代常法懲罰過輕，無法對盜賊有遏止的警示作用。如神宗安燾云：

> 準敕體量河北、京東等路賊盜，竊以朝廷平日立法以治盜賊者，其追捕之格、購賞之科，不爲不備。然今日兩路之民，不因災饉而轉爲盜賊者相繼，至于率眾群行，殺害官吏。雖誨盜致寇之由未可遙度，然購捕之格，恐難以常法治之。〔註42〕

安燾此言，可說是神宗之後擴大重法地的區域，並且確立持續「重法地分」措施來嚴懲盜賊的主因。

三、「重法地分」的規定

　　宋初成書的《宋刑統》，對強盜罪的處分雖然同於唐代，但又附上後周顯德、宋太祖建隆時的敕文：「今後應強盜計贓滿三貫文足陌，皆處死」，〔註43〕對於強盜罪的計贓論罪較爲嚴格。眞宗以後，此規定又漸漸放寬，對於不傷人的強盜，不管其贓物多寡，懲以先刺面再流配的刑罰。〔註44〕仁宗時又規定：「強盜贓及一貫已上，永配牢城」〔註45〕，可見盜賊罪已漸有輕懲的趨勢。而對於重法地區的盜賊加重處分，目的是調整宋代刑罰從輕的現象，以遏阻重法地區的日益猖獗的盜賊問題。

　　重法地分的地區，對於窩藏盜賊罪犯者，規定如下：

> 凡劫盜罪當死者，籍其家貲，以賞告人。妻、子編置千里，遇赦，若災傷減等者，配遠惡處。罪當徒、流者配嶺表，流罪會降者，配三千里，籍其家貲之半爲賞。妻、子遞降等有差。應編配者雖會赦，不移不釋。囊橐之家，劫盜死罪情重者斬，餘皆配遠惡處，籍其家貲之半爲賞。盜罪當徒、流者，配五百里，籍其家貲三之一爲賞。……

〔註42〕　《長編》，卷282，熙寧10年5月丁巳，頁2996下～7上。

〔註43〕　《宋刑統》，卷19〈賊盜律〉「強盜竊盜」，頁172。

〔註44〕　如眞宗時記：「強劫盜賊，……不傷人者，黥面配千里外牢城。」見《長編》，卷91，眞宗天禧2年閏4月辛亥，頁878下。

〔註45〕　《宋會要輯稿》，刑法4之68，天聖6年8月，頁6641下。

雖非重法之地，而囊橐重法之人，並以重法論。……若復殺官吏，

及累殺三人，焚舍屋百間，或群行於州縣之內，劫掠於江海船栿之

中，雖非重法之地，亦以重法論。〔註46〕

此規定對於重法的實施有幾個重點：一、針對劫盜罪本身的懲處。依其情節，重者處斬，輕者配遠惡州縣及沒收家產。而流配的地點，也隨犯情之輕重有別。二、對劫盜人的家屬有連坐的規定。如劫盜罪當死者，其妻、子也編置千里。三、關於沒收家產的部分，將其沒收的家產，賞予告人最多可達二分之一。又見哲宗時規定：「依重法地分窩藏人，給賞錢及財產之半，其依上條，許捕者亦準此支給，從之」〔註47〕，可知其重法也有賴於地方民眾的警戒監視，爲鼓勵他們對可疑人物多方向官府告捕，賞金也會增加其誘因。四、若非重法之地，但有下列情形者，如窩藏重法之人、殺害官吏、累計殺害三人以上，或焚舍屋百間、群行於州縣之內，劫掠於江海船栿之中，也會依重法論處。盜賊人數的多寡，也會影響罪的輕重。神宗元豐時原規定：「重法地分，劫盜五人以上，凶惡者，方論以重法」，〔註48〕哲宗曾一度改爲三人以上，依重法地分施行，〔註49〕其後再度更改爲「有犯即坐，不計人數」〔註50〕。原本對於群盜有所加重的規定，也變爲不計人數均以重法論，可見其加重的趨勢。

重法的規定，也增加了給予告官者賞金的部分。自真宗開始，便有重賞告人之議，然未能實施：

軍民有能告賊者，賞以金帛及補校鎮遠邊職，下其狀。樞密王繼英

曰：鄉閭間小有攘竊，不當擅賞格。從之。〔註51〕

其後又再度有朝臣提出給予賊人的部分贓物作爲密告、捕賊人的賞錢之議，但皇帝又顧慮此舉對被盜者不公平，因爲賊人的贓物若追回，是該歸還被盜者，而不應由官府逕行發落，最後由官錢三萬支給賞予告密者。〔註52〕但未成定制，直到仁宗時，才具體實施告密、捕賊者的獎勵制度：

景祐元年閏六月一日，梓州提點刑獄王端言：今後殺人者，許人陳

〔註46〕《長編》，卷344，元豐7年2月乙巳，頁3528上。另見《宋史》，卷199〈刑法志〉，頁4978。

〔註47〕《長編》，卷477，元祐7年9月甲辰，頁4804上。

〔註48〕《宋史》，卷199〈刑法志〉，頁4978。

〔註49〕《長編》，卷375，元祐元年4月丙申，頁3851上。

〔註50〕《宋史》，卷199〈刑法志〉，頁4978。

〔註51〕《宋會要輯稿》，兵志11之5，景德2年5月6日，頁6926上。

〔註52〕《宋會要輯稿》，兵志11之6，大中祥符5年正月11日，頁6926下。

告，乞給賞錢三十貫。詔：殺人賊未獲，許人告捉，賞錢五十貫，
以犯事人家財充，不足，以係省錢添給。

景祐三年正月十三日，開封府范仲淹言：上元放燈夜，賊許人告捉，
等第給賞錢，從之。〔註53〕

這種捕賊的獎勵制度，雖然成為定制，但亦有所爭議，例如有朝臣以為「不
是躬親，不該酬獎，深慮不切用心，甚非激勵之意」〔註54〕，應採取鼓勵地
方縣尉的方式，以設方略，差人捕殺。而成為定制之後，賞錢由官錢來出，
久之也成為財政一項負擔。因此唯有重法之地，才有沒收盜賊的家產作為重
法告賞之用，〔註55〕以其家產之部分，給予密告者的酬獎，如此不但可使盜
賊有所警戒，亦不會增加朝廷財政的負擔，可說兩全其美之策矣。

在重法地區擔任地方捕盜工作的官吏，擇其善任者，也是相當重要的。
在地方上擔任捕盜，主要為縣尉，太祖於建隆三年（962）即在地方上置縣尉，
凡「鄉賊盜斗訟之事」，交由縣尉處理。〔註56〕縣尉是地方官，在縣主簿之下，
屬流內銓選，主要工作為閱習弓手、懲姦止暴，〔註57〕可見縣尉在地方上主
要擔任維持治安的工作。重法地區，對於縣尉人選也特別重視：

詔：重法地縣尉，並差使臣，其當差使臣監當處，對注選人。〔註58〕

神宗時，重法地區的縣尉，多由武人出任縣尉之職，以達緝捕盜賊之效。〔註59〕
如反對重法的范祖禹云：「重法之地，皆舉知縣，必擇強健之吏，奉法除盜」，
〔註60〕可見光行重法，沒有捕盜官吏的配合捕賊，是難有治盜成效的。

〔註53〕《宋會要輯稿》，兵志11之15，景祐3年正月13日，頁6931上。
〔註54〕《宋會要輯稿》，兵志11之16，頁6931下。
〔註55〕除前文所述，神宗時即有規定外，見註43。另見哲宗元祐二年也明定重法地
　　　分的盜賊，其家產將檢估沒官，充當賞錢使用。見《長編》，卷398，元祐2
　　　年4月戊戌，頁4109下。
〔註56〕《宋大詔令集》（北京：中華書局，1997.12），卷160〈置縣尉詔〉，建隆3年
　　　12月，頁604。
〔註57〕《宋史》，卷167〈職官志〉，頁3978。
〔註58〕《長編》，卷328，元豐5年7月癸未，頁3388上。
〔註59〕蘇轍，《蘇轍集·欒城集》（北京：中華書局，1990），卷40〈請罷右職縣尉箚
　　　子〉，頁702~3。蘇轍在這個箚子裡，指出重法地分的區域，由武人任職縣尉
　　　的工作，但因武人貪暴，往往騷擾地方人戶，因而請求重法地的縣尉不要再
　　　由武人擔任，因而由箚子內容可知：當時重法地的縣尉，以武人任職居多。
〔註60〕《長編》，卷469，元祐6年12月乙卯朔，頁4724上。

四、宋人對「重法地分」的意見

北宋「重法地分」的實施，從仁宗、英宗到神宗、哲宗，都是在朝臣的建議下進行的。如英宗時，王靖請求以重法重懲藏匿盜賊者，王靖當時擔任開封府判官，另也兼提舉捉殺開封府路及曹、濮、澶、滑等州的捕盜工作。〔註61〕神宗時任檢正中書刑房公事李承之所請，立盜賊重法，其後安燾不僅贊成盜賊重法，甚至還提出四點建議：

> 一，彊盜雖殺人，爲首者，能捕斬死罪兩人，爲從者，捕斬一人以上，並原罪給賞。二，告獲強盜，各依重法地酬賞外，第加一等。三，大名府、濱、棣、德州賊盜，如被告獲，依重法處斷，不用格改法。四，強盜如不自陳首，遇將來郊赦，未得原免，並具情理奏裁。從之。〔註62〕

由於安燾的意見，神宗在其後再度擴大重法地分的區域。

當時朝臣對於盜賊問題，多持有重法止姦的看法。如仁宗時歐陽修云：「朝臣上言者，皆爲自來寬法，所以不肯用心捉賊，皆乞峻行法令」。〔註63〕又如余靖提出「嚴捕賊之令，重捕賊之賞」，〔註64〕對於重法懲治盜賊，多有一致的態度。

然而「重法地分」實施效果，似乎不如預期。各地仍頻傳盜賊，甚至有更爲滋長之勢，哲宗時范祖禹便就此提出反對意見：

> 臣伏見：熙寧四年，中書檢正官奏請，開封府東明……等州、淮陽軍，別立盜賊重法。其後又有他州奏請，乞比東明等處行重法者。夫溥天之下，誰非君民，今獨視此州縣如夷貊之人。自行法以來，二十餘年，不聞盜賊衰止，但聞其愈多耳。古者開衣食之源，立教化之官，先之以節儉，示之以純朴，有邪僻之民，然後濟之以刑，豈有不治其本，專禁其末。又重法之地，皆舉知縣，必擇強健之吏，奉法除盜，視民如讎，一切以擊斷爲稱職，此豈平世所宜乎？臣愚欲乞悉除重法，改重法地分爲舉知縣地分，夫天下縣令不可不擇，獨此諸縣已先舉，吏則不可廢。……惟陛下無以教化爲不急，無以

〔註61〕《長編》，卷206，治平2年9月辛巳，頁2077下。

〔註62〕《長編》，卷282，熙寧10年5月丁巳，頁2996下～7上。

〔註63〕歐陽修，〈上仁宗論諸處盜賊事宜〉，收入《諸臣奏議》，卷144，頁5006。

〔註64〕余靖，〈上仁宗論禦盜之策莫先安民〉，《諸臣奏議》，卷144，頁5011。

峻法爲足恃，則民皆可使爲善矣。〔註65〕

依范祖禹的意見，他認爲天下君民不應有區域之別，且行重法以來，無法對盜賊能有效遏止，反而愈來愈多，因此重法懲姦，僅能治標，不能治本。要有效的減少盜賊，唯有多行教化，多行教化有賴地方知縣善得其人，因此擇選有能之士爲地方父母官，才是根本解決之道。范祖禹曾二度上書哲宗，一次在元祐六年（1091），一次在元祐七年（1092），兩次內容差別不大，都在於乞除重法，認爲重法之地，獨爲匪民，「一人犯罪，連及妻孥，沒其家產，便同反逆」，實在太重。且刑法的目的，不在止姦，而在於「使民得以自新」，盜賊多少，不在於重法可根除，而在於道德教化才能解決。〔註66〕

范祖禹反對重法的立論，是儒家基本對於法的態度，儒家認爲教化可收潛移默化之功，使人心趨於向善，而法家則主張賞罰分明，以法律來維持國家的長治久安。兩者的差異，只是在於維持社會秩序的手段不同，〔註67〕也因此范認爲應任命清明合適的地方官，才能善盡教化的職責。范上書之際，正是哲宗親政之時，哲宗任用新黨人士持續改革，而屬舊黨的范祖禹對於政策的建言，自然不會得到太大的重視，因此他的意見並未得到哲宗的採行。佐伯富認爲，范祖禹也代表舊黨人士對於法律的基本態度，很明顯的與當時主政的新黨不同，而「重法地分」也涉及到新舊黨爭的問題。〔註68〕只是若依佐氏的意見，那麼哲宗年幼即位，由太皇太后主政，任用司馬光時，就該盡罷重法，相反的卻沒有發生。舊黨的士人對於「重法地分」，恐怕也與其他政策一樣，無法達成一致的共識。

第二節　南宋的招安政策與「盜賊重法」

南宋初年，政治並不安定，各地都有割據的武力與盜賊出現，使南宋政府需要結合各地的地方軍力，與女眞相對抗，維持偏安的局面，故而在南宋

〔註65〕范祖禹，〈上哲宗乞除盜賊重法〉，《諸臣奏議》，卷144，頁5031。亦見《長編》，卷468，頁4724上。

〔註66〕《長編》，卷478，元祐7年10月丙子，頁4810上。

〔註67〕可參見，瞿同祖，《中國法律與中國社會》（台北：里仁書局，1994.10），頁371。

〔註68〕見佐伯富，〈宋代における重法地分について〉，收入《中國史研究》（京都：東洋史研究會，1969），頁458～487。

初年，對於盜賊問題，採取「招安」與「軍事征討」兩者並進的政策，在政局穩定之後，改採重賞與募人捉殺之法，並未在法令的執行實施重法。

南宋初年朝廷軍隊不但要禦外，又要平亂，人力不足，只得以姑且用招安之計，將招降的盜賊再派去平定其他的地方亂事，大都也能收其一時之效。如紹興五年（1135）命招降的海寇鄭廣討他郡諸盜，其後數郡均平。〔註69〕又如南宋規模最大的鍾相、楊么之亂，最後雖被岳飛所平，但盜賊出身的將領孔彥舟，也因俘殺鍾相而建立軍功。〔註70〕故《建炎以來繫年要錄》云：

> 自中原失守，諸重鎮多失，惟規與群盜屢戰。自楊進、李孝忠、孔
> 彥舟、董平、曹成、馬友、桑仲、李橫之徒，皆不能犯，由是德安
> 獨存。〔註71〕

這些被招的盜賊，爲了加以籠絡與施恩，高宗自建炎四年（1140）開始，授諸盜以「鎮撫使」的官職。當時名將李成、薛慶、孔彥舟與桑仲皆起於盜賊。〔註72〕據黃寬重的研究，在可考的三十八位鎮撫使當中，就有十一位爲盜賊出身，其比例接近三成。〔註73〕「鎮撫使」的官職，唯南宋所特有，「許以能扞禦外寇，顯立大功，特與世襲」。〔註74〕此職雖無差遣，只有榮銜，但能世襲子孫，可見南宋初年對於這些戴罪立功的盜賊的禮遇。

招安的盜賊，因爲備受禮遇，當時人便諷刺說：「仕途捷徑無過賊，上將奇謀只是招」。又說：「欲得官，殺人放火受招安。欲得富，趕著行在賣酒醋。」〔註75〕

盜賊接受招安，也是視官軍的作戰能力而定。岳飛即云：「比年多命招安，故盜力強則肆暴，力屈則就招，苟不略加剿除，起之眾，未可遽殄」〔註76〕，指出招安者的不穩定性與對治安的隱憂。因此在南宋政局穩定後，招安政策

〔註69〕《宋史》，卷376〈張致遠傳〉，頁11628。

〔註70〕參見白綱、向祥海，《鍾相、楊么起義始末》（山西人民出版社，1980.4）。

〔註71〕《建炎以來繫年要錄》，卷49，紹興元年11月丁未，頁875。

〔註72〕《宋史》，卷362〈范宗尹傳〉，頁11325。

〔註73〕此十一位盜賊出身的鎮撫使爲：孔彥舟、李成、李伸、李道、李橫、史康民、桑仲、張用、郭仲威、霍明、薛慶。參見黃寬重，《南宋地方武力——地方軍與民間自衛武力的探討》（台北：東大出版公司，2002），第四章：〈宋廷對民間自衛武力的利用和控制——以鎮撫使爲例〉，頁165。

〔註74〕《宋史》，卷167〈職官志〉，頁3967。

〔註75〕莊綽，《雞肋篇》（北京：中華書局，1997.12），卷中，頁67。

〔註76〕《宋史》，卷365〈岳飛傳〉，頁11380。

也就遭到朝臣的反對。紹興七年五月（1137）李綱驅捕虔、吉兩州的盜賊，朝臣陳公輔云：

> 虔民素號凶惡，方承平時，亦自歲往廣南劫取財物，率以爲常，然此弊亦起於朝廷容忍太過。凡有盜賊，盡是招降。所謂渠魁者，例皆不誅，且寵之以官，此豈足以奪姦雄之氣？又況虔賊實非他處之比，若不痛加誅殺，未必肯止。……當誅其首領，而脅從者量與釋放，庶使頑民知懼，不敢復肆凶惡。〔註77〕

高宗雖然也同意誅首惡、餘黨輕貸的基本原則，〔註78〕但陳公輔的建議並未獲得採納，虔、吉兩州盜賊也一直未得撲滅，高宗最後只好遣監察御史李宷持黃榜招諭，承諾他們可改過歸業，既往不咎，此事才告一段落。〔註79〕

李宷也對盜賊問題，提出他的觀察：

> 盜賊未息，其弊有五：一曰，盜賊招安之後，不離鄉土，良民畏懼，未嘗易業。二曰，賊徒受招，初無悛改，隨復作過。比所捕賊徒，腰間已有受招安公據至五六道者。三曰，縣官蔽縱，不以實聞。四曰，稅戶交通，苟免禍害。五曰，公吏受略，多從脫免。五弊不去，盜賊無時而息。〔註80〕

李宷所言，指出了高宗時期主要的盜賊問題，也指出招安無效，招安的盜賊往往復叛，不但無法消弭盜賊，而且還和地方公吏勾結，使良民生活不安。

在與金人的紹興和議之後，招安政策也有所調整。高宗並屢次頒布不得招安盜賊的詔令。「銷弭盜賊，當爲遠慮。若但招安補授，恐此輩以嘯聚爲計，是啓其爲寇之心」，令諸路不得招安。〔註81〕

盜賊的懲治又回到了常軌，高宗其後以嚴刑峻法再三申令地方應嚴督巡檢與縣尉，立限收捕，且親行審問：

> 諸州縣有犯彊、竊盜，須管督責巡尉，嚴限收捕。不得抑令鄰保出備賞錢攪擾。將所通委實窩藏等人，並令獄官開具申州，州委通判，縣委知縣親行審問、詣實。〔註82〕

〔註77〕《建炎以來繫年要錄》，卷111，紹興7年5月丁卯，頁1792。
〔註78〕《建炎以來繫年要錄》，卷115，紹興7年10月癸卯，頁1862。
〔註79〕《建炎以來繫年要錄》，卷121，紹興8年7月庚辰，頁1963。
〔註80〕《建炎以來繫年要錄》，卷125，紹興9年元月丙午，頁2045。
〔註81〕《建炎以來繫年要錄》，卷156，紹興17年6月乙卯，頁2534。
〔註82〕《宋會要輯稿》，兵志13之20，紹興26年正月11日，頁6963下。

紹興二十八年（1158），高宗又謂，招安盜賊是爲了勸其向善，才授以官職，如今不如將賞給賊寇的官職，改賞以捕盜之人，〔註83〕可見其遏盜的政策已有了很大的轉變，此一轉變也顯示了宋代刑罰修正的特色。基於南宋初年特殊的政治環境，由高宗與朝中大臣形成對盜賊問題的共識，將招安的盜賊籠絡爲軍事勢力，而盜賊受招後，不僅免於一切罪刑，尚可依其軍功補授官職，待政治局勢穩定後，此一招安政策也隨之調整，盜賊則按律文治罪。

孝宗以後，更可以看到其與高宗對盜賊法的不同態度，則對盜賊法有嚴格的傾向。乾道四年（1168）即詔「嚴盜賊法」。〔註84〕其後又規定「強盜兩次以上，雖爲從，論死。」〔註85〕對於窩藏賊人的共犯也行重法，可拆毀其住屋，作爲懲罰：「今後停藏劫盜人，除斷罪外，并令拆毀住屋，移徙家屬。」〔註86〕至於情理可矜的盜賊，雖可免死，但孝宗規定，須在額頭上刺上「強盜」兩字，〔註87〕此種刺面的方式，是一種侮辱刑，就算免死，有改過自新的機會，但所刺之字仍宣告此人曾經犯下的罪刑，是相當嚴苛的。

聲勢大的地方盜賊，孝宗也延續高宗的政策，以軍事征討的方式鎮壓盜賊。由於地方上的巡尉不足以平亂，便調派屯駐的軍隊來協助。如常德府爲茶寇出沒之地，而當年荊湖南北路又發生旱災，故而由鄂州調派五百人出戍，以助鎮壓。〔註88〕又如調派鄂州、襄陽等地的屯駐水軍的一二百人於當地水域巡邏，〔註89〕也是因爲當地興販私茶的商人與逃亡的軍士常有亂事，才有調派兵力的舉動。廣東的摧鋒軍，屬地方武力，孝宗時將摧鋒軍當中的一百多人歸隸提刑司，可以此軍力調遣平定盜賊。〔註90〕

南宋也行使重賞與「募人捉殺」之法。在重賞方面，高宗時就對征討盜賊有功的人員，論功行賞，常授以官職。而在地方任職，對於盜賊的遏止措置，有功者亦可在陞遷的資序上，有所優遇：「優立賞格。……京朝官轉行一

〔註83〕《宋會要輯稿》，兵志13之20，紹興28年3月24日，頁6963下。
〔註84〕《宋史》，卷34〈孝宗本紀〉，乾道4年11月甲戌，頁644。
〔註85〕《宋史》，卷34〈孝宗本紀〉，淳熙13年2月甲寅，頁684。
〔註86〕同上。
〔註87〕《文獻通考》（台北：台灣商務印書館，1987），卷167〈刑考六〉，頁1455中。
〔註88〕《宋會要輯稿》，兵志13之29，乾道7年11月23日，頁6968上。
〔註89〕《宋會要輯稿》，兵志13之29～30，乾道9年6月16日，頁6968上～下。
〔註90〕《宋會要輯稿》，兵志13之33，淳熙7年2月13日，頁6970上。

官，俟仕滿日各再轉一官」。〔註91〕孝宗則主張賞罰分明，對地方官予以壓力，如乾道五年（1169），兩廣地區常有無賴惡少相結爲黨，盡入二廣豪右之家行劫的情形，令巡尉應在限期捕盜，並重寘典憲。〔註92〕寧宗更進一步「更定捕盜改官法」，規定「選人捕盜，賞爲二等」〔註93〕，加重對捕盜官人的優賞。

在「募人捉殺」盜賊方面，此法自北宋即有：

> 詔諸處彊惡賊有未獲者，委流內銓三班院出榜，募人捉殺。許于中
> 書樞密院投狀，如能巧設方略，親行鬥殺，有勞當超資酬獎。〔註94〕

哲宗時委通判提舉擔任捉殺之職，並「差禁軍十二人給器械隨行」。〔註95〕南宋的捉殺之法，初期是在各路立專門管捉殺盜賊的官員，建炎三年（1129）「諸路創武臣提刑一員，專管捉殺」。〔註96〕武臣提刑隸屬掌管刑獄的提點刑獄公事之下，此職並非常制，至建炎四年即罷。〔註97〕其後又在各處差弓手或加募弓手的數量，來負責捉殺的工作。

第三節　「盜賊重法」的執行與效果

宋代實施的「盜賊重法」，一般都認爲是一個特別法。〔註98〕至於重法的實際執行的情形如何？則少有討論。本節即是針對盜賊重法的實際執行狀況，以及重法與地方治安的相關問題作一探討。

爲了了解宋代對盜賊實際懲治的狀況，特將史料當中所見北宋及南宋盜賊懲治結果摘錄爲表 4-2 及表 4-3。在此要說明的是，盜賊的材料是相當受到史料的限制的，由於史料多半會擇選聲勢較大或情況較爲特殊的盜賊記載下來，故而這些資料是無法量化的，也無法由此觀察各朝代的盜賊數量多寡。其次，史料當中盜賊發生的記載相當多，但對處置的情形卻付之闕如，因此

〔註91〕《建炎以來繫年要錄》，卷 101，紹興 6 年 5 月甲午，頁 1663。

〔註92〕《宋會要輯稿》，兵志 13 之 27，乾道 5 年 12 月 10 日，頁 6967 上。

〔註93〕不著撰人，《續編兩朝綱目備要》（北京：中華書局，1995.7，卷 8，寧宗開禧元年正月，頁 145。

〔註94〕見《宋會要輯稿》，兵志 11 之 26，康定元年 10 月 3 日，頁 6931 下。

〔註95〕《長編》，卷 417，元祐 3 年 11 月戊申，頁 4280 下。

〔註96〕《宋會要輯稿》，兵志 13 之 3，建炎 2 年 6 月 10 日，頁 6955 上。

〔註97〕《宋史》，卷 167〈職官志〉，「提點刑獄公事」，頁 3967。

〔註98〕此處的特別法，指的是相對於普通法而言，是一種限於特定人、地、事可適用的法律。普通法則指的是對全國一般人民和事項，其效力及於全國地域之法律。

也無法列入表格當中。

由表 4-2 北宋的盜賊處置情形來觀察，在仁宗以前法律的執行大都能與律文相配合，對於盜賊的懲治相當嚴格。太祖時期的四個例子，皆處極刑。如乾德元年（963）汪端與黨人聚山澤爲盜，汪端於其後被擒，被處磔刑。〔註99〕開寶四年（971）開封府捕獲京城盜賊，這些盜賊的成員有無賴、惡少及逃亡的軍人，其中首惡有二十一人，均處棄市之刑。〔註100〕太宗時的九例當中，有一例是因盜賊受到地方官的感悟，而全數悔悟改過歸農之外，其餘八例皆爲處死。如徐州妖賊李緒等爲亂，李緒等爲首者七人被斬首，其餘黨人處流配之刑。〔註101〕眞宗時有六例，其中六例賊首均得伏誅，僅有一例充軍。如眞宗景德四年（1008）於宜州兵亂，爲首者陳進等斬首，其餘曾饋賊食物者，減死。〔註102〕仁宗時有二例也是處斬賊首，其餘賊黨則予以輕貸。如慶曆七年（1047）磔妖賊王則，其餘賊人受朝廷的招安，並赦其罪。由此可見，宋自仁宗以前，對於首惡的盜賊，不但處以極刑，還偶有磔、棄市等法外酷刑出現，以收遏阻盜賊之效。

神宗時有九例，哲宗有三例。神宗的九例當中，有二例爲謀叛罪，謀叛罪因爲有危及政權的可能性，因此在盜賊律當中都是唯一極刑。其餘有三例和哲宗的二例，盜賊成員均屬少數民族，涉及宋治理少數民族的政策問題，故不能與地方盜賊的懲治方式一併看待，因此對這些少數民族的變亂，也都以招安來羈縻之。至於剩下的幾個例子，多爲斬首惡、徒黨輕貸。如元豐五年（1082）張世矩等人在豐州作亂，張伏誅，但黨人王安因其母年老無人奉養，神宗特免其罪。〔註103〕又哲宗元豐八年（1085）曹州趙倩等三名盜賊，因刑部用例特貸三人死罪，只判杖脊二十、刺面、配廣南地充軍，由於史料未說明刑部用例的內容，我們不得而知趙倩等三人是在何種情況下可獲免死，但由這個例子可以看到，此時已注意案件審理的成例，並有依例判刑的情形。

徽宗有六例，其中有一例謀反的重罪，按例處死。有一例爲懲首惡，其餘徒黨或捕殺，或論罪，或輕釋，則視當時案例不同狀況而定，並無一定原

〔註99〕《長編》，卷4，乾德元年9月丙子，頁40上。
〔註100〕《長編》，卷12，開寶4年春正月癸亥，頁99下。
〔註101〕《長編》，卷21，太平興國5年2月戊辰，頁244上。
〔註102〕《宋史》，卷7〈眞宗本紀〉，頁134～5。
〔註103〕《宋史》，卷16〈神宗本紀〉，頁307。

則。如在宣和二年（1120）發生的方臘之亂，此亂係因徽宗徵發花石綱作爲宮廷建築的建材，許多政府的官吏，往來睦州採購木石。方臘爲睦州富家，不堪公家之勒索。時吳中一代地方正爲花石綱所擾，百姓流亡。方臘遂趁勢託宗教以爲號召，召集了一批亡命之徒，起兵作亂，自稱承天應命，號爲「聖公」。作戰初無弓矢甲冑，唯以鬼神咒語香煽惑，所到之處，燒殺劫掠，脅良民爲兵，旬日之間竟聚眾至數萬人，相繼陷青溪、睦州、歙州，一直攻至杭州，軍民死傷無數。方臘聲勢浩大、徒黨眾多，參與者亦有婦女、小孩，使官軍的捕殺增加許多困難，最後方臘伏誅，徒黨也有幾百人在收捕過程中慘遭殺害。在徽宗時其他案例中，有三起盜賊是受到招安，分別爲宋江、張萬仙與賈進，宋江等人數不多，但聲勢甚大，官軍數萬無敢與之抗者，〔註104〕故命知州張叔夜招降。後來也成爲說書人的題材，並成爲《水滸傳》的內容。張萬仙與賈進也各有五萬與十萬之眾，最後也是接受招安。可見在北宋末年，因朝政衰微，朝廷兵力不足，盜賊的軍力與數量若在官軍之上，朝廷也無法再以強硬的態度處理，才不得不用招安的方策，維持地方的安定。

接下來看看南宋的狀況。表4-3南宋對盜賊的處置，高宗即有五十例，其中接受招安者有三十例，其餘爲軍事征討，可見南宋初年招安與軍事征討爲平盜的主要政策。招安的盜賊也常有接受招安後又復叛，而後遭到征討的情形。征討後有的盜賊在過程中遭到捕殺，有的則是被捕後，首惡被斬，其餘則貸死，也有例子是直接被判充軍。而招安後的盜賊多半都加入軍隊當中戴罪立功，有的立功後，被授以鎮撫使之官職，有的則受招後，「補承信郎，充經略司」，〔註105〕繼續招捕盜賊，以收「以盜制盜」之效。

由招安和軍事征討之下盜賊處置的結果來看，征討後盜賊不是被殺，就是被捕後充軍，與招安後的狀況有天壤之別，可得知這也影響盜賊接受招安的意願。

孝宗時有十二例，接受招安者兩例。其餘多半爲首者皆死，其中尚有梟首等法外酷刑，與孝宗時期的「嚴盜賊法」有關。孝宗接受招安的例子，其一是少數民族的變亂，對少數民族以羈縻之，故多可見其懷柔的政策。另一例爲茶寇賴文政之亂，賴雖接受招安，但在降後被殺。茶葉稅捐是當時政府收入的大宗，茶民和茶商因不堪重稅，群起反抗。賴文政起事，重創官軍，

〔註104〕《宋史》，卷351〈侯蒙傳〉，頁11114。
〔註105〕如海賊柳聰，受招後被任命後，在海上招捕盜賊。見《建炎以來繫年要錄》，卷61，紹興2年12月12日庚申，頁1046。

南宋政府於是任命辛棄疾爲江西提點形獄，辛棄疾到任後，組訓當地的民兵，扭轉了官軍的劣勢，進擊茶商軍，誘降賴文政並在其降後殺之，至於賴文政的黨羽則接受招安。〔註106〕

寧宗有十二例，有三例爲招安，一例貸死，一例爲地方官審理盜賊時，發覺其中一位爲從犯故而替他翻案而減死。〔註107〕其餘均爲伏誅。在招安的三例當中，除一則史料不明，無法進一步了解外，一爲鄂州李孟作亂，一爲黑風峒羅世傳作亂，兩者一爲聲勢浩大，一爲少數民族，官軍難以平定，只好一邊採取招安方式安撫籠絡，一面又嚴加追捕，才平定亂事。理宗的兩例，則爲首惡伏誅。

有些盜賊的發生，因爲迫於生計，或爲天災無以爲食，走投無路之下而觸法，因此針對此種情形也會有所矜貸。如因某些地區當年因天災，一般民眾爲了溫飽而群眾劫掠，對於這類的盜賊，被視爲情有可原，法當減刑。減刑的方式，是將盜賊原來流配的地區減等，如原本配至沙門島者，改配廣南。眞宗景德元年（1004）壽州飢民盜七十餘人，原依法當死，但因情理可矜，故詔「杖、黥面配牢城，首者隸五百里外，餘隸本州」。〔註108〕

又如天聖年間，陝西地區大旱，民劫倉廩，詔「非傷主者，減死，刺隸他州。非首謀又減一等」〔註109〕。自此開始，諸路若有災傷情事，即有降敕，而災民盜者也多獲矜減。如哲宗紹聖元年（1094）中書亦云：「聞河東路災傷所被甚廣，慮飢民爲盜，請河東路轉運司，災及七分處，盜罪至死，減等、杖脊、刺配牢城」〔註110〕。

災民爲盜雖情可矜，但法理畢竟難容，此種違法的不當行爲，一再輕貸反而使姦民有機可趁，且災傷情事亦可透過放糧或收容等救濟措施來改善。孝宗時嚴盜賊法，朝臣也上言不得加以輕貸：

> 臣僚言：於荒歉之年，飢民爲盜，有司往往縱釋不問，深慮滋長不已。因此，應禁亂極嚴，不宜加以輕貸。從之。〔註111〕

〔註106〕有關賴文政之亂的始末，可參見黃寬重，〈南宋茶商賴文政之亂〉，收入氏著《南宋軍政與文獻探索》（台北：新文豐書局，1990.7），頁141～161。
〔註107〕《宋史》卷408〈汪綱傳〉，頁12308。
〔註108〕《長編》，卷57，景德元年8月庚申，頁549下～50上。
〔註109〕《宋史》，卷200〈刑法志〉，頁4987。
〔註110〕《宋會要輯稿》，刑法6之20，紹聖元年2月27日，頁6689下。
〔註111〕《宋會要輯稿》，兵志13之26，乾道4年5月15日，頁6966下。

此外，儒家思想當中，認爲應以教化止姦化民，不應以刑律制約。因此有不少士大夫認爲重要的是使民不爲盜，才能根本解決盜賊問題。蘇頌云：

> 巡檢、縣尉，但能捕盜，而不能使人不爲盜，能使其不爲盜者，縣
> 令也。且民罹剽劫之害，而長官不任其責，可乎？〔註112〕

蘇頌的想法也是很多宋代士人的意見，法官在面對盜賊時，也會先教化感悟一番，看其是否已有改過向善之心，再來量刑。如太宗崔翰任職感德軍節度使，當地盜賊充斥，崔翰對盜賊們說了一番道理，使群盜感悟，而重歸農事，〔註113〕即不費一兵一卒，解決了境內治安不靖的狀況。又如神宗時劉攽任曹州知州，曹州爲重法地，盜賊不能止，攽曰：「民不畏死，奈何以死懼之？」其後量刑均尚寬平，反使盜賊衰息。〔註114〕南宋薛季宣於地方任官時，當地有盜魁鍾、吳二人，地方屢設方略欲捕而未得，後薛季宣派員向二人勸降，甚至爲他們購買田產，使其改業爲民，還成了地方上一段佳話。〔註115〕可看出宋人的法律制定雖有盜賊重法，但在執行上，多依盜賊情狀之不同而有輕重之別，或輕貸，或教化感悟，使得在盜賊的處置上沒有一致的標準。

其次，宋一代皆有外患侵逼的問題，在軍事力量上多有不足，而重文輕武的觀念又影響著宋代軍隊武人的素質。宋採取募兵制，但一般平民不願當兵，唯有無業的流民才會加入軍隊，軍隊素質不佳。自太宗開始，就將所擒獲被赦罪的盜賊，充軍效力。〔註116〕眞宗時通利軍有強盜三人，因未嘗殺人也被赦死，隸於軍中。〔註117〕仁宗時杭州小民「情稍不善者，不問法輕重，輒刺爲兵」。〔註118〕康定元年（1040）「揀諸路牢城及強盜惡賊配軍，年未四十、壯健者隸禁軍」〔註119〕。仁宗時洪州有所謂「歸化兵」，也是原爲盜賊流配後組成的軍隊。可知因盜賊藝高膽大，多半身懷武藝，體格壯健，對宋代武力不振的軍隊有所助益，故而盜賊被刺爲士兵的情形，在宋代屢見不怪。

〔註112〕《宋史》，卷340〈蘇頌傳〉，頁10861。
〔註113〕《宋史》，卷260〈崔翰傳〉，頁9027。
〔註114〕《宋史》，卷319〈劉攽傳〉，頁10388。
〔註115〕薛季宣，《浪語集》（四庫全書本，台北：台灣商務印書館，1986.7），卷35
〈宋右奏議郎新改差常州借紫薛公行狀〉，頁587下。
〔註116〕《宋會要輯稿》，兵志11之3，雍熙4年12月13日，頁6925上。
〔註117〕《長編》，卷59，景德年正月甲申，頁573下。
〔註118〕《宋史》，卷331〈沈邁傳〉，頁10652。
〔註119〕《長編》，卷127，康定元年4月壬子，頁1217下。

如神宗「得黠盜，刺爲兵」〔註120〕、高宗紹興年間多有海寇，朝廷遣官招捕，「盜多出降，籍爲兵」〔註121〕等。而有的出身盜賊任兵士後，果然勇力過人，戰無不勝，而成爲將領。如薛季宣云：

> 每念小人罪至流、徒以上，非勇悍則姦賊也。收之於軍，則使貪使愚之法可得而用。漢世募弛刑徒塞下，……有軍律以繩其悍戾，有師役以折服其心，使皆遷善嚮功，不復混於民伍。〔註122〕

如薛季宣所言，收罪犯刺爲兵的目的，是希望盜賊在軍中接受軍事訓練，使軍律約束其悍戾之氣，不但能將其勇悍用在上戰場殺敵之上，且能讓他們有改過向善的機會，進一步立下軍功，這也成爲宋代對於罪不該死或免死的盜賊的主要的處置原則。

另一項盜賊的處置方式，被廣泛使用的還有「招安」。此非常制，且常運用在聲勢較大不可制的盜賊上，尤其在南宋初年廣泛被使用。有如太宗云：「賊黨……今能歸順者，並釋其罪，倍與安存，所以明好生惡殺之心，亦所以舉懲惡勸善之典」〔註123〕。招安的目的也是在於勸其向善，希望給予盜賊改過自新的機會，另一方面，其實是官軍力不能敵，以招安來挽回朝廷的顏面的權宜措施。又如仁宗慶曆四年（1044）桂陽監鄧文志等蠻賊，因有悔過之意，「放罪招安」。〔註124〕至和元年（1054）閩人范二舉等數百人盜取私茶，因「久不能獲」，而招降之。〔註125〕神宗時信陽軍有妖黨群聚山谷間，減其罪而招之。〔註126〕熙寧十年（1077）爲禍百日的劫賊廖恩，不但受招免罪，還授官賜帶，相當優遇。〔註127〕南宋在孝宗以後，盜賊法已回到正軌，然時見招安情事。如淳熙六年（1179）有彊盜楊廣等九十八人，因皆少壯有膽氣、膂力勇健之士，便招安置於軍中，並詔「自今以後若有此類作過之人，不依前援例招收」。〔註128〕可見招安與否，仍取決於盜賊性質與聲勢而定。

此外，宋代有重中央輕地方的基本國策，使得地方軍隊在人力的質與量

〔註120〕《宋史》，卷344〈李常傳〉，頁10930。
〔註121〕《宋史》，卷284〈陳康伯傳〉，頁11808。
〔註122〕薛季宣，《浪語集》，卷16〈代論流配箚子〉，頁294上～下。
〔註123〕《宋大詔令集》，卷198〈禁約軍前勿殺脅從詔〉，頁732～3。
〔註124〕《宋會要輯稿》，兵志11之20，慶曆4年6月7日，頁6933上。
〔註125〕《宋會要輯稿》，兵志11之25，至和元年7月5日，頁6936上。
〔註126〕《宋史》，卷333〈盧士宏傳〉，頁10713。
〔註127〕《宋會要輯稿》，兵志12之5，頁6940下。
〔註128〕《宋會要輯稿》，兵志13之34，淳熙12年2月3日，頁6970下。

上都不及中央，要地方軍隊來鎮壓聲勢浩大的盜賊軍力也就有心無力。宋人不得不透過人民職役組成的弓手，或由當地士人組織的自衛武力，部分加入守禦的地方力量，來協助平定地方的盜賊問題，此又以南宋時期爲甚。〔註129〕亦可見其軍力問題，仍是宋人面對盜賊往往束手無策的主因。

北宋實行「重法地分」以來，以限定某些區域實行重法，企圖以重法懲治盜賊，南宋則是征討、招安並用，孝宗以後則嚴盜賊法。但由實際執法的狀況來看，北宋至南宋初年，因盜賊的性質不同，未按律懲治的狀況還是很多。如對飢民爲盜的矜免、聲勢大難平的盜賊以招降、賜官予以籠絡，使部分盜賊心存僥倖，對消弭盜賊問題並未達到實效。加之儒家對於盜賊問題的基本態度，多持有「德主刑輔」的看法，如范祖禹云：「自行法以來二十餘年，不聞盜賊衰止，但聞其愈多耳。……惟陛下無以教化爲不急，無以峻法爲足恃，則民皆可使爲善矣。」〔註130〕不少士人認爲應藉由清明的父母官在地方的教化和治績，來根本解決盜賊問題。故而北宋的重法地分政策到徽宗時已廢止，而南宋初年因有特殊政治背景，亦無法眞正看出盜賊重法的變化。

但就南宋孝宗以後的實例看來，在盜賊的審理則多符法令規定，至少對帶頭的首惡處以極刑，皇帝的恩恤與矜免也大量減少，對於心存僥倖的盜賊則有一定的遏止作用。

表 4-2　北宋史料所見之盜賊及其處置表

時　　間	地　　點	對盜賊之處置	資料來源	備　　考
太祖建隆 3 年		會亡卒數千人聚山澤爲盜，監軍使疑城中僧千餘人皆其黨，議欲盡捕誅之，居正以計緩其事，因率眾翦滅群寇，擒賊帥汪端，詰之。	《宋史》卷 264〈薛居正傳〉頁 9910	
乾德 4 年 12 月庚辰		斬張龍兒等二十四人。	《宋史》卷 2〈太祖本紀〉頁 25	妖人
乾德 5 年	西川都	賊帥康祚，磔於市。	《宋史》卷 274〈丁德裕傳〉頁 9354	

〔註129〕參見黃寬重，《南宋地方武力——地方軍與民間自衛武力的探討》（台北：東大出版公司，2002）。此類地方軍有辛棄疾在湖南自行籌措經費建立飛虎軍、陳敏於福建建立左翼軍等。

〔註130〕范祖禹，〈上哲宗乞除盜賊重法〉，《諸臣奏議》，卷 144，頁 5031。

開寶四年	開封府	捕獲京城盜賊，首惡二十一人棄市。	《長編》卷12開寶四年春正月癸亥，頁99下	
太宗太平興國5年2月戊辰	徐州	李緒等四十五人，斬為首七人，餘配遠惡處。	《宋史》卷4〈太宗本紀〉頁65《長編》卷21	妖人
太平興國6年9月丙辰	縣州	斬王禧等十人。	《宋史》卷4〈太宗本紀〉頁66	妖人
太平興國	感德軍	群盜為地方官感悟，歸於農畝。	《宋史》卷260〈崔翰傳〉頁9027	
太平興國中	南安軍	賊被捕，殺之。	《宋史》卷309〈楊允恭傳〉頁10160	
淳化4年2月丙戌	眉州	王小波中流矢死。眾推其黨李順為帥。磔李順黨八人。	《宋史》卷5〈太宗本紀〉頁92～94	
淳化5年8月	貝州	擒趙咸雍磔於市。	《宋史》卷5〈太宗本紀〉頁95	兵亂
至道2年11月辛卯	許州	賊首宋斌及餘黨皆斬於市。	《宋史》卷5〈太宗本紀〉頁100	
至道2年		賊酋喻雷燒被殺。	《宋史》卷257〈李繼昌傳〉頁8955	
太宗	耀州富平縣	卒劉偓嘯聚亡命數百人	《宋史》卷254〈侯延廣傳〉頁8884	
眞宗咸平3年甲午	益州	首王均被斬，其黨六千餘人被擒。除追捕忘命，其詿誤之民並釋不問。	《宋史》卷6〈眞宗本紀〉頁113；116《類編皇朝大事記講義》卷7〈盜賊〉，頁293	軍變
咸平4年月2日	益、利、彭州	賊被捕，斬。	《宋會要輯稿》刑法2之6，頁6484下	
咸平	澶、濮州	時有王長壽者，本亡命卒，有勇力，多計慮，聚徒百餘。朝廷遣使益兵，逐之澶、濮間。	《宋史》卷279〈許均傳〉頁9485	
景德4年7月甲戌	宜州	擒盧成均，斬陳進。其饋賊食物者，請追捕減死論，詔釋不問。	《宋史》卷7〈眞宗本紀〉頁134～5；卷272〈曹克明傳〉頁9317	兵亂
眞宗	龍門縣	群盜被斬	《宋史》卷262〈劉燁傳〉頁9074	
大中祥符中	晉、絳、澤、潞數州	賊被擒七十人。	《宋史》卷326〈王信傳〉卷10518	

仁宗慶曆 3 年 7 月	沂州	獲王倫，殺之。餘黨降。	《宋史》卷 11〈仁宗本紀〉頁 216	兵變
慶曆 7 年 11 月	貝州（恩州）	遣內侍以敕榜招安貝賊礠王則於市	《宋史》卷 11〈仁宗本紀〉	
神宗熙寧 7 年 5 月己酉	深州	陳膺、朱川皆斬，史亮、李信杖死，餘黨竝杖脊、分配編管。	《長編》卷 253，頁 2664 下	
熙寧 8 年 4 月	沂州	李逢、徐革陵遲處死，郝士宣腰斬。	《宋史》卷 15〈神宗本紀〉頁 288。《長編》卷 264，頁 2818	沂州民朱唐告發逢等謀反
熙寧 9 年 7 月癸亥	靜州	楊文緒病困，斬。張仁貴陵遲處死，妻子並依謀叛已上當法。	《長編》卷 277，頁 2944 上	楊為靜州州將，與仁貴謀叛
神宗元豐元年 5 月己丑	辰州	徭賊柳踏雪等二人，杖脊，刺配沂州，其餘羈留敘浦縣，多支口食，差人監視。	《長編》卷 289，頁 3065 上	
元豐元年 8 月乙巳	京西路	百姓許經村堡或官司自首，雖嘗驅掠作過，並釋罪。	《長編》卷 291，頁 3078 上	軍賊黃青等作過，部分百姓參與其中
元豐元年冬十月庚戌	岳州	為首者詹遇被斬。持杖助賊同劫者，並斬。為賊逼脅而掠財，借助兵仗窩藏之類，並決杖脊，量情刺配。本罪重者，自重罪，或為賊驅迫，齎持人口、財物，受賊贓不以告官之類，並決情重者，送五百里編管。	《長編》卷 293，頁 3092 下	
元豐 2 年 2 月辛亥	辰州	蠻賊中有自首者，貸其死。	《長編》卷 296，頁 3115 上	
元豐 5 年 3 月壬寅	昌化軍	符破結等九人犯持杖彊盜殺人罪，原應死，慮生黎疑懼，釋之。	《長編》卷 324，頁 3356 上	
元豐 5 年 5 月癸巳	豐州	張世矩等作亂伏誅。其黨王安以母老，詔特原之。	《宋史》卷 16〈神宗本紀〉，頁 307	
哲宗 元豐 8 年 7 月甲寅	曹州	刑部用例特貸趙倩等三人命，杖脊二十，刺面，配廣南遠惡充軍。	《長編》卷 358，頁 3640 下	
哲宗元祐 3 年正月辛酉	廣南西路	寬恤改過自新者，若反覆，則取首級掩捕。	《長編》卷 408，頁 4196 下	少數民族變亂

哲宗元祐 3 年 3 月甲申	融州	募人捕殺首惡人。	《長編》卷 409，頁 4215 下	少數民族變亂
徽宗大觀元年 5 月己丑	開封府	承議郎吳侔與妖人張懷素謀反，伏誅。	《宋史》卷 20〈徽宗本紀〉，頁 378	謀反
政和 6 年 7 月辛亥	晏州、沅州、定邊軍	諸盜卜漏、沅州黃安俊等伏誅。	《宋史》卷 21〈徽宗本紀〉，頁 396	
宣和 2 年 10 月戊辰	建德軍青溪	方臘伏誅。	《宋史》卷 22〈徽宗本紀〉，頁 406、408	妖人
宣和 3 年 2 月	淮陽軍	知州張叔夜招降淮西盜宋江等。	《宋史》卷 22〈徽宗本紀〉，頁 407	
宣和 7 年 2 月壬申	京東路	招安群盜張萬仙等五萬餘人。	《宋史》卷 22〈徽宗本紀〉，頁 415	
宣和 7 年 3 月甲申	海州	招降山東寇賈進等十萬人。	《宋史》卷 22〈徽宗本紀〉，頁 415	

表 4-3　南宋史料所見之盜賊及其處置表

時　　間	地　點	對盜賊之處置	資料來源	備　考
高宗建炎元年元月丁巳	兗州	李昱、張遇破任城縣，遣張俊討之，斬千人。	《建炎以來繫年要錄》，卷 1，頁 34	
建炎元年 3 月甲寅	汝州、潁州	遣鄜延經略使張深招降之	《建炎以來繫年要錄》，卷 3，頁 80	
建炎元年 5 月丁酉	隨州、郢州	招安	《建炎以來繫年要錄》，卷 15，頁 124	
建炎元年 5 月己亥	江寧	周德作亂，後受招，而擐甲乘城，殺掠如故。	《建炎以來繫年要錄》，卷 5，頁 128	
建炎元年 7 月戊戌	成都	東都宣武卒杜林伏誅。	《宋史》卷 24〈高宗本紀〉頁 446	謀叛
建炎元年 8 月戊午	杭州	軍校陳通等作亂，降榜招安亂兵。陳通後為王淵所誅。	《宋史》卷 24〈高宗本紀〉頁 447、450	
建炎 2 年元月辛亥	眞州	王淵招降張遇，以所部萬人隸韓世忠。	《宋史》卷 24〈高宗本紀〉頁 454	
建炎 3 年 8 月乙丑	京西	群盜犯京西，滕牧自襄陽遣使招之。皆聽命。	《建炎以來繫年要錄》，卷 26，頁 23	
建炎 3 年 11 月丁未	襄陽	有劇盜曹瑞，京西制置使程千秋遣人招之，屯於城下。	《建炎以來繫年要錄》，卷 29，頁 570	

建炎 4 年 2 月 甲午	鼎州	鍾相作亂，與其子和子昂為孔彥舟所擒。	《宋史》卷 26 〈高宗本紀〉頁 476、477	
建炎 4 年 6 月 辛卯	信州	妖賊王宗石等伏誅。	《宋史》卷 26 〈高宗本紀〉頁 479	
建炎 4 年 7 月 辛酉	建州	招安范汝為。詔補民兵統領。范汝為後復叛，自焚死。餘黨施逵除名，婺州編管；謝嚮、陸棠械赴行在。	《宋史》卷 26 〈高宗本紀〉頁 480、484、495	
建炎 4 年 10 月	建康府	劉洪道招降江東賊張琪。張琪復叛，伏誅。（頁 492）	《宋史》卷 26 〈高宗本紀〉頁 483	
建炎 4 年 11 月 丙寅	韶、惠州	盜王少八劫掠，捕其黨七十餘人，誅之。	《建炎以來繫年要錄》，卷 39，頁 742	
建炎 4 年	奉化	賊蔣琿乘亂為變，劫頤浩賔軍中，高宗以頤浩故，赦而招之。	《宋史》卷 362 〈呂頤浩傳〉頁 11322	
紹興元年 2 月 壬辰	順昌	余汝霖作亂，廖剛遣使招降之。	《建炎以來繫年要錄》，卷 42，頁 770	
紹興元年 5 月 庚申	順昌	余勝受招，補勝修武郎。	《建炎以來繫年要錄》，卷 44，頁 804	
紹興元年 6 月 丙戌	建州	建安民張毅等為盜，諭降之。	《建炎以來繫年要錄》，卷 45，頁 816	
紹興元年 6 月 庚寅	南康縣	賊吳忠與宋破壇、劉洞天作亂，聚眾數千人。破壇為魏彥圮所殺，南康縣丞焚賊寨、殺洞天。	《建炎以來繫年要錄》，卷 45，頁 818	
紹興元年 7 月 乙卯	江南	捕魚人夏寧聚其徒為盜，後有眾千餘，受劉千世招安。	《建炎以來繫年要錄》，卷 46，頁 825	
紹興元年 10 月 己巳	浙西	浙西安撫大使司統制官王德以黃榜招安水軍統制邵青。	《建炎以來繫年要錄》，卷 48，頁 858	
紹興元年 11 月 丁酉	福建、江東	榜諭群盜，赦其脅從者。	《宋史》卷 26 〈高宗本紀〉頁 492	
紹興 2 年正月 辛酉	江西	楊勍受招安，後又作亂，誅之。	《宋史》卷 27 〈高宗本紀〉頁 495	
紹興 2 年 2 月 甲子	鼎、澧、潭州	楊華復叛。詔立賞禽捕首領，赦貸脅從。	《宋史》卷 27 〈高宗本紀〉頁 495	

紹興 2 年 3 月壬辰	虔化縣	平虔化縣凶賊李敦仁。李敦仁補正修武郎閤門祇侯，其徒三十八人皆授官，分隸軍中。	《建炎以來繫年要錄》，卷 52，頁 915	
紹興 2 年 4 月	江西	趙進降。	《宋史》卷 27〈高宗本紀〉頁 497	軍賊
紹興 2 年 4 月丁亥	秦州	張榮進為盜久，朝廷聞榮與其部曲殺平民而取其貲，尋召榮入朝，復進官，遣還郡。	《建炎以來繫年要錄》，卷 53，頁 936	
紹興 2 年 5 月	洪州	韓世忠招降曹成，成聽命赴行在。	《宋史》卷 27〈高宗本紀〉頁 499	
紹興 2 年 8 月癸巳	南劍州	王元鼎捕殺順昌縣賊余勝。	《宋史》卷 27〈高宗本紀〉頁 499	
紹興 2 年 9 月戊辰	司空山	賊李通出降，以為都督府親軍統領。	《宋史》卷 27〈高宗本紀〉頁 500	
紹興 2 年 10 月	石陂	顏孝恭招降餘賊李寶等人。	《宋史》卷 27〈高宗本紀〉頁 501	
紹興 2 年 12 月庚寅	廣、福、雷、瓊、欽、高、南恩等州海上	海賊柳聰有舟數十，徒黨數百人。受招安，聰補承信郎充經略司海上招捕盜賊。	《建炎以來繫年要錄》，卷 61，1046	
紹興 3 年 5 月戊辰	嚴州	楊沂中招降賊繆羅等，捕斬其徒百人。	《宋史》卷 27〈高宗本紀〉頁 505	
紹興 3 年 5 月壬申	建昌軍	擒誅南豐縣賊魁黃琛。	《宋史》卷 27〈高宗本紀〉頁 505	
紹興 4 年 2 月丙戌	湖北	捕斬檀成。	《宋史》卷 27〈高宗本紀〉頁 509	軍賊
紹興 4 年 11 月癸亥	湖湘	揭黃牓招諭湖賊。賊將陳瑫降，楊太赴水死，餘黨皆降。得戶二萬七千，悉遣歸業。	《宋史》卷 27〈高宗本紀〉頁 513、521	
紹興 5 年 4 月庚申	澧州	山賊雷進據澧州之慈利縣，殺掠平民甚眾。詔進特補武功大夫，添差鼎州兵馬鈐轄。	《建炎以來繫年要錄》，卷 88，頁 1473	
紹興 5 年 8 月丙寅	廣州	海賊朱聰降，命補水軍統領。	《宋史》卷 27〈高宗本紀〉頁 521	
紹興 6 年 8 月 9 日		詔海賊鄭廣、鄭義補保義郎。廣、慶下海作過，朝廷遂給降告命，至是招安。	《宋會要輯稿》，兵志 13 之 8，頁 6962 下	

紹興 6 年 10 月庚申	廣東	廣東賊魯袞本爲軍士，去過盜後，受經略使季陵招安，以爲承信郎。	《建炎以來繫年要錄》，卷 106，頁 1726	
紹興 8 年 7 月庚辰	虔、吉州	遣御史持黃榜招諭，使之改過歸業，俟其不悛，然後戮之。	《建炎以來繫年要錄》，卷 121，頁 1963	
紹興 13 年 7 月丙寅	處州	兵士楊興等謀作亂，事覺伏誅。	《宋史》卷 30〈高宗本紀〉頁 559	
紹興 19 年 8 月辛未	浙東	刺諸州盜當配者充沿海諸軍。	《宋史》卷 30〈高宗本紀〉頁 570	
紹興 23 年 2 月庚午	虔州	欒軍賊黃明等八人于都市。	《宋史》卷 31〈高宗本紀〉頁 577	軍賊
紹興 23 年 8 月丙寅	成都	王孝廉謀叛，事覺伏誅。	《宋史》卷 31〈高宗本紀〉頁 578	謀叛
紹興 24 年 8 月 14 日	欒、衢州	詔俞八等七人處斬，并斬項念等六人，絞蘇伯世等五人。	《宋會要輯稿》，兵志 13 之 20，頁 6963	
紹興 28 年 4 月辛亥	衢州	嚴州賊江大明寇衢州，官軍捕斬之。	《宋史》卷 31〈高宗本紀〉頁 589	
紹興 30 年 5 月乙酉	諸路	詔諸路刺強盜貸死少壯者爲兵。	《宋史》卷 31〈高宗本紀〉頁 595	
紹興 30 年 5 月辛卯	高、雷州	海賊陳演添作亂，南恩州民林觀禽殺之，命觀以官。	《宋史》卷 31〈高宗本紀〉頁 595	
紹興年間	新宋縣	有道士莫六名善走，能晝夜行三百里，數犯法，亡命爲盜。募武士縛之。	《南澗甲乙稿》卷 21〈方公墓誌銘〉，頁 418	
孝宗隆興年間	秣陽	群盜充斥，使者檄公合巡尉兵討除之。	《南澗甲乙稿》卷 21〈中奉大夫提舉武夷山沖佑觀王公墓誌銘〉，頁 435	
乾道元年	郴州	郴州李金等乘眾奮起爲亂。……李金等數十人皆伏誅，其降者，公皆稱詔給據納兵，復故田宅蓋以千數。	《朱熹集》卷 97〈光祿大夫劉公行狀〉，頁 4954	
乾道元年	潭州湘陰縣	擒捕賊盜三十餘人，悉以便宜誅之，梟首於市。餘盜走，多溺死，其散入墟落者又爲村民縛以送府，又悉誅之。	《朱熹集》卷 97〈光祿大夫劉公行狀〉，頁 4948	

乾道元年 11 月 28 日	楚州	群盜蕭榮及徒黨應時擒獲，詔榮并賊首並梟于市，其餘徒黨依軍法施行。	《宋會要輯稿》，兵志 13 之 25，頁 6966 上	
乾道 4 年 8 月 7 日	高、藤、容州	兇賊謝實等嘯聚徒眾，縱火殺掠居民。斬謝實，并獲其黨謝達等六十二人，錮送靜江府處斷。	《宋會要輯稿》，兵志 13 之 26，頁 6966 下～7 上	
乾道 9 年	湖北	茶盜數千人入境，地方官揭榜諭以自新，盜果散去，存者以兵討之，盡擒以歸，誅首惡數十。	《宋史》卷 386〈劉珙傳〉，頁 11850	
乾道年間	潭州	窮山中有叢祠，愚民千百輩操兵會祭，且欲為亂。擒其魁桀以送州，而散其黨與，撤其廟。	《朱熹集》卷 89〈中奉大夫直煥章閣王公神道碑銘〉，頁 4573	
淳熙 2 年 4 月	湖北	茶寇賴文政轉入湖南、江西，命江州都統皇甫倜招之。其後賴文政被殺，餘黨接受招安。	《宋史》卷 34〈孝宗本紀〉頁 659	
淳熙 6 年 2 月 23 日	興州	招到疆盜首領楊廣等九十八人，係少壯有膽氣，置於軍中。	《宋會要輯稿》，兵志 13 之 32，頁 6969 下	
淳熙 6 年 3 月 乙亥	郴州	郴寇平，籍降寇，隸荊、鄂軍。	《宋史》卷 35〈孝宗本紀〉頁 670	
淳熙 15 年 2 月 23 日	汀州寧化縣	殺賊夏陳師.	《宋會要輯稿》，兵志 13 之 36，頁 6971 下	
紹熙 5 年	武岡軍,邵州	辰之溆浦蠻猺，侵邊作亂。開以大信，許之自新，迄無入境者。	《絜齋集》，卷 18〈侍御史贈通議大夫汪公墓誌銘〉，頁 296	少數民族
寧宗慶元 3 年 閏 6 月	廣東大奚山	島民為亂，掠商旅殺平民百三十餘人，錢之望（知廣州）盡執島民，戮之無噍類。	《續編兩朝綱目備要》卷之 5，頁 81～82	
嘉定元年 2 月	郴州	黑風峒寇羅世傳作亂，招降之。羅世傳補官，尋復叛。後為其黨所殺。	《宋史》卷 39〈寧宗本紀〉頁 749、756	少數民族
嘉定 2 年 11 月	沔州	統制張林等謀作亂，事覺，貸死除名，廣南羈管。	《宋史》卷 39〈寧宗本紀〉頁 754	

嘉定 2 年 11 月	郴州	黑風峒李元礪作亂，磔于吉州。	《續編兩朝綱目備要》卷之 11、12，頁 209、228	少數民族
嘉定 3 年正月	楚、衡、郴、吉州、南安	詔諸處盜賊，惟捕渠魁外，其餘脅從並行原貸，許以自新。	《續編兩朝綱目備要》卷之 12，頁 217	
嘉定 3 年正月甲辰		詔招諭群盜。	《宋史》卷 39〈寧宗本紀〉頁 754	
嘉定 3 年 3 月甲寅	楚州	誅渠賊胡海。	《宋史》卷 39〈寧宗本紀〉頁 754	
嘉定 4 年 3 月丙子	沔州	將劉世雄等謀據仙人源作亂，伏誅。	《宋史》卷 39〈寧宗本紀〉頁 754	謀亂
嘉定 4 年 11 月 8 日	鄂州	統制官深入賊巢，捕獲賊首李孟一，招安賊黨鍾安誠等。	《宋會要輯稿》，兵志 13 之 46，頁 6976 下	
嘉定 10 年閏 3 月癸亥	四川	興元軍士張福、莫簡等作亂，以紅巾為號。沔州都統張威引兵捕之，賊眾一千三百餘人被誅，莫簡自殺，張福降，伏誅。	《宋史》卷 40〈寧宗本紀〉頁 772、773	
嘉熙元年	常德軍	軍亂，捕首亂者七人戮諸市。	《宋史》卷 414〈董槐傳〉，頁 12429	
寧宗	台州	盜鍾百一非共盜，減死。	《宋史》卷 408〈汪綱傳〉，頁 12308	
理宗淳祐 2 年	湖南	峒民蔣、何三族聚千餘人，執縣令，殺王官。擒蔣氏父子及凶渠五人誅之。	《宋史》卷 410〈范應鈴傳〉，頁 12346	
理宗	永新縣	群盜嘯聚，擒為首者七人。	《宋史》卷 410〈范應鈴傳〉，頁 12345	

小　結

　　以北宋與南宋的盜賊重法來看，北宋實行的是以重法地分和盜賊重法結合的方式，南宋則是「嚴捕賊之令，重捕賊之賞」，實際執行「招安」與「軍事征討」的政策。宋律的律文，對盜賊的懲治相當嚴格，但因北宋時期某些地區盜寇迭起，當時又有外患侵邊，不得不以重法行之，因此推行「重法地分」。但就哲宗時范祖禹所言看來，重法地分並未收到嚇阻盜賊的效果。而南宋的盜賊重法，則是以招安、征討並進，針對官吏制定較嚴的收捕時限與賞罰規定。對某地的盜賊，採取重兵戍守、專一措置的方式。

由軍事戍守、鎮壓乃至征討,的確也對南宋的政局有著穩定的效用。在政治穩定後,孝宗時開始嚴盜賊法,對免死盜賊還要在額上刺大字,目的在於警示作用。

然而,我們也要提出的疑問是,爲何南宋未能延續北宋的政策呢?由於南宋的統治區域變小,中央集權的程度也較高,或許是因爲此故,不須強調重法地分。也可能是鑒於北宋重法地分的成效不彰,故採取募人捉殺與重賞並進的方式,而不再延續重法地分的政策。

懲治盜賊的效果不彰,主因仍是在於宋代的思想主流爲儒家思想,認爲重刑不足以懲姦止惡,防治盜賊的最好方法,在於政治清明、社會安定,人民自然安居樂業,不會爲盜作亂。如南宋著名的地方官眞德秀曾作有〈諭賊文爲招司作〉,裡面有一段是這樣的:

> 一朝被擒,如戮大豬,妻兒并命,財產掃地。不知區區,成得何事?
> 汝曹看此,賊豈可爲?何如及早悔罪來歸。聖上至仁,憐汝愚昧,
> 已降黃榜,赦汝之罪。但能改過,盡洗舊愆,父母可保,妻孥可全。
> 而況朝廷務守恩信,官資賞格,斷不汝吝,既免刑禍,又得顯榮。
> 何苦執迷,不自求生。〔註131〕

眞西山的諭賊文,雖有教化之意,但更兼帶有威脅利誘的意味。因此,宋代對盜賊的實際作法是,就算發生盜賊之亂,若非自立爲王、意圖叛亂者,仍然會赦免其罪,採取教化與利誘盜賊的方式,使之改過向善,並封官加賞,進一步加入軍隊,戴罪立功。

因此,宋代對於盜賊的處置,仍充滿了人治與對於刑律加以修正的特點。法律規定雖嚴,然而執行卻多以寬貸,難以達到原來立法的目的。如孝宗以後雖嚴盜賊法,但一個盜賊案例出現,朝臣們仍對是否對犯人處以極刑意見分歧。其中一位大臣說:「若皆置之死地,未必能禁其爲盜,盜知必死,將甘心於事主矣」,最後這個盜賊仍然逃過一劫。〔註132〕

盜賊的出現,雖然讓執政者頭痛,但另一方面,捕盜賊的將領,若因捕賊有功,不但得人望、擁兵權,這恐怕也是皇帝所在意的。如李覯之言:

> 夫群盜者,初不足畏,或數人,或數十人,或數火,或數十火,然
> 後以小合大,以近合遠,遂成千人萬人耳。雖然,此等亦安能成事

〔註131〕眞德秀,《眞文忠公文集》(四部叢刊本,上海書店,1989),卷40〈論賊文爲招司作〉,頁14左~15右。
〔註132〕《宋史》,卷400〈汪大猷傳〉,頁12145。

哉？賊殺既已甚矣，天誅所未及，於是乎有長材大力，假忠借義，

以討賊爲功，以要王爵，以歸民望。如孫堅父子，漸不可制。〔註133〕

嚴重的盜賊，會影響地方的安定。而地方軍事力量太大，又會威脅政權。兩難的抉擇，使宋人選擇實施「盜賊重法」，此法雖未能達到消弭盜賊的目的，但卻彰顯了宋代刑罰修正的特性。

〔註133〕李覯，《李覯集》（點校本，台北：漢京出版公司，1983.10），卷28〈寄上孫安撫書〉，頁309。

第五章　淫祠與左教禁令

　　政府對民間宗教的政策，並非單純的政教關係，而與國家統制力的強弱有關。因此，中國古代政權對宗教，亦抱持控制與干涉的態度。本章旨在探究宋代政府對民間宗教的政策，宋廷如何嚴厲禁制「淫祠」、「左道」，未列入國家祠典的淫祠，多屬左道惑眾，下令毀拆與取締。至於喫菜事魔等祕密宗教，則在徽宗發生方臘之亂後，遭到嚴厲的禁制與緝捕。

第一節　宋代的宗教政策

　　宋代的宗教政策，因皇帝個人的信仰態度或有不同，但大致而言，民間信仰有著神祕的色彩與模糊的教義，它不像佛、道教有著明確的教義與內涵，時見有道高僧與道士傳教宏法。相對來說，民間信仰欠缺這些因素，也缺乏具有影響力的人物（如皇帝或士大夫階級），因此政府對於民間基本上是採取崇佛道、控制民間宗教的政策。

　　民間信仰常對祭祀的對象立廟崇拜，以建立信仰的根據地。如果這些廟宇供奉的神祇有靈驗的事蹟，在地方產生相當影響力，即可透過地方上有力人士的申請，要求被列入國家的祀典之中。根據《禮記》所載，列入祭典的條件是「法施於民則祀之，以死勤事則祀之，以勞定國則祀之，能禦大菑則祀之。……及夫日月星辰，民所瞻仰也，山林川谷丘陵，民所取財用也，非此族也，不在祀典」〔註1〕。由以上說明可知列入祀典的神祇，必須是具備「法施於民」、「以死勤事」、「以勞定國」、「能禦大菑」等事蹟的人，或者是山林丘陵日月星辰之類的自然界景物，才能供人敬仰與崇拜。但以上說法，

〔註1〕《禮記》（十三經注疏本，台北：藝文印書館，1968）卷45〈祭法〉，頁802下。

僅爲列入祀典的原則，朝廷的祀典，還有其他的考量：如神蹟感應的靈驗程度、當地人民的反應、朝臣與皇帝的態度等。神宗熙寧 7 年（1074）詔：「應天下祠廟，祈禱靈驗，未有爵號者，並以名聞，當議特加禮命。內雖有爵號，而褒崇未稱者，亦具以聞」〔註 2〕，這是以神祇靈驗的程度給予賜封。又如孝宗隆興 2 年（1164）：「五嶽四瀆、名山大川及歷代聖帝明王、忠臣烈士、有功及民載於祀典者，並委所在官嚴潔致祭」〔註 3〕，顯示了宋代對列入祀典的標準。另如寧宗嘉泰 2 年（1202）「白雲菜」的道民沈智元，要求朝廷賜額的例子，則顯示朝臣的態度也會左右最後的結果。此事由於朝臣們認爲「白雲菜」的道民，爲食菜事魔的徒眾，朝廷若允諾沈的賜額，無疑表示朝廷承認食菜事魔的正當性，因此群起反對，最後寧宗聽從朝臣的建議，並未答應賜額。〔註 4〕

除了利用列入祀典來控制民間信仰外，宋廷對於祀典的神祇加以清查的工作，也相當注重。如哲宗紹聖 2 年（1095）朝臣黃裳建議：「天下州軍，籍境內神祠，略敘所置本末，勒爲一書，曰：某州祀典」，哲宗從其所議。〔註 5〕

又如徽宗政和元年（1111）詔：

> 太常寺、禮部，遍行取索纂類祀典。將已賜額，並曾封號者，作一等；功烈顯著，見無封額者，作一等；民俗所建，別無功德及物，在法所謂淫祠者，作一等。各條具申尚書省參詳可否取旨。其封爵未正，如屈原、李冰之類，豈有一身兩處？廟貌、封號不同者，宜加稽考，取一高爵爲定，悉行改正，佗皆放此。〔註 6〕

徽宗此詔是針對各地已賜額、封號的祠廟，再重新作一次清查，讓一些不符資格的祠廟，剔除資格，對於一些廟號與封號不同的神祇，也加稽考，以便修正。

列入祀典的廟宇，朝廷會對該廟所奉祀的神祇「加官爵」、「賜廟號」〔註 7〕。其原則亦是看其靈驗的程度，經過驗實後，太常寺將「祀典、神祇、爵號與封

〔註 2〕《宋會要輯稿》，禮志 20 之 2，熙寧 7 年 11 月 25 日，頁 751 下。

〔註 3〕《宋會要輯稿》，禮志 20 之 1，隆興 2 年 12 月 16 日，頁 751 上。

〔註 4〕見釋志磐，《佛祖統記》（《四庫全書存目·子部》，齊魯書社，1995.9），卷 49，頁 358 下。

〔註 5〕《宋會要輯稿》，禮志 20 之 9，紹聖 2 年 12 月 23 日，頁 755 上。

〔註 6〕《宋會要輯稿》，禮志 20 之 9，政和元年 7 月 27 日，頁 755 上。

〔註 7〕《宋會要輯稿》，禮志 20 之 7，徽宗建中靖國元年 3 月 24 日，頁 754 上。

襲、繼嗣之事當考定者」，〔註8〕上於禮部，由禮部來擬定廟額與爵號。封爵原本亦無定制，至徽宗大觀3年（1109）才詔「神祠封王侯、眞人、眞君，婦人封妃、夫人者，並給告賜額降勅。欲乞自今後每遇神祠封王侯、眞人、眞君、婦人之神封妃、婦人者，並乞命詞給告」〔註9〕，這才將封爵與賜額的相關規定確立下來。

擬定廟號與爵號後，交由祠部來審核其稱號是否合適，若沒有問題，則降勅賜號，若已有賜額者，才加封爵，其名號也是累進封制：

> 諸神祠無爵號者，賜廟額。已賜額者，加封爵，初封侯，再封公，次封王。生有爵位者，從其本，婦人之神，封夫人，再封妃。其封號者，初二字，再加四字。如此，則錫命馭神，恩禮有序，凡古所言，皆當於理。欲更增神仙封號，初眞人，次眞君。〔註10〕

這種封號累進的方式，也是依其神祇靈驗的事蹟來決定的，若神祇在賜額封爵之後，仍是靈蹟不斷，則再升高其爵位的等級。這種方式，將神祇世界也納入了政府管理的體系，除了關係神格的制定之外，目的也在於以國家的力量導正人民信仰。

列入祀典的神祠，朝廷令地方官員必須注意維護祠廟的完整與修葺事宜，〔註11〕以免毀壞不堪。根據《宋史》的記載，這種賜額、封號之事，多半發生在「熙寧、元祐、崇寧、宣和」之時，〔註12〕這是否也代表了這四朝的皇帝特別注重民間信仰與祠廟的功能呢？根據沈宗憲的研究，他認爲兩宋政府賜額動機與對象，因其目的不同，可粗分爲三階段：第一是北宋仁、英宗朝，賜額給佛道寺觀；二是神、哲、徽宗時期，以民間靈驗的祠廟爲對象；三是理宗朝爲殉國的文武官員立廟賜額。

第二階段的幾個皇帝，都有鼓勵禱祀的現象，因此他們以「靈驗」的程度，來作爲朝廷禮命的原則，那些原本在地方上就有一定地位的祠廟，又受到朝廷的賜封，更有推波助瀾的作用。〔註13〕

〔註8〕《宋史》，卷164〈職官志〉「太常寺」，頁3884。
〔註9〕《宋會要輯稿》，禮志20之8，大觀3年3月23日，頁754下。
〔註10〕《宋會要輯稿》，禮志20之6～7，元豐3年閏6月17日，頁753下～754上。
〔註11〕《宋會要輯稿》，禮志20之5，紹興32年6月13日，頁753上；又如禮志20之5～6，乾道8年正月3日，頁753上～下。
〔註12〕《宋史》，卷105〈禮志〉，頁2561～2。
〔註13〕見沈宗憲，〈宋代民間祠祀與政府政策〉，《大陸雜志》91卷6期，1995.12，頁25。

　　相對於未被列入祀典的廟宇，被視為擅自立廟的「淫祠」，政府則加以禁絕及取締。（詳見表 5-1）淫祠在民俗好怪的區域，相當普遍，如陳淳記載江南區域「上而州縣，下至閭巷村落，無不各有神祠」〔註14〕，而淫祠多半又與祕密宗教、巫覡之俗有關，因此對政權的危害更甚於其習俗，對於未列於祀典中的淫祠，皆勒令毀拆。如真宗大中祥符元年（1013），禁止宿州臨澳縣民，藉神異之名建廟，以免當地民眾群起盲信。〔註15〕又如天禧 3 年（1019），京畿路禁止太康縣民起妖祠，糾集民眾，命官員嚴加覺察，若有假託祭祀惑眾情事，為首者處死刑，餘犯黥面發配遠惡處。〔註16〕

　　仁宗也禁絕各地造作妖妄、建廟惑民的行為，如景祐元年（1034），禁止潭州妖妄小民以鬼神之名在街頭募款，建五瘟神廟的行為。〔註17〕至哲宗紹聖時期，進而對軍中立廟的行為，嚴立禁止：

　　　　諸軍營創立廟宇者，徒一年。稱靈異動眾者，加二等。廟宇未立，
　　　　各減二等。止坐為首之人，本轄將校節級不止絕，與同罪。〔註18〕
哲宗有鑒於有些軍士會互相轉告某處有神祠靈驗之事，對於風俗有害，又結成朋社，恐會影響軍中士氣與戰力，特頒禁令。

　　徽宗自身崇信道教，也相當注重民間神祇，當時也多有賜額及封爵之舉，相對的取締淫祠也嚴格許多。徽宗大觀 3 年（1109）詔，毀京城境內未列入祀典之淫祠，由開封府逮捕妖妄之人，並送鄰州編管。〔註19〕其後政和元年（1111），再度清查開封府內祠廟，未列入祀典者，嚴加取締，並毀拆一千多處祠廟。〔註20〕又於政和 6 年（1116），針對京師民眾扶箕，聚眾立堂情事，頒布詔令，首都內外每月兩次檢察，有扶箕器具和文字等物，皆行燒毀，犯者判處兩年徒刑，並刺配二千里；參與的官員勒停、千里編管。〔註21〕

　　南宋高宗的政策，是對於不在祀典的祠廟，盡行毀拆，以明教化，如紹興 16 年（1146），毀諸路之淫祠。〔註22〕此外，當時朝臣孫祖壽上疏，指湖

〔註14〕陳淳，《北溪字義》，卷下〈論淫祀〉，頁 34 右。
〔註15〕《續資治通鑑長編》，卷69，真宗大中祥符元年6月丁酉，頁 576 下。
〔註16〕《宋大詔令集》，卷 199〈禁金商等州祭邪神詔〉，頁 736。
〔註17〕《宋會要輯稿》，禮志20之12景祐元年9月25日，頁756下。
〔註18〕《宋會要輯稿》，禮志20之13哲宗紹聖5年4月5日，頁757上。
〔註19〕《宋會要輯稿》，刑法2之50徽宗大觀3年8月26日，頁6506下。
〔註20〕《宋會要輯稿》，禮志20之14～15，政和元年正月9日，頁757下～758上。
〔註21〕《宋會要輯稿》，刑法2之65，政和6年正月23日，頁6514上。
〔註22〕《建炎以來繫年要錄》，卷155紹興16年2月壬寅。

廣地區有殺人祭鬼之習俗、四川則有殺人祭鹽井等現象，建議這些淫祀行爲，朝廷應有更嚴格的執行政策。其後高宗時朝臣又建議：

> 欲望申嚴法令，戒飭監司州縣之吏，治之縱之，明示賞罰。增入考課令格，加之鄉保連坐，誥誡禁止，期於革心，毀撤巫鬼淫祠。從之。〔註23〕

孫祖壽的建議，是因爲當時雖有取締淫祠的基本政策，但執行上並不嚴切，以致高宗亦允所請，申嚴法令，以示朝廷禁絕之心。

南宋中晚期以後，在禁絕淫祠上資料不多。寧宗元年（1201），曾發生一件殺人立淫祠之事吳興當地民眾崇信殺人立祠，其人還可幻化爲神的說法，因此致使有四十多人因立祠而死。寧宗得知後，詔毀拆淫祠，「凡有人而自經者，以法戮屍；其父母兄弟妻孥不即諫正，與夫已殺人，而逼令自經，祠之以廟者，次第坐罪，徙之遠方」〔註24〕，以此來詔告鄉人，屍體被戮之人，如何還神？再以嚴刑峻法，連坐論罪。

這些被視爲「淫祠」的祠廟，有的奉祀的神祇，仍是先聖先賢，但屬私自立廟的性質，又妄塑形象，仍被列爲取締的對象。如南宋胡穎任職兩湖地區時，取締奉祀夏禹的祠廟。〔註25〕又如奉祀孔明的祠廟，因其地點「囂塵湫隘」，所塑之像「齷齪庸陋」，加以「妖神魑鬼，錯雜後先，田夫野老，裸裎左右」，非其所祭而祭之，亦被視爲淫祠，應行毀拆。〔註26〕

事實上這些取締淫祠的工作，雖然可以得到地方官的支持與配合，但仍無法杜絕，原因除了民眾對信仰的渴求外，皇帝自身的態度也是原因之一。皇帝對此也有興趣，往往尋求靈驗的祠廟來祭拜。如《宋史》載：

> 其他州縣嶽瀆、城隍、仙佛、山神、龍神、水泉江河之神及諸小祠，
> 皆由禱祈感應而封賜之，多不能盡錄云。〔註27〕

這些小祠，都是由於皇帝祈禱靈驗後加以封賜的，因此對於淫祠的取締，朝廷政策出現了自身的矛盾。

宋代對於民間信仰的政策，以對於敗壞習俗（如殺人立祠、信奉淫昏之

〔註23〕《宋會要輯稿》，禮志20之14，紹興23年7月21日，頁757下。
〔註24〕《宋會要輯稿》，刑法2之131～132，寧宗嘉泰元年9月19日，頁6547上～下。
〔註25〕《名公書判清明集》，卷14〈非勅額者並仰焚毀〉，頁541。
〔註26〕《名公書判清明集》，卷14〈先賢不當與妖神魑鬼錯雜〉，頁542～3。
〔註27〕《宋史》，卷105〈禮志〉，頁2562。

鬼者）的淫祠取締最爲嚴格。至於對於不列於祀典的祠廟，雖信奉的神祇爲先聖先賢，但仍會遭到毀拆的命運。但由表 5-1 兩宋取締非法祠祀行爲來看，宋代對於淫祠的取締，以嚴令禁止與逕行拆除最多，似乎認爲拆除淫祠，即可杜絕淫祀的行爲。

對於立祠人的懲處方面，徽宗大觀 3 年（1109）詔，毀京城境內未列入祀典之淫祠，由開封府逮捕妖妄之人，送鄰州編管。〔註 28〕又於政和 6 年（1116），針對京師民眾扶箕，聚眾立堂情事，頒布詔令：犯者判處兩年徒刑，並刺配二千里；參與的官員勒停、千里編管。〔註 29〕紹興 23 年（1153），鑒於取締淫祠的執行不力，以致高宗應朝臣所請，再次申嚴法令。〔註 30〕寧宗時有殺人立祠之事，寧宗詔毀拆淫祠，也立下罰則，「凡有人而自經者，以法戮屍；其父母兄弟妻孥不即諫正，與夫已殺人，而逼令自經，祠之以廟者，次第坐罪，徙之遠方」〔註 31〕。由此可見，徽宗時對立祠之人的法禁最嚴，但懲處卻不嚴切，以致於高宗時再度申嚴禁令。寧宗的嚴令懲治立祠者，更可印證宋廷對殺人立祠的淫祠懲處較重。

另外，由個別案例來看立祠人的懲處，陸游在一篇墓誌銘當中提及，建康府附近有一群人立淫祠，並與軍人串謀爲亂，在這些人當中，首惡問斬，其餘人等流嶺外。〔註 32〕這群人被懲重罪主要的依據是其串謀爲亂，等同於盜賊處理。仁宗時的名臣蔡襄所作的一篇墓誌銘當中，也提到墓主任職京兆府高陵縣時，當地立「神祠」，「以巫覡蓄神怪，日言禍福，簫鼓歌舞通晝夜，男女往來」，結果廟遭毀拆，「縛數十人，繩以嚴法」。〔註 33〕由於史料未言所謂的「嚴法」究竟爲何？因此難以追究。在其他的史料當中也多有毀拆淫祠的記載，但對立祠人的懲處則多語焉不詳。（見表 5-1）

宋廷對於民間信仰的態度，對於不列於祠典的「淫祠」加以禁絕，但執行上以毀拆淫祠爲主要方法，其目的表面上在於正俗化民，以國家的力量導正民眾的信仰，但實際仍爲管理民間信仰，以利政府的統治與政權的鞏固。

〔註 28〕《宋會要輯稿》，刑法 2 之 50 徽宗大觀 3 年 8 月 26 日，頁 6506 下。
〔註 29〕《宋會要輯稿》，刑法 2 之 65，政和 6 年正月 23 日，頁 6514 上。
〔註 30〕《宋會要輯稿》，禮志 20 之 14，紹興 23 年 7 月 21 日，頁 757 下。
〔註 31〕《宋會要輯稿》，刑法 2 之 131～132，寧宗嘉泰元年 9 月 19 日，頁 6547 上～下。
〔註 32〕陸游，《渭南文集》，卷 34〈尚書王公墓誌銘〉。
〔註 33〕蔡襄，《蔡襄集》，卷 39〈太常丞管勾安東安撫使機宜文字蒲君墓誌銘〉。

表 5-1　兩宋取締非法祠祀行為一覽表

時　間	地　點	內　容	資料來源
太祖		妖人張龍兒等二十四人伏誅。	《長編》，卷 7 乾德 4 年 12 月庚辰
太宗	夔州路	民尚淫祀，疾病不療治，聽命於巫。惟清始至，禽大巫笞之，民以爲必及禍。他日，又加箠焉，民不知神。	《宋史》，卷 267〈李惟清傳〉
太宗	邕州	俗好淫祀，輕醫藥，重鬼神，旻下令禁之。	《宋史》，卷 269〈范旻傳〉
眞宗		妖巫挾狐，爲人禍福，風俗尤信。（王）嗣宗至而逐之，盡塞其穴，淫祀遂息。	《長編》，卷 75 大中祥符 4 年正月辛巳
	廣州	任中師視事廣州，而廨有淫祠，中師遽命撤去之。	《宋史》，卷 288〈任中師傳〉
	南安軍	天禧中，守明州，市有花樓神，郡守初至皆謁奠，庚獨不屑……遂毀之。	《宋史翼》，卷 18〈李夷庚傳〉
仁宗	江南東路饒州餘干縣	毀淫祠，取其材以爲孔子廟。	《王臨川全集》，卷 88〈虞部郎中贈衛尉卿李公神道碑〉
	江南東路饒州	禁巫醫之罔民。	《王臨川全集》，卷 97〈廣西轉運使李君墓誌碑〉
仁宗	祥符縣	有巫以井泉飲人，云可治病。趨者旁午，李載杖巫，堙其井。	《宋史》，卷 333〈李載集〉
	梓州路	民俗病不醫，聽於巫，禁爲巫。	《宋史》，卷 300〈周湛傳〉
	川峽路峨眉縣	邊夷民事淫祠太盛，吳中復悉廢之。	《宋史》，卷 322〈吳中復傳〉
	開州	教以餌藥，盡投詭祠。	《王臨川全集》，卷 96〈虞部郎中君墓誌銘〉
	吳	公明列教條，其遵禮法，巫風頓革。	《琬琰集》，卷 1〈馬忠肅公亮墓誌銘〉
	夔峽州	尚淫祠，有疾不醫，事鬼神，禁止之，教以醫藥。	《宋史》，卷 304〈曹穎叔傳〉
	穎州	穎州之詭祠，有大帝號者，祠至百餘所，公悉除之，民大化服。	《元豐類稿》，卷 42〈虞部郎中戚公墓誌銘〉
	江南西路虔州	歲斂財祭鬼。	《宋史》，卷 98〈陳希亮傳〉
	衡州	其酋有挾左道者，人傳以爲能致風雨，官軍尤憚之，公誘以恩信，則率眾數百來自占。	《王臨川全集》，卷 88〈司農卿分司南京陳公神道碑〉
	武昌縣	禁抑淫祠。	《王臨川全集》，卷 94〈尚書司封員外郎張君墓誌銘〉
	歸州	州有淫祠曰巴王，歲夕殺人以祭，誠毀祠，投像於江。	《宋史翼》，卷 18〈趙誠傳〉

	寧州	俗喜巫，軍校以妖法，結其徒，夜半悉禽之。	《宋史》，卷262〈劉几傳〉
	高郵軍	拆除師巫之廟。	《宋會要》，禮志20之12，天聖3年4月23日
	潭州	拆除五瘟神廟。	《宋會要》，禮志20之12，景祐元年9月25日
	太康縣	詔如聞太康縣民有起妖祠以聚眾者，令開封府即加禁止。	《宋會要》刑法2之10，大中祥符3年3月18日
	撫州	（戚公舜臣）知撫州，州之詭祠有大帝號者，祠至百餘所，公悉除之，民大化服。	《曾鞏集》卷42〈虞部郎中戚公墓誌銘〉
	洪州	（劉公若虛）撤淫祠，禁巫覡，教病者藥。	《蔡襄集》卷37〈尚書屯田員外郎贈光祿卿劉公墓碑〉
	雅州	雅州之俗右鬼神，而巫覡憑依禍福，勒民財以自利。君（王惟中）按祠廟之不在祀典者，投其像於江，撤屋材以補官舍，巫覡爲之易業。	《蔡襄集》卷38〈尚書主客郎中王君墓誌銘〉
	京兆府高陵縣	縣豪距縣二十里作府君神祠，以巫覡蓄蛇怪，日言禍福，蕭鼓歌舞通晝夜，男女往來，輸金繪木石爲之立廟，……君（蒲叔範）麾縛數十人，繩以嚴法，籍其材而夷其廟。	《蔡襄集》卷39〈太常丞管勾河東安撫使機宜文字蒲君墓誌銘〉
神宗	福建路	有巫託神能禍福人，致貲甚富。均焚像杖巫，出諸境。	《宋史》，卷355〈上官均傳〉
	虔州	其民多疫，民俗不知因。信巫祈鬼，乃集醫，作正俗方……盡籍管下巫師，得三千七百餘人，勒之，各授方一本，以醫藥爲業。	《獨醒雜志》，卷3
哲宗	荊、沔	俗用人祭鬼，回捕治甚嚴，其風遂革。	《宋史》，卷345〈王回傳〉
	永興軍路	他廟非典祀，妖巫憑以惑眾者，則毀而懲其人。	《宋史》，卷348〈張汝明傳〉
	虹縣	有縣吏僞言井蛇爲龍，水能愈疾。彥以蛇磔死，妖乃不興。	《宋史翼》，卷19〈黃彥傳〉
	江南東路饒州	俗好巫，病者寧死不服藥，悉論巫罪。	《宋史》，卷356〈蔣靜傳〉
徽宗	不詳	太平有爲五斗米道者，相傳能致雷雨，迕者立死，縣檄尉捕，尉辭，君不俟眾，躬造其廬，人爲君懼，卒禽之，置於法。	《浮溪集》，卷26〈左朝請大夫知全州汪君墓誌銘〉
	開封府	毀開封府神祠一千三十八區，遷其像入寺觀及本廟。	《宋會要》，禮志20之14
	河東路太原府	歲旱，巫乘此譁民，永杖巫，暴日中。	《宋史》，卷448〈郭永傳〉

	不詳	三茅山在其封內，不逞者憑藉爲非，凌蔑州縣，攟一切以法繩之，自是屏息。	《浮溪集》，卷 25〈直徽猷閣待制致仕蘇公墓誌銘〉
高宗	鼎州	有僧崇一居桃源以妖惑之道召致獄，民爭言僧有神術治之，將不利於公。之道不聽，獄具，流筠州，卒無能爲，民乃大服。	《宋史翼》，卷 10〈王之道傳〉
	兩浙路	巫以淫祀惑民。	《渭南文集》，卷 32〈朝散大夫陸公墓誌銘〉
	萬州	時有舞陽侯廟，時行至以嚮從高祖入關，萬年非嚮所至，必夷鬼所假，法不當祀，即日撤其祠。	《夷堅志》丙志，卷 25〈武陽侯廟〉
	徽州	息邪說，除淫祀。	《宋史》，卷 379〈李稙傳〉
	湖州	條境內淫祠次第除撤。	薛季宣《浪語集》卷 35〈宋右奏議郎新改，差常州借紫薛公行狀〉
孝宗	成都府	葺諸葛武侯祠、張文定公廟，夷黃巢墓，表賢癉惡以示民。有女巫蓄蛇爲妖，殺蛇，黥之。	《宋史》，卷 386〈王剛中傳〉
	不詳	不謁淫祠、勵風俗。	《宋史》，卷 437〈程迥傳〉
	福建路	沉淫祠神像，治罪。	《宋史》，卷 437〈廖德明傳〉
	鄂州	病者不藥而聽於巫，死則不葬而畀諸火，清之皆諭止之。	《宋史》，卷 437〈劉清之傳〉
	鄂州	劉清之請禁境內無得奉大洪山淫祠。	《朱熹集》，卷 79〈鄂州社稷壇記〉
	嚴州	尤惡世俗鬼神老佛之說，所至必屏絕之，蓋所毀淫祠前後以百數，而獨於社稷山川先聖賢之奉爲競競，雖法令所無，亦以義起。	《朱熹集》，卷 89〈右文修撰張公神道碑〉
		楚俗右鬼，其淫祠有曰潘仙翁者，歲時集會攪金鼓、執戈矛，迎而祭之，公命尉杜師撤屋毀像，收其兵刃，罪其倡者，眾然後定。	《朱熹集》，卷 90〈朝奉劉公墓表〉
	溫州	歲大疫，挾醫巡問，人給之藥，嚴巫覡誑惑之禁，全活者眾。	《絜齋集》，卷 13〈龍圖閣學士通奉大夫尚書黃公行狀〉
	建康府	妖人挾左道，與軍中不逞輩謀不軌，及公命捕爲首者，判斬之，而流其徒數人於嶺外，……斬像，焚其祠。	《渭南文集》，卷 34〈尚書王公墓誌銘〉
		妖人吳興居屬邑，有詔命捕。公求得善捕盜者唐青，厚資給之，且授以方略，遣行。……俄獲興以獻。	《渭南文集》，卷 37〈朝議大夫張公墓誌銘〉

	湖陰	俗尙妖祠，用人於淫昏之鬼，蹤跡詭祕不可詰。公閱他訟見民有橫死者，疑爲祭鬼，即命審覈，伏其辜，焚祠毀像，由是訖息。	《眞西山文集》，卷46〈朝散大夫知常德府鮑公墓誌銘〉
	湖州	民間或竊祠之，名「傷神」，惡少遂輕相讎殺不顧，公亟屏絕，死獄大減。條境內淫祠，次第除撤，會去郡而輟。	《呂東萊文集》，卷7〈薛常州墓誌銘〉
光宗	漳州	（朱熹）禁止私創庵舍及女道住持，以革風俗，禁以禮佛傳經爲名，男女晝夜混雜；禁以禳災祈福爲名，斂財。	《朱熹集》，卷100〈勸女道還俗榜〉
寧宗	浙西湖州	女巫仙遊夫人者，誑惑寓公，達於官府，則判其牒云：信巫不信醫，此愚俗之病，衣冠右族豈淪胥？淫祠不毀，蠱民亦甚。迺杖其人，而盡取其土木偶，投洪流中，及其他挾邪術惑民聽者，一切蕩刷無遺類，巫風遂息。	《絜齋集》，卷14〈祕閣修撰黃公行狀〉
	荊湖南路	焚祠毀像，籍巫祝之資以犒軍。	《鶴山先生大全集》，卷83〈知南平軍清江壎墳墓誌銘〉
	夔州路	左道惑眾	《鶴山先生大全集》，卷84〈中奉大夫知邛州李公駿墓誌銘〉
	常州	神廟有巫者執其柄，凡有病者致禱，戒令疾者不得服藥。……張悉撤去，擊碎諸像，杖巫而出諸境。	《夷堅志》，支戊卷3〈張子智毀廟〉
	嵊縣	昔有虎患，訛言謂虎久有神，變化叵測，或爲僧形，或若蝯蛆，倏忽莫可蹤跡。由禱於神，厚賞募人捕之，殄減無遺。	《宋史翼》卷14〈黃由傳〉
	吉州	楚俗尙鬼，有妖覡譚法祖假禍福惑於人，義山曰：此張角、孫恩之漸也，斬法祖，毀其祠。	《宋史翼》卷22〈李義山傳〉
	荊湖南路	武陵侯廟巫數十輩號「神老」，妖言惑眾，每迎奉水濟託言神不樂從橋入邑。……汝明諭眾曰：神欲民安不宜令民，濟水令與神分裡理幽明，神宜居寺舍，祭在誠不在物，其以蔬果奠神老眚災且令。	《宋史翼》卷22〈張汝明傳傳〉
	漳州	推朱文公遺意而善遵行之，始創惠民局以革襪鬼之俗。	《後村先生大全集》卷167〈龍學行隱傅公〉
理宗	兩湖	毀淫祠數千區。	《名公書判清明集》卷14〈巫覡以左道疑眾者當治，士人惑於異者方可責〉

	湖湘	毀郡縣淫祠，修崇南嶽祠、炎帝陵廟、忠屈大夫、賈太傅祠。	《後村先生大全集》卷 146〈忠肅陳觀文神道碑〉
		（眞西山）紐其不當祠者。	《後村先生大全集》卷 168〈眞西山文忠行狀〉
	袁州	毀淫祠，塞妖井。	《宋史》卷 414〈葉夢鼎傳〉
	吳縣	有妖人稱「水仙太保」，郡守王遂將使治之，子秀奮然請往，焚其廬，碎其像，沈其人於太湖，曰：「實汝水仙之名矣！」妖遂絕。	《宋史》卷 424〈孫子秀傳〉
	衢縣	都吏徐信興建祐聖觀，斂民財甚夥。未幾，詹寇作。信以致寇抵罪而死，民之奉祠，如故。特太守不復往。趙孟奎春谷始至，以祀典，亦往致敬，已而得堂帖，從前守陳蒙所申，命加毀拆，民投牒求免，而主祀祠黃冠，遇大蛇於道，謂神所憑，率民以禱，曰：果神也。……趙曰：此妖也以黃冠為惑眾，械繫於獄，繼取蛇，貯以大缶，加封閉焉。三日獄成，黃冠坐編置，而戮蛇於市，人咸壯之。	《癸辛雜識》後集卷〈谷斬蛇〉

第二節　民間的祕密宗教

　　宋代的祕密宗教相當盛行，傳播的區域各有不同。所謂的「祕密宗教」有很多不同的說法。「祕密宗教」又稱「左道」或「左教」，有著組織嚴密、行事詭異的特色。其名稱根據郭東旭的研究，認為有「明教」、「白衣道」、「吃菜事魔」、「白蓮宗」等不同的名號。〔註 34〕事實上祕密宗教屬於民間信仰的一種，它不被官府承認，未列入「祀典」之中，在史料當中也常被稱之為「淫祠」。〔註 35〕例如陳淳言：「江淮以南，自古多淫祀，以其在蠻夷之域，不沾中華禮義。……今去狄公未久，而淫祀極多，皆緣世教不明，民俗好怪。始者土居尊秩，無識者倡之，繼而群小以財，豪鄉里者輔之，下焉則里中破蕩

〔註34〕　見郭東旭，〈宋代祕密宗教與法禁〉，《宋史研究論文集》（河南大學出版社，1992），頁 413～415。

〔註35〕　宋代對於民間信仰的控制，反映在封賜神祇的行為上，以封賜神明來承認與獎勵，也透過封賜來駕馭民間的力量。經過朝廷封賜的神，被列在祀典當中，相對的未列入祀典當中的神的祭祀，則多稱為「淫祀」。這種封賜神明的行為，雖非宋代首創，卻在宋代普遍化。參見 Valerie Hansen, Changing Gods in Medieval China, 1127～1276。中譯本《變遷之神-南宋時期的民間信仰》由浙江人民出版社出版，1999.9.

無生產者，假托此哀斂民財，爲衣食之計。是以上而州縣，下至閭巷村落，無不各有神祠。」〔註36〕可以說明江南地區祕密宗教之盛，以及許多歹人假藉宗教之名，行斂財之實，以致民訟、民怨產生。

宋代的祕密宗教既有這些不同的名稱「喫菜事魔」、「明教」、「白雲宗」、「白蓮宗」，其中又以「喫菜事魔」最頻繁最爲普遍。「喫菜事魔」究竟屬於那一宗教？卻有著不同的說法。宋人方勺記載，「喫菜事魔，夜聚曉散者是也，凡魔拜必北向，以張角實起於北方，觀其拜足以知其所宗。」〔註37〕而葉夢得云：「近世江浙有事魔喫菜者，云其源出于五斗米，而誦金剛經。其說皆與今佛者之言異，故或謂之金剛禪，然猶以角字爲諱而不敢道也。」〔註38〕又如南宋時期的《名公書判清明集》當中吳勢卿的判文云：

> 白佛載於法，已成者殺；黃巾載於史，其禍可鑒。饒、信之間，小民無知，爲一等妖人所惑，往往傳習事魔，男女混雜，夜聚曉散。懼官府之發覺，則更易其名，曰我係白蓮，非魔教也。既喫菜，既鼓眾，便非魔教亦不可，況既係魔教乎？若不掃除，則女不從父從夫而從妖，生男不拜父拜母而拜魔王，滅天理，絕人倫，究其極則不至於黃巾不止。〔註39〕

由方勺與葉夢得的說法看來，「喫菜事魔」似乎指的是由漢代沿襲下來的「五斗米道」，即爲道教的一支。然南宋吳勢卿記載在饒、信州之間流傳的「喫菜事魔」，雖與黃巾之亂有關，但又有白蓮之名。宋人莊綽也曾提及：

> 事魔食菜，法禁甚嚴。有犯者，家人雖不知情，亦流於遠方，以財產半給告人，餘皆沒官。而近時事者益眾，云自福建，流至溫州，遂及二浙。睦州方臘之亂，其徒處處相煽而起。聞其法，斷葷酒，不事神佛祖先，不會賓客。死則裸葬，方殮，盡飾衣冠。
>
> 〔註40〕

由莊綽以上的描述，可知「喫菜事魔」又接近自唐代由波斯傳入中國的摩尼教，該教有裸葬之俗，不事神佛，拜日月，斷葷食。綜合看來，「喫菜事魔」

〔註36〕陳淳，《北溪字義》（百部叢書集成惜陰軒叢書本，台北：藝文印書館，1965）卷下〈論淫祀〉，頁 34 右。
〔註37〕方勺，《泊宅編》卷下，頁 236。
〔註38〕葉夢得，《避暑錄話》（叢書集成初編本，北京：中華書局，1985）卷下，頁 102。
〔註39〕《名公書判清明集》，卷之 14，〈痛治傳習事魔等人〉，頁 537。
〔註40〕莊綽，《雞肋篇》，卷上，頁 11。

似乎是採擇摩尼教或道教的教義、規儀的祕密宗教之泛稱，有可能是該祕密
教派結合了不同的教義，也有可能是記載者的區域不同，以致「喫菜事魔」
在不同的區域有不同的支派與名稱。如陸游云：

> 此色人處處皆有，淮南謂之二檜子，兩浙謂之牟尼教，江東謂之
> 四果，江西謂之金剛禪，福建謂之明教、揭諦齋之類，名號不一。
> 〔註41〕

又如同為喫菜事魔的「明教」，於溫州等地便有四十餘處佛堂。〔註42〕他們號
為「行者」，每年正月密日聚集眾人，男女夜聚曉散，念佛經與繪畫佛像，但
所尚佛號，多無明文記載，字音難以辨認，「委是狂妄之人，偽造言辭，誑愚
惑眾，上僭天王太子之號」〔註43〕。南宋陸游也說：「閩中有習左道者，謂之
明教」〔註44〕。

南宋嘉泰 2 年（1202）又有所謂「白衣道」的流行，臣僚上言：「比年以
來，有所謂白衣道者，聾瞽愚俗，看經念佛，雜混男女，夜聚曉散，相率成
風，呼吸之間，千百響應，江浙於今為盛，閩又次之」〔註 45〕。由此看來，
祕密宗教的名稱龐雜，教義也揉合了佛、道、摩尼等不同的教義，建立者也
有不同，如北宋末年創「白雲宗」的僧人孔清覺，因該教派食素，被稱之為
「白雲菜」，又有「以脩橋砌路，斂率民財，創立私庵，為逋逃淵藪」的犯罪
事實，於政和 6 年（1116）以傳習魔法之罪，發配至廣南。〔註 46〕又如「白
蓮宗」（又云白蓮菜）為南宋初年茅子元創立，要求信徒「修淨業，戒護生」，
其後茅子元被放配至江州。雖然這兩個宗派都是屬佛教一支，但因為食素、
鼓眾，「甚至第宅姬妾為魔女所誘，入其眾中，以修懺念佛為名，而實通姦穢」
〔註47〕，被官府認為是左教亂法，而將首腦流配至遠惡之地。

有些祕密宗教當中的為首者，「每鄉或村，有一二桀黠，謂之魔頭，盡
錄其鄉村之人姓氏名字，相與誼盟」〔註 48〕，建立了嚴密的組織，在江浙

〔註41〕陸游，《渭南文集》（四部叢刊本，上海書店，1989），卷 5〈條對狀〉，頁 8
　　　左。
〔註42〕《宋會要輯稿》，刑法 2 之 78，宣和元年 11 月 4 日，頁 6520 下。
〔註43〕《宋會要輯稿》，刑法 2 之 78，宣和元年 11 月 4 日，頁 6520 下。
〔註44〕陸游，《老學庵筆記》（叢書集成初編本，北京：中華書局，1985），頁 90 下。
〔註45〕《宋會要輯稿》，刑法 2 之 132，嘉泰 2 年 6 月 13 日，頁 6547 下。
〔註46〕見釋志磐，《佛祖統記》，卷 40，327 卜。
〔註47〕見釋志磐，《佛祖統記》，卷 40，頁 328 上。
〔註48〕李心傳，《建炎以來繫年要錄》，卷 76，紹興 4 年 5 月癸丑，頁 1249。

溪山等深僻鄉村，有些主首者密傳教，而有許多「願為徒侶之人，即輸錢上簿，聽其呼率」〔註 49〕，首腦號令民眾，或要求徒眾繳交教費，作為活動經費，來加強組織的凝眾力。當然，其中也有假藉宗教之名，私行斂財等違法事體。

　　祕密宗教的徒眾，多半以私置的祠廟為據點來集眾聚會，這些祠廟，即被執政者稱之為「淫祠」。宋代在地方上置私設佛堂、庵堂、齋堂、神壇等十分普遍，如徽宗時明教教眾在各處所建立的齋堂，單是溫州地區即有四十餘處。〔註 50〕他們對於組織內的紀律相當注重，如尊張角為祖的徒眾，其徒「雖死于湯鑊，終不敢言角字」〔註 51〕，對於組織的號召，信眾能馬上響應，聚會又以夜聚曉散、行事詭祕為原則，「平居暇日，公為結集，曰燒香，曰燃燈，曰設齋，曰誦經，千百為群，倏聚忽散」〔註 52〕，因此才易成為執政者的心腹大患。

　　在祕密宗教的流傳區域方面，北宋最早在仁宗時即有傳習妖教的「經社」，根據宋人張方平的記載，在京師附近、京畿東西路、河北地區，都有傳習妖教的里社，「自州縣坊市至於軍營，外及鄉村，無不向風而靡」，〔註 53〕有的以妖言惑眾，有的誦經聚會，有的起造淫祠。天聖 5 年（1027）劉隨以妖人之事上奏仁宗，提及先前在開封府捉到夜聚曉散人張子元等數百人一事，「命呂夷簡制勘決殺頭首六人，其餘免死，驚擾捕逐數月方安」〔註 54〕。在成都府左教也相當流行，如川、峽、益州等地仁宗景祐年間，因夜聚曉散、傳習妖法者遍及川峽，故下詔令能反告者賞錢五萬。〔註 55〕江南地區則妖教更盛，夏竦也指出洪州等地「皆於所居塑畫魑魅，陳列幡幟，鳴擊鼓角，謂之神壇」。〔註 56〕徽宗時方臘之亂，起自江南東路，擴及兩浙路。見表 5-2 宋代妖教及喫菜魔魔禁令表，可知北宋時祕密宗教流行的主要區域在開封府附近、成都府及江南地區，南宋時則盛行於兩浙路、福建路、廣南路、荊湖路、夔州路、川峽等諸路。

〔註 49〕　《建炎以來繫年要錄》，卷 63，頁 987。

〔註 50〕　《宋會要輯稿》，刑法 2 之 78，宣和 2 年 11 月 14 日，頁 6520 下。

〔註 51〕　《雞肋篇》，卷上，頁 11。

〔註 52〕　《宋會要輯稿》，刑法 2 之 130，慶元 3 年 9 月 1 日，頁 6546 下。

〔註 53〕　張方平，《樂全集》（四庫全書珍本，台灣商務印書館印行，1968），卷 21，頁 7 左。

〔註 54〕　趙汝愚編，《諸臣奏議》（台北：文海出版社，1960.5），卷 98 劉隨〈上仁宗乞逐去妖人張惠真〉，頁 3300～1。

〔註 55〕　《宋會要輯稿》，刑法 2 之 21，景祐 2 年 12 月 14 日，頁 6492 上。

〔註 56〕　趙汝愚編，《諸臣奏議》，卷 98 夏竦〈上仁宗乞斷袄巫〉，頁 3296～7。

第三節　左教禁令的制訂及執行

宋代對於祕密宗教的罰則，按照《宋刑統》的規定，在造祅言祅書條中指出：

> 諸造祅書及祅言者，絞。傳用以惑眾者亦如之。其不滿眾者，流參仟里。言理無害者，杖壹陌，即私有祅書，雖不行用，徒二年，言理無害者，杖陸拾。〔註57〕

以上的處理原則，是因爲祕密宗教結黨成群，其邪說惑眾，對政權的危害難測，因此處罰極重，但對於言理無害者，因仍有煽惑的疑慮，故杖六十。兩者的分際，主要在於結黨成群的祕密宗教有否作亂，若有起事，不但是妖言惑眾，尚有盜賊之實，有的甚至自立爲干，對於政權的威脅更甚，因此加以重罰。但對於單純的祕密結社，雖有禁令，但罰則相當輕。

宋廷對於「喫菜事魔」等祕密宗教的禁令，以徽宗宣和 2 年（1120）發生的方臘之亂爲分界點。〔註 58〕在此之前，依上所述《宋刑統》的罰則，懲處的方式端看其是否有造亂的事實，或有無假託鬼神爲惡。如太宗太平興國 5 年（980），溫州捕送養貓鬼咒詛殺人者鄧翁，鄧被腰斬，其親屬悉配隸遠惡之處。〔註 59〕又如仁宗景祐 3 年（1036），南劍州祅人託言鬼神，恐嚇民財，依法處死。〔註60〕仁宗天聖元年（1023），因知洪州夏竦言當地「左道亂俗，妖言惑眾」，因此仁宗下詔：

> 詔江南東西、荊湖南北、廣南東西、兩浙、福建路轉運司，自今師巫以邪神爲名，屏去病人衣食湯藥，斷絕親識，意涉陷害者，并共謀之人，並比類咒詛律條坐之。非憎嫉者以違制式論，其誘良男女傳教妖法，爲弟子者，以違制論。〔註61〕

由以上的詔令看來，仁宗時的禁令是針對以邪妄爲名，有「斷絕親識，意涉陷害」的事實者，坐以類咒詛律條，但對於左道等祕密集會，則沒有嚴格禁止。到了哲宗元祐 7 年（1092），開始有禁止夜聚曉散及傳習妖教：

> 刑部言：夜聚曉散，傳習妖教者，欲令州縣以斷罪告賞全條，於要

〔註57〕《宋刑統》，卷 18〈賊盜律〉「造祅書祅言」，頁 165。
〔註58〕見《宋史》，卷 22〈徽宗本紀〉，頁 406 載：「建德軍青溪妖賊方臘反，命譚稹討之」。
〔註59〕《長編》，卷 21，太平興國 5 年 2 月戊申，頁 243 下。
〔註60〕《宋會要輯稿》，刑法 2 之 22，景祐 3 年 6 月 15 日，頁 6942 下。
〔註61〕《長編》，卷 101，天聖元年 11 月戊戌，頁 963 下。

會處曉示，監司每季舉行。從之。〔註62〕

徽宗時期，方臘等人於睦州青溪縣起事，不但僭號改元，妄稱妖幻，招聚兇黨剽劫，殺害官軍幾千人，並陷睦州、歙州、杭州等地。〔註63〕方臘等徒黨不但行盜賊之實，另以妖妄之言惑眾，其黨眾當中亦有婦人、小孩，已是公然大規模的造反，對治安和政權都形成莫大威脅，由於聲勢浩大，引起官府高度重視。

宣和2年（1120）方臘之亂平定後，宋廷開始注意各地傳習妖教的狀況，尤其對於「喫菜事魔」，更爲嚴令禁止。如紹興11年（1141）引宣和3年（1121）詔令：

> 諸喫菜事魔，或夜聚曉散，傳習妖教者，絞；從者配三千里。婦女千里編管。托幻術者減一等，皆配千里，婦女五百里編管。情涉不順者，絞。以上不以赦降原減，情理重者奏裁。非傳習妖教，流三千里，許人告捕，至死者財產備賞，有餘沒官。其本非徒侶而被誑誘，不曾傳授他人者，各減二等。〔註64〕

這個禁令是因爲方臘之亂後，江浙地區喫菜事魔之徒「習以成風」，雖早有禁令，但州縣監司取締不力，〔註65〕導致事魔之人聚眾山谷，因此才修立重條，嚴申禁令。這個針對喫菜事魔的禁令，一直持續到南宋中期以後，成書於南宋後期的《名公書判清明集》當中蔡杭的判文，還曾經引用這條禁令：

> 按敕，喫菜事魔，夜聚曉散，傳習妖教者，絞，從者配三千里，不以赦降原減二等。又敕：諸夜聚曉散，以誦經行道爲名，男女雜處者，徒三年；被誘之人杖一百。又敕，非僧道而結集經社，聚眾行道，各杖一百。法令所載，昭如日星。〔註66〕

宣和3年之後的詔令，不但對「喫菜事魔」的教眾處以嚴刑。甚至到了紹興7年（1137），高宗下詔：將東南區域吃菜的民眾，「有妄立名稱之人」，都列入事魔之罪來懲罰。〔註67〕更爲嚴厲者，是其後又將結集立願斷絕飲酒及勸人食素者，也網羅入罪：「爲首人從徒二年斷罪，鄰州編管」〔註68〕、「爲人圖

〔註62〕《長編》，卷477，元祐7年9月丙午，頁4804上～下。
〔註63〕《宋會要輯稿》，兵志10之16，宣和2年11月，頁6913上。
〔註64〕《宋會要輯稿》，刑法2之112，紹興11年正月17日，頁6537下。
〔註65〕《宋會要輯稿》，刑法2之81，宣和3年閏5月7日，頁6522上。
〔註66〕《名公書判清明集》，卷之14〈蓮堂傳習妖教〉，頁535。
〔註67〕《宋會要輯稿》，刑法2之112，紹興7年3月24日，頁6537下。
〔註68〕《宋會要輯稿》，刑法2之113，紹興30年7月20日，頁6538上。

畫妖像及傳寫、刊印妖妄經文者，并從徒一年論罪」〔註69〕，從這些重申的禁令，及不斷加重刑度與擴大處分範圍的刑罰來看，政府管制法禁愈來愈嚴厲，但似乎仍無法禁絕祕密宗教的集會。由於有些食菜之民，是因家境貧困不得不食菜，或出於不忍殺生的宗教教義所致，故南宋初期的禁令，也引起部分士人的不同意見。如陸游云：「但稱吃菜者，豈非以苟治以事魔之罪？」〔註70〕

　　這種以食菜者爲左教徒眾的認定，一直到南宋中晚期仍存在。如寧宗嘉泰 2 年（1202），白雲菜的道民沈智元要求朝廷賜額，但朝廷認定白雲菜的道民爲食菜事魔的徒眾，朝臣們認爲若允諾沈的賜額，無疑表示朝廷承認食菜事魔的正當性，期期以爲不可：

> 智元僞民之魁，左道惑眾，揆之國法，罪不勝誅。道人私庵，合照前降指揮拆除，今智元又敢妄叩天閽，玩侮朝廷莫此爲甚！……今此曹若不防閑，何所不至？欲下臨安府，將智元等重行編竄，籍其物業，以爲傳習魔法、玩視典憲者之戒。寄居勢家，認爲己產，蓋庇執占者，臺諫指名以奏。〔註71〕

最後寧宗聽從朝臣的建議，並未應允賜額。而從以上這個例子可知南宋對喫菜事魔的政策與態度，至南宋中晚期仍未改變。

　　針對以上所述，宋代對於祕密宗教的禁令，是自北宋中期以前的寬弛到宣和以後的嚴禁，舉凡傳習妖教、喫菜事魔、夜聚曉散等祕密集會，均在禁止之列。（參見表 5-2）對於祕密宗教與叛亂行爲的結合，則以腰斬、梟首等特別酷刑誅殺首惡。此外，也採取以下的相關措施，以消亂於未發，防患於未萌。

一、獎勵告奸

　　由於祕密宗教行事詭祕，集會地點與組織不易爲人所知，因此宋廷以重賞方式，鼓勵一般人民密告，如捕獲徒黨，可得重賞。如宋仁宗景祐 2 年（1035），詔「能反告者，賞錢五萬，以犯者家財充」〔註72〕。北宋末年方臘之亂後，賞金也提高，南宋初年令能告發「結集立願斷絕飲酒爲首人，徒二

〔註69〕陸游，《渭南文集》，卷 5〈條對狀〉，頁 8 左～右。
〔註70〕陸游，《渭南文集》，卷 5〈條對狀〉，頁 8 右。
〔註71〕釋志磐，《佛祖統記》，卷 49，頁 358 下。
〔註72〕《宋會要輯稿》，刑法 2 之 21，景祐 2 年 12 月 14 日，頁 6492 上。

年，……許人告，賞錢三百貫」。〔註73〕寧宗嘉泰 2 年（1202），詔如告捕白衣道者，「支給賞錢一千貫」。〔註74〕以上皆是透過沒收犯人家財，充當賞金，鼓勵百姓告賞的方式，來覺察在一般民間的祕密宗教與集會。

二、懲罰官吏

提防地方官吏追捕祕密宗教的徒黨，不夠積極，或官員未能事先探查或防範，以致妖黨坐大、起事至不可收拾的局面，宋廷對於官吏也相當防範。仁宗時規定，凡有假託鬼神行騙者，縣官未能覺察，「即與沖替」。〔註75〕徽宗政和 4 年（1114）規定，「官吏對私置佛堂、道院、淫祀聚眾而不覺察者」，加等論罪。〔註76〕其後孝宗時又規定，凡有喫菜事魔、夜聚曉散之事，州縣巡尉未能覺察，「并置典憲」。〔註77〕然而，如此的罰則並非十分有效，如僅為地方上的祕密集會，而未有公然起事或叛亂行為者，仍然難被朝廷所悉知。

三、嚴連坐之法

對祕密宗教的徒黨，嚴格實施連坐之法。前述之規定與禁令的懲罰，均有首從之別。如仁宗時，發生的妖人王則之亂，徒黨也一併被抓，「被係者不可勝數」。〔註78〕北宋末年，方臘之亂的徒黨，也在事敗之後連坐，株連甚廣。南宋時規定，喫菜同事魔罪連坐，非徒侶被誑誘者，從徒二年半。〔註79〕

宣和 3 年（1121）的禁令，是否真能杜絕喫菜事魔之秘密結社？看來效果似乎有限。如此的嚴禁，仍無法禁絕祕密宗教，推究其原因約有下列幾項：

第一，祕密宗教結合佛、道及其他宗教的教義，以宣揚救人成道為宗旨，對於一般生活貧苦的社會大眾而言，具有相當的吸引力。信奉宗教，不但是因神明的靈驗能力，也是因人們的情感及對未來的希望，有個鮮明好寄託的對象。

第二，喫菜事魔的徒眾，具有組織性，他們的組織不但嚴密，且不易為外人所察知。高宗時任職起居舍人的王居正也認為，信徒之間常互相幫助，「一

〔註73〕《宋會要輯稿》，刑法 2 之 112，紹興 6 年 6 月 8 日，頁 6537 上～下。
〔註74〕《宋會要輯稿》，刑法 2 之 132，嘉泰 2 年 6 月 13 日，頁 6547 下。
〔註75〕《宋會要輯稿》，刑法 2 之 22，景祐 3 年 6 月 15 日，頁 6492 下。
〔註76〕《宋會要輯稿》，刑法 2 之 61，政和 4 年 2 月 5 日，頁 6512 上。
〔註77〕《宋會要輯稿》，刑法 2 之 120，淳熙 8 年正月 21 日，頁 6541 下。
〔註78〕《長編》，卷 163，仁宗慶曆 8 年 2 月丁酉，頁 1626 上。
〔註79〕《宋會要輯稿》，刑法 2 之 112，紹興 11 年正月 17 日，頁 6537 下。

家有事，同黨之人皆出力以相賑恤。蓋不肉食則費省，故易足，同黨則相親，相親故相恤，而事易濟。」〔註80〕因此在僻遠貧困的區域，如此互助相恤的組織，給予民眾很大的安全感與信賴感，故無法為官府禁絕。

第三，喫菜事魔的祕密宗教，往往位於僻遠山區，其徒黨蹤跡「詭祕難察，以故事未發作則無非平民，州縣雖欲根治，卻慮未必得實，別致騷擾生事」〔註81〕。因此地方官員或因循苟且，只求勿生事作過，沒有積極究察並行收捕的工作；或害怕勘察結果與實際不符，反導致多生事端，抱持著多一事不如少一事的心理，以致對於祕密宗教的勘察與平治無法得到實效。

第四，朝廷對於喫菜事魔之法過於嚴厲，就法令來看，對於其徒眾不但實行連坐之法，且一旦捕到，全家流放，連財產全部籍沒，故而徒黨「協心同力，以拒官吏，州縣憚之，率不敢按」〔註82〕。一個沒有退路、同心協力的團體，面對官吏的剿滅，表現出勇敢不懼死亡的態度，加上有婦人小孩參與其中，也使官府追捕人吏有所顧忌，投鼠忌器，以致難以弭平。

表5-2　宋代左道及喫菜事魔禁令表

時　間	區　域	內　容	來　源
仁宗天聖元年11月戊戌	江南東西、荊湖南北、廣南東西、兩浙路、福建路	詔江南東西、荊湖南北、廣南東西、兩浙、福建路轉運司，自今師巫以邪神為名，屏去病人衣食湯藥，斷絕親識，意涉陷害者，并共謀之人並比類咒詛律條坐之。非憎嫉者以違制式論，其誘良男女傳教妖法為弟子者，以違制論。	《長編》，卷101，頁963下。
景祐2年12月14日	益、梓、利、夔路	詔夜聚曉散、傳習妖法，能反告者，賞錢五萬，以犯者家財充。	《宋會要》，刑法2之21，頁6492上
慶曆8年3月4日		詔諸傳習妖教，非情涉不順者，毋得過有追捕。	《宋會要》，刑法2之9，頁6486上
哲宗元祐7年11月26日		州縣斷罪夜聚曉散傳習妖教者，告賞。	《宋會要》，刑法2之39，頁6501下

〔註80〕李心傳，《建炎以來繫年要錄》，卷76，紹興4年5月癸丑，頁1249。
〔註81〕張守，《毗陵集》（叢書集成初編本，北京：中華書局，1985），卷3，〈措置魔賊箚子〉，頁33。
〔註82〕莊綽，《雞肋篇》，卷上，頁12。

徽宗大觀 2 年 8 月 14 日	信陽軍	禁夜聚曉散傳習妖教及集經社香會之人,若與男女雜處,自合依條斷遣外,若偶有婦女雜處者,即未有專法。乞委監司,每季一行州縣覺察禁止,仍下有司立法施行,從之。	《宋會要》,刑法 2 之 48,頁 6505 下
政和 4 年 7 月 12 日		詔有司覺察夜聚集曉教眾並督責。	《宋會要》,刑法 2 之 63,頁 6413 上
政和 4 年 8 月 30 日	河北	禁河北傳習妖教之經文印皮石刻。	《宋會要》,刑法 2 之 64,頁 6513 下
宣和元年 4 月 1 日	滄州清池縣	夜聚曉散,男女雜處,互相作過,……仰本路州縣粉壁曉示,重立告賞,其爲首人於常法之外,當議重行斷罪。	《宋會要》,刑法 2 之 74,頁 6518 下
宣和 2 年 11 月 4 日	溫州	溫州等處……自稱明教,號爲行者,……私建無名額佛堂,每年正月內取歷中密日聚集。……仰所在官司根究指實,將齋堂等一切毀拆,所犯爲首之人依條施行外嚴立賞格,許人陳告。	《宋會要》,刑法 2 之 78,頁 6420 下
宣和 3 年閏 5 月 7 日	江浙	禁江浙喫菜事魔	《宋會要》,刑法 2 之 81,頁 6522 上
宣和 3 年	諸路	諸喫菜事魔,或夜聚曉散,傳習妖教者,絞;從者配三千里。婦女千里編管。托幻術者減一等,皆配千里,婦女五百里編管。情涉不順者,絞。	《宋會要》,刑法 2 之 112,頁 6537 上
宣和 3 年 8 月 25 日	諸路	詔諸路事魔眾眾燒香等人所習經文,令尚書省取索名件,嚴立法禁行下諸處焚毀。	《宋會要》,刑法 2 之 83,頁 6523 下
高宗紹興 2 年 10 月 29 日	浙東	溫、台村民多學妖法,號喫菜事魔,皷惑眾聽、刦持州縣。……近又有姦猾改易名稱,結集社會,或名白衣禮佛會,及假天兵,號迎神會,千百成群,夜聚曉散,傳習妖教,州縣坐視全不覺察,詔令……疾速措置收捉爲首皷眾之人,依條斷遣。	《宋會要》,刑法 2 之 111,頁 6537 上
紹興 3 年 4 月 15 日	徽、嚴、衢州	申嚴收捕傳受魔法之人。	《宋會要》,刑法 2 之 111,頁 6537 上
紹興 4 年 5 月 4 日	諸路	詔令禁止喫菜事魔。	《宋會要》,刑法 2 之 111,頁 6537 上

紹興 7 年 3 月 24 日	東南地區	禁東南民喫菜有妄立名稱之人，罪賞並依事魔條法。	《宋會要》，刑法 2 之 112，頁 6537 下
紹興 11 年正月 9 日	婺州東陽縣	詔有司悉心擒捕事魔之人。	《宋會要》，刑法 2 之 112 頁 6537 下
紹興 12 年 7 月 13 日		詔喫菜事魔、夜聚曉散、傳習妖教，情涉不順者，及非傳習妖教，止喫菜事魔，並許諸色人或徒中告首，獲者依諸色人推賞。……令州縣多出印榜曉諭，限兩月出首，依法原罪。	《宋會要》，刑法 2 之 112，頁 6537 下
紹興 20 年 5 月 27 日		申嚴喫菜事魔罪賞。	《宋會要》，刑法 2 之 113，頁 6538 上
孝宗淳熙 7 年 10 月 24 日	廣南諸郡	禁廣南諸郡師巫之傳習妖教。	《宋會要》，刑法 2 之 120，頁 6541 下
淳熙 8 年正月 21 日		臣僚言愚民喫菜事魔，夜聚曉散，非僧道而輒置庵寮……詔諸路提刑司嚴行禁戢，州縣巡尉失於覺察，並寘典憲。	《宋會要》，刑法 2 之 120，頁 6541 下～2 上

小　結

　　宋代的祕密宗教名稱眾多，以「喫菜事魔」為泛稱。除外還有「明教」、「白衣道」、「白蓮宗」等不同名稱。宋代對於祕密宗教的禁令，除了承唐律針對傳習妖教妖書的律文外，在宣和 3 年（1121）以後又頒布了更為嚴厲的禁令。禁令的重點是「嚴徒黨之連坐」，甚至連食素者也一併會受罰。祕密宗教神祕難測的色彩與行事作風，加上它嚴密的組織，成為執政者的心腹大患，因此才有著如此嚴格的禁令。依發佈禁令的時間先後來看，仁宗天聖元年（1023）詔令「禁江南東西、荊湖南北、廣南東西、兩浙、福建」等路誘良男女傳習妖法為弟子，〔註83〕其後到了哲宗元祐 7 年（1092）則詔令禁夜聚曉散、傳習妖教，則已不限區域。這似乎表示哲宗以後，夜聚曉散的集會與妖教傳習，已在各不同區域均有所發現，其後隨著方臘起事，禁令更趨嚴切，這是一個值得觀察的現象。

　　其次，雖然有這樣嚴厲的禁令，但仍未禁絕祕密宗教的組織。原因乃在於宗教信仰力量、以及祕密宗教自身的互助組織、徒眾的團結合作，信奉的徒眾們具有宗教信仰的堅定支持，也產生互恤的團體，對抗官軍的捕捉時，

〔註83〕《長編》，卷 101，天聖元年 11 月戊戌，頁 963 下。

致使官兵有所忌憚。因此官吏的失於捕察，也是造成難以禁絕的因素之一。朝廷雖訂有官吏的賞罰原則，然而官吏「多一事不如少一事」的心態下，敷衍了事，但求明哲保身，這才是禁令無法貫徹實施的原因。

　　此外，由宋代政府對民間宗教的禁令及政策的執行來看，宋廷利用祀典來控制宗教，一面「承認」靈驗祠廟的地位，對信眾展現「朝廷的恩澤」；一面壓制「淫祠」，可謂是兩面手法的運用。宋廷對民間宗教雖意欲控制，但並沒有制定防微杜漸的法令，而是等到亂事發生，才以嚴格的禁令遏止「妖教」的擴大。

第六章　結　論

本書所探討的「刑罰修正」有二個意義，一是在律文規定上，宋代與唐代相較之下所作的修正，另一個指的是在法律執行上的減輕刑罰，其目的是為了使案件的審理更符合情、理、法，以符合教化的目的，讓犯罪人有改過自新的機會。而在針對特殊狀況下的加重刑罰，則是為懲姦止惡，維護政權的穩定。

法制史的研究，不僅要探討律文的規定，也要注意執行層面的效果。以律文規定來看，唐宋之間的變化，是宋代的敕、令、格、式大量增加，作為對律的補充，就是一種修正。唐代編纂的重要成文法典《唐律疏議》的內容，為宋代所繼承。成文法典的建立與條文化，勢必削弱皇帝或法官的自由裁量權——他們必須依據法典來量刑，這點和皇權是相違背的，宋神宗以後，以敕令格式代替律的不足：「禁於已然之謂敕，禁於未然之謂令，設於此以待彼之謂格，使彼效之之謂式。……於是凡入笞、杖、徒、流、死，自名例以下至斷獄，十有二門，麗刑名輕重者，皆為敕。自品官以下至斷獄三十五門，約束禁止者，皆為令。命官之等十有七，吏、度人之賞等七十有七，又有倍、全、分、釐之級凡五等，有等級高下者，皆為格。表奏、帳籍、關牒、符檄之類凡五卷，有體制模楷者，皆為式」。〔註 1〕在相當程度上，重視個案判決的「判例」，而非普遍適用的規則，則可以彌補法典化下侵犯皇權的缺憾。

此外，「盜賊重法」的實施、對左教的禁令，都顯現出宋代法制不同於唐代之處，及其執行上的修正。以「盜賊重法」來說，北宋時期以「重法地分」來嚴懲盜賊，顯示出某些區域盜賊問題的嚴重性；南宋時期以軍事戍守、鎮

〔註 1〕　《宋史》，卷 199〈刑法志〉，頁 4964。

歷爲主，加上嚴懲盜賊的政策（刺配法、連坐、累犯加重等）。本書的探討，則發現宋人的確對盜賊問題相當頭痛，因此創立了盜賊重法，對盜賊處以重刑，以遏止盜賊猖獗，這的確是歷代少見的現象。這些禁令都呈現于已然的刑罰處理原則，而欠缺防微杜漸的計劃。仁井田陞曾經說中國法律的基點是「罪刑法定主義」，目的是詳細規定法律以防犯法的行爲，〔註2〕可以說明這個現象。

在法律執行的層次上，宋代皇帝也有著寬赦以示恩德的傾向，加上皇權提高，皇帝的寬恤僅管與律文違背，但官僚制度卻無法提出異議。宋代在法制史當中的特徵，常被學者們提出探討的是官吏犯贓罪的輕判這個問題。宋廷對於官吏的貪贓罪懲治愈來愈輕，可以說是宋代對於「刑不上大夫」與過度尊重文人的結果。但就中國在宋代以下皇權化上升的傾向來看，這種集權式的君主專制發展結果，使得執政者注意的是：官吏在公共和私人之間犯罪的界限，國家會愈來愈重視官吏作爲執法與維持政權之下的功能性，而非官員本身的廉潔。而表現在法律上，就是隨事發敕及判例的重要性，這並不是說，原有的法典不再重要，而是實際法律的運作與執行上，敕令和判例更具備參考的價值。

本書提出討論的重點，綜合如下：

刑罰修正的背景，是因爲宋代的歷史背景與社會、經濟環境，宋代土地頻繁轉移，宋人對於自身權益的重視，加之懲以五代藩鎭割據之弊，太祖行使中央集權、強幹弱枝的政策，宋廷必須不斷增加敕令來適時應變，以符合需要，而儒家文化、無訟與教化的影響、皇權的上升，也都造成刑罰的減輕或加重。皇帝有時寬貸，有時完全沒有依循的原則，而憑藉上意做出最後的裁決。

第二，宋代法律減輕的原因有四點：犯罪人的年紀；八議及官吏的特權；皇帝的恩赦；宗教與孝道上的特殊原因。宋代的恩恤以皇帝赦降的比例來看，是較高的。但是皇帝仍相當重視官員集議的意見，對於重要有爭議性的案件，皇帝會下詔由幾位相關大臣負責集議，其結果送交皇帝參考酌決。宋代皇帝視恩赦爲示皇帝恩德的機會，因此這也是另一種彰顯皇帝權力的方式。

第三，宋代的刑罰以盜賊重法伴隨著重法地方的施行，爲其特色。唐代晚期開始，即有對盜賊罪加重的傾向，宋代的盜賊罪加重，也是持續晚唐的

〔註2〕 參見仁井田陞，《中國法制史研究》（東京大學出版，1959），頁172～175。

影響。在宋代的盜賊罪的執行上，雖有加重懲治盜賊，但也行使「招安」及「刺爲兵」的政策，加以修正。因此，盜賊重法對懲治盜賊並無得到極大效果。

　　以上的幾點，都呈現出共同的現象：（1）皇權的提高。（2）宋代不編纂新的法典，而承繼唐代的法典，以敕令格式與判例來補律文的不足，隨處增敕的結果使得詔令混亂。（3）重中央輕地方的特色，形成地方治安不佳，無有效軍力可用，只好藉由盜賊爲兵、招安盜賊將領來處理，以致重法地分僅在北宋施行，南宋以後不復見。南宋透過敕令申嚴禁令以防犯法，〔註3〕但却無法在執法（捕捉、判決）上與法規相互配合，成爲宋代治安面臨的挑戰。

〔註 3〕 參見仁井田陞，《中國法制史研究》（東京大學出版會，1959），頁 172。

參考書目

一、基本史料

（一）經部

1. 《公羊傳》，《十三經注疏》本，台北：藝文印書館，1965 年。
2. 《左傳》，《十三經注疏》本，台北：藝文印書館，1965 年。
3. 《孝經》，《十三經注疏》本，台北：藝文印書館，1965 年。
4. 《周禮》，《十三經注疏》本，台北：藝文印書館，1965 年。
5. 《論語》，《十三經注疏》本，台北：藝文印書館，1965 年。
6. 《禮記》，《十三經注疏》本，台北：藝文印書館，1965 年。

（二）史部

1. 不著撰人，《宋大詔令集》，北京：中華書局，1997 年 12 月。
2. 不著撰人，《睡虎地秦墓竹簡》，台北：里仁書局，1981 年。
3. 不著撰人，《名公書判清明集》，中國社會科學院歷史所點校，北京：中華書局，1987 年。
4. 不著撰人，《兩朝綱目備要》，北京：中華書局，1995 年 7 月。
5. 方萬里，《寶慶四明志》，宋元方志叢刊本，北京：中華書局，1990 年。
6. 王昶，《金石萃編》續修四庫叢書本，上海古籍出版社，1999 年。
7. 王欽若，《冊府元龜》，北京：中華書局，1989 年。
8. 王應麟，《玉海》，京東：中文出版社，1986 年。
9. 王溥，《五代會要》叢書集成初編本，北京：中華書局，1985 年。
10. 王溥，《唐會要》，北京：中華書局，1998 年 11 月。
11. 司馬光，胡三省注，李宗侗校註，《資治通鑑》，台灣：中華書局，1966 年。

12. 李心傳,《建炎以來朝野雜記》,叢書集成初編本,北京:中華書局,1985年。

13. 李心傳,《建炎以來繫年要錄》,北京:中華書局,1988年。

14. 李延壽,《北史》,二十五史點校本,北京:中華書局,1993年10月第五次印刷。

15. 李清臣,《琬琰集刪存》,台北:成文出版社,1971年。

16. 李燾,《續資治通鑑長編》台北:世界書局,1986年。

17. 沈家本,《歷代刑法考》續修四庫全書本,上海古籍出版社,1999年。

18. 阮元,《兩浙金石志》,石刻史料新編第一輯,台北:新文豐書局,1977年。

19. 周應合,《景定建康志》,宋元方志叢刊本,北京:中華書局,1990年。

20. 房玄齡等,《晉書》二十五史點校本,北京:中華書局,1993年10月第五次印刷。

21. 長孫無忌等修撰、劉俊文箋解《唐律疏議箋解》,北京:中華書局,1996年。

22. 施宿,《嘉泰會稽志》,宋元方志叢刊本,北京:中華書局,1990年。

23. 施諤,《淳祐臨安志》,宋元方志叢刊本,北京:中華書局,1990年。

24. 徐松輯,《宋會要輯稿》台北:新文豐書局,1976年。

25. 班固等,《漢書》,二十五史點校本,北京:中華書局,1995年3月第八次印刷。

26. 祝穆編,《方輿勝覽》,上海古籍出版社,1991年12月。

27. 袁桷,《延祐四明志》,宋元方志叢刊本,北京:中華書局,1990年。

28. 馬端臨,《文獻通考》,台北:商務印書館,1987年。

29. 梁克家,《淳熙三山志》,宋元方志叢刊本,北京:中華書局,1990年。

30. 脫脫等,《宋史》,二十五史點校本,北京:中華書局,1995年3月湖北第3次印刷。

31. 陳邦瞻,《宋史紀事本末》,上海古籍出版社,1994年7月。

32. 陳淳,《北溪字義》,惜陰軒叢書本,台北:藝文印書館,1965年。

33. 陳襄,《州縣提綱》,叢書集成初編本,北京:中華書局,1985年。

34. 陸心源,《宋史翼》,北京:新華書店,1991年。

35. 陸徵祥,《八瓊室金石補正》,石刻史料新編第一輯,台北:新文豐書局,1977年。

36. 趙汝愚編,《諸臣奏議》,台北:文海出版社,1960年5月。

37. 趙昇,《朝野類要》,叢書集成初編本,北京:中華書局,1985年。

38. 趙翼，《二十二史劄記》，台北：世界書局，1986 年 10 月第九版。

39. 劉昫，《舊唐書》，二十四史點校本，北京：中華書局，1996 新版。

40. 歐陽修，《新唐書》，二十四史點校本，北京：中華書局，1996 新版。

41. 潛說友，《咸淳臨安志》，宋元方志叢刊本，北京：中華書局，1990 年 5 月。

42. 鄭克，《折獄龜鑑》，上海古籍出版社，1988 年。

43. 蕭子顯，《南齊書》，二十五史點校本，北京：中華書局，1993 年 10 月第五次印刷。

44. 謝深甫等，《慶元條法事類》，海王村古籍叢刊本，北京：中國書店，1990 年。

45. 竇儀等，《宋刑統》，海王村古籍叢刊本，北京：中國書店，1990 年。

（三）子部（諸子、筆記、小說）

1. 方勺，《泊宅編》，叢書集成初編本，北京：中華書局，1985 年。

2. 王明清，《玉照新志》，上海古籍出版社，1991 年 2 月。

3. 王得臣，《麈史》叢書集成初編本，北京：中華書局，1985 年。

4. 王曾，《能改齋漫錄》，叢書集成初編本，北京：中華書局，1985 年。

5. 王闢之，《澠水燕談錄》，北京：中華書局，1997 年 12 月。

6. 王栐，《燕翼詒謀錄》，叢書集成初編本，北京：中華書局，1985 年。

7. 司馬光，《涑水記聞》，北京：中華書局，1997 年 12 月。

8. 朱彧，《萍洲可談》，叢書集成初編本，北京：中華書局，1985 年。

9. 吳自牧，《夢梁錄》，叢書集成初編本，北京中華書局，1985 年。

10. 呂本中，《官箴》，叢書集成初編本，北京：中華書局，1985 年。

11. 李心傳，《舊聞證誤》北京：中華書局，1997 年 12 月第 2 次印刷。

12. 俞文豹，《吹劍錄外集》，叢書集成初編本，北京：中華書局，1985 年。

13. 周去非，《嶺外代答》，上海：遠東出版社，1996 年 12 月。

14. 周密，《癸辛雜識》，北京：中華書局，1997 年 12 月。

15. 周密，《齊東野語》，上海：華東師範大學出版社，1987 年 5 月。

16. 周煇，《清波雜志》，北京：中華書局，1994 年 9 月。

17. 段成式，《酉陽雜俎》，叢書集成初編本，北京：中華書局，1985 年。

18. 洪邁，《夷堅志》，台北：明文書局，1982 年。

19. 胡太初，《晝簾緒論》，叢書集成初編本，北京：中華書局，1985 年。

20. 范公偁，《過庭錄》，叢書集成初編本，北京：中華書局，1985 年。

21. 范成大，《吳船錄》，知不足齋叢書本，日本中文出版社，1980 年。

22. 范致明，《岳陽風土記》，陶宗儀編《說郛三種》本，上海古籍出版社，1988。

23. 范鎮，《東齋記事》，北京：中華書局，1997 年 12 月。

24. 桓寬，《鹽鐵論》，北京：中華書局，1992 年 7 月。

25. 眞德秀，《諭俗文》，叢書集成初編本，北京：中華書局，1985 年。

26. 荀悅著，吳道傳校，《申鑒》，續漢魏叢書本，台北：藝文印書館，1965 年。

27. 袁采，《袁氏世範》，叢書集成初編本，北京：中華書局，1985 年。

28. 商鞅，《商君書》，台北：台灣古籍出版社，1997 年。

29. 莊綽，《雞肋篇》，北京：中華書局，1997 年 12 月。

30. 李公弼，《作邑自箴》，四庫全書本，台灣：商務印書館，1965 年。

31. 陸游，《老學庵筆記》，叢書集成初編本，北京：中華書局，1985 年。

32. 陸游，《放翁家訓》，叢書集成初編本，北京：中華書局，1985 年。

33. 陸游，《家世舊聞》，叢書集成初編本，北京：中華書局，1985 年。

34. 葉紹翁，《四朝聞見錄》，北京：中華書局，1997 年 12 月。

35. 葉夢得，《石林燕語》，北京：中華書局第二次印刷，1997 年 1 月。

36. 葉夢得，《避暑錄話》叢書集成初編本，北京：中華書局，1985 年。

37. 韓元吉，《南澗甲乙稿》，叢書集成初編本，北京：中華書局，1985 年。

38. 羅大經，《鶴林玉露》，北京：中華書局校點本，1997 年 12 月。

39. 釋志磐，《佛祖統記》，四庫全書存目本（子目），濟南：齊魯書社，1995 年 9 月。

40. 龔明之，《中吳紀聞》叢書集成初編本，北京：中華書局，1985 年。

（四）集部

1. 王安石，《王臨川全集》，台北：鼎文書局，1979 年 9 月。

2. 朱松，《韋齋集》，四部叢刊本，上海書店，1989 年。

3. 朱熹，《朱熹集》，四川教育出版社，1996.1。

4. 李覯，《李覯集》，台北：漢京出版公司，1983 年 10 月。

5. 汪藻，《浮溪集》，叢書集成初編本，北京：中華書局，1985 年。

6. 眞德秀，《眞文忠公文集》，四部叢刊本，上海書店，1989。

7. 張方平，《樂全集》，四庫全書珍本，台灣商務印書館印行，1968 年。

8. 張守，《毗陵集》，叢書集成初編本，北京：中華書局，1985 年。

9. 張耒，《張耒集》，北京：中華書局，1998 年 7 月。

10. 袁燮，《絜齋集》，四庫全書珍本，台灣商務印書館，1968 年。

11. 陳亮，《陳亮集》，台北：鼎文書局，1978 年 11 月。

12. 陳造，《江湖長翁集》，四庫全書珍本，台灣商務印書館，1968。

13. 陳傅良，《止齋先生文集》，四部叢刊本，上海書店，1989年。

14. 陸游，《渭南文集》，四部叢刊本，上海書店，1989年。

15. 曾鞏，《元豐類稿》，台北：世界書局，1984年3月再版。

16. 程顥、程頤《二程集·河南程氏遺書》台北：漢京文化公司，1983年。

17. 陽枋，《字溪集》，四庫珍本，台灣商務印書館，1968。

18. 楊時，《楊龜山先生集》，百部叢書集成正誼堂叢書本，台北：藝文印書館，1968年。

19. 廖剛，《高峰文集》。四庫全書珍本，台灣商務印書館，1968。

20. 薛季宣，《浪語集》，文淵閣四庫全書本·集部，台灣商務印書館，1986年7月。

21. 葉適，《水心先生文集》，四部叢刊本，上海書店，1989。

22. 劉克莊，《後村先生大全集》，四部叢刊本，上海書店，1989年。

23. 劉敞，《公是集》，叢書集成初編本，北京：中華書局，1985年。

24. 蔡襄，《蔡襄集》，上海古籍出版社，1996年8月。

25. 魏了翁，《重校鶴山先生大全文集》，四部叢刊本，上海書店，1989年。

26. 蘇洵，《嘉祐集》，四部叢刊本，上海書店，1989年。

27. 蘇軾，《蘇東坡全集》，北京：中國書店，1986年。

28. 蘇頌，《蘇魏公文集》，北京：中華書局，1988年9月。

29. 蘇轍，《蘇轍集》，北京：中國書店，1990年8月。

二、專書

(一) 中文

1.《中國歷史大辭典·宋史》，上海辭書出版社，1984年12月。

2. 中央研究院史語所主編，《中國近世家族與社會學術研討會論文集》，中研院史語所，1998年6月。

3. 白鋼、向祥海，《鍾相楊么起義始末》，山西人民出版社，1980年4月。

4. 仁井田陞，《唐令拾遺》，吉林：長春出版社譯本，1989年11月。

5. 王世宗，《南宋高宗朝變亂之研究》，台北：台灣大學文學院，1989年6月。

6. 王雲海主編，《宋代司法制度》，河南：河南大學出版社，1992年。

7. 布迪、莫里斯等（Derk Bodde and Clarence Morris），《中華帝國的法律》，江蘇：江蘇人民出版社，1995年8月。

8. 宋代官箴研讀會編，《宋代社會與法律<<名公書判清明集>>討論》，台北：

東大出版公司，2001 年。

9. 鄧廣銘，《王安石：中國十一世紀時的改革家》，北京：人民出版社，1979年。

10. 帥鴻勳，《王安石新法研述》，台北：正中書局，1982 年。

11. 沈宗憲，《國家祀典與左道妖異-宋代信仰與政治關係之研究》，台北：台灣師範大學史研所博士論文，2000 年 6 月。

12. 周天游，《古代復仇面面觀》，陝西：陝西人民教育出版社，1992 年 9 月。

13. 岳慶平，《中國人的家國觀》，香港：中華書局，1989 年 9 月。

14. 柳立言主編《宋元時代的法律、思想和社會》台北：國立編譯館，2001年 1 月。

15. 苗書梅，《宋代官員選任和管理制度》，河南：河南大學出版社，1996 年 6月。

16. 徐道鄰，《中國法制史論集》，台北：志文出版社，1975 年 8 月。

17. 馬作武，《中國古代法律文化》，廣州：暨南大學出版社，1998 年 5 月。

18. 高明士主編，《唐律與國家社會研究》，台北：五南出版社，1999 年。

19. 梁庚堯，《南宋的農村經濟》，台北：聯經出版社，1984 年再版。

20. 梁治平，《尋求自然秩序中的和諧—中國傳統法律文化研究》，北京：中國政法大學出版社，1997 年。

21. 梁治平，《法律的文化解釋》，北京：三聯書店，1994 年 10 月。

22. 郭東旭，《宋代法制研究》，河北：河北大學出版社，1997 年。

23. 陳寅恪，《隋唐制度淵源略論稿》，《陳寅恪先生文集》，里仁書局，1982年 9 月。

24. 陳顧遠，《中國法制史》，北京：中國書店，1988 年 4 月。

25. 滋賀秀三等，《明清時期的民間審判與民間契約》，北京：法律出版社，1998年 10 月。

26. 程民生，《宋代地域文化》，河南大學出版社，1997 年 8 月。

27. 黃宗智，《民事審判與民間調解：清代的表達與實踐》，北京：中國社會科學出版社，1998 年 5 月。

28. 黃寬重，《南宋地方武力—地方軍與民間自衛武力的探討》，台北：東大出版公司，2002 年。

29. 黃繁光，《宋代民戶的職役負擔》，台北：中國文化大學博士論文，1980年 10 月。

30. 趙曉耕，《宋代法制研究》，北京：中國政法大學出版社，1994 年 1 月。

31. 劉俊文，《唐代法制研究》，台北：文津出版社，1999 年。

32. 劉靜貞，《不舉子-宋人的生育問題》，台北：稻鄉出版社，1998 年 8 月。

33. 劉馨珺，《南宋縣衙的「獄訟」》，台北：台灣大學歷史所博士論文，2001 年 12 月。

34. 薛梅卿，《宋刑統研究》，北京：法律出版社，1997 年 11 月。

35. 戴裔煊，《宋代鈔鹽制度研究》，台北：華世出版社 1982 年 9 月。

36. 顧吉辰，《宋代佛教史稿》，河南：中州古籍出版社，1993 年 12 月。

37. 韓森（Valerie Hansen），《變遷之神——南宋時期的民間信仰》，浙江人民出版社，1999 年 9 月。

38. 瞿同祖，《中國法律與中國社會》，台北：里仁書局，1994 年 10 月。

39. 譚其驤，《中國歷史地圖集》第六冊宋遼金時期，地圖出版社，1982 年。

（二）日文

1. 大澤正昭《主張ずる愚民たち》東京：角川書店，1997 年。

2. 仁井田陞，《中國法制史研究》東京大學出版會，1959 年。

3. 仁井田陞《唐宋法律文書の研究》東京大學出版會，1983 復刻本。

4. 柳田節子《宋元社會經濟史研究》東京：創文社，1995 年 10 月。

5. 唐代史研究會編《中國律令制の展開とその國家・社會と關係》1984 年 6 月。

6. 梅原郁編，《中國近世の法治と社會》（京都大學人文科學研究所，1993 年。

7. 滋賀秀三《中國家族法の原理》，東京：創文社，1967 年。

（三）英文

1. Brian E.Mcknight, The Quality of Mercy: Amnesties And Traditional Justice , Honolulu: The University of Hawaii , 1981.

2. Brian E. Mcknight, "Law and Order in Sung China," Cambridge ; New York : Cambridge University Press, 1992.

3. Norbert Rouland, "Legal Anthropology, " Stanford University Press, California, 1994.

三、論文

（一）中文

1. 王平宇，〈從清明集看南宋地方官對待爭業訴訟的態度〉，《思與言》65 卷 2 期。

2. 王雲海，〈論宋代法制〉，《國際宋史研討會論文選集》， 河北大學出版社，1992 年 8 月。

3. 王德毅，〈宋代士大夫的道德觀〉，《簡牘學報》16 期，1997 年 1 月。

4. 王德權，〈唐律十惡規定的研究〉，《史原》15 期，1986 年 4 月。

5. 巨煥武，〈犯罪自首成立與否的大爭論〉，《政治大學學報》70 期下 1995 年 6 月。

6. 甘懷眞，〈中國中古期國家型態〉，《東吳歷史學報》創刊號，1995 年 4 月。

7. 白智剛，〈北宋州縣刑獄執行具體情況之探討〉，《宋史論文集》香港中大中國史研究會出版，1994 年 4 月。

8. 安國樓，〈宋代笞杖刑罰制度論略〉，《河南大學學報》31 卷 1 期，1991 年 1 月。

9. 朱瑞熙，〈宋代佃客法律地位再探索〉，《宋遼金元史》1987 年 6 月。

10. 朱瑞熙，〈宋代的刺字和文身習俗〉，《中國史研究》1998 年第 1 期。

11. 池田雄一，〈論中國古代法制的發展—中國古代的法和國家〉，《中國史研究》1989 年第 2 期。

12. 何忠禮，〈略論宋代士大夫的法制觀念〉，《浙江學刊》1996 年 1 月。

13. 吳天墀，〈王小波、李順起義考索二題〉，《宋史研究論文集》，浙江人民出版社，1984 年。

14. 李甲孚，〈唐律斷獄律與現行訴訟法-監所法的比較研究〉，《東吳法律學報》1 期 1976 年 11 月。

15. 沈宗憲，〈宋代民間祠祀與政府政策〉，《大陸雜誌》91 卷 6 期。

16. 季懷銀，〈宋代司法審判中的限期督催制度〉，《史學月刊》1991 年第 2 期。

17. 季懷銀，〈宋代刑訊制度論略〉，《宋史研究論文集》1992 年年會編刊，河北大學出版社，1993 年 12 月。

18. 林茂松，〈元代盜賊律〉，《政大法學評論》4 期，1971 年。

19. 林煌達，〈南宋吏員與例之關係〉，《中國歷史學會史學集刊》29 期，1997 年 9 月。

20. 李榮村，〈黑風峒變亂始末—南宋中葉湘粵贛間峒民的變亂〉，收入《史語所集刊》41 卷 3 期，台北：中研院史語所，1969 年 9 月。

21. 金中樞，〈宋初嚴懲贓吏〉，《宋史研究集》22 輯，國立編譯館，1992 年。

22. 姚大力，〈論元朝刑法體系的形成〉，《元史論叢》第三輯，北京中華書局，1980 年 1 月。

23. 柳立言，〈從法律糾紛看宋代的父權家長制-父母舅姑與子女媳婿相爭〉，《中研院史語所集刊》69 本第 3 分，1998 年 9 月。

24. 胡昭曦，〈宋初川峽地區的茶法與『販茶失職』〉，《四川大學學報》1980 年第 3 期。

25. 范家偉，〈復肉刑議與漢魏思想之轉變〉，《中國史研究》1996 年第一期。

26. 宮崎市定，〈宋元時代的法制和審判機構〉，《日本學者研究中國史論著選譯》（八），北京：中華書局，1992 年 7 月。

27. 徐道鄰，〈岳飛獄案與宋代的法律〉，《大陸雜誌》56 卷 2 期，1989 年 2 月。

28. 馬伯良（Brian E. Mcknight），〈從律到例：宋代法律及其演變簡論〉，收入高道蘊、高鴻鈞、賀衛方編《美國學者論中國法律傳統》，北京：中國政法大學出版社，1994 年。

29. 張偉仁，〈中國法制史分類標準及方法〉，《食貨》4 卷 12 期，1975 年 3 月。

30. 曹海科，〈試論北宋初年的法制與吏治〉，《蘭州大學學報》（社科版），1987 年 4 月。

31. 許懷林，〈宋代民風好訟的成因分析〉，《宋史研究論文集》第九屆年會編刊，河北大學出版社，2002 年 7 月。

32. 許懷林，〈財產期有制家族的形成與演變〉，《大陸雜誌》97 卷 2-4 期。

33. 郭東旭，〈略論宋朝法律文化特徵〉，台大歷史系主編《宋代社會文化史學術研討會論文集》，2000 年 10 月。

34. 郭東旭，〈宋代的訟學〉，《國際宋史研討會論文選集》，河北大學出版社，1992 年 8 月。

35. 郭東旭，〈宋代赦降制度〉，《宋史研究論叢》第三輯，河北大學出版社，1999 年 4 月。

36. 郭東旭，〈南宋的越訴法〉，《宋史研究論叢》第二輯，河北大學出版社，1993 年 9 月。

37. 郭東旭，〈論宋代法律中例的發展〉，《中日宋史研討會中方論文選編》，河北大學，1991 年 5 月。

38. 郭東旭〈論宋代防治官吏經濟犯罪〉，柳立言主編《宋元時代的法律、思想和社會》，台北：國立編譯館，2001 年 1 月。

39. 陳方正，〈法律的革命與革命的法律—西方法制史的二個對立觀點〉，《二十一世紀》，1996 年 8 月。

40. 陳金釗，〈簡析中國古代法典疏簡的思想〉，《史學月刊》1994 年第五期。

41. 陳景良，〈兩宋法制歷史地位新論〉，《史學月刊》1989 年第 3 期。

42. 陳智超，〈宋代的書舖與訟師〉，《劉子健博士頌壽紀念宋史研究論集》，東京：同朋舍，1989 年。

43. 陳智超，〈明刻本《名公書判清明集》述略〉，《中國史研究》1984 年第四期。

44. 陳廣勝，〈宋人生子不育風俗的盛行及其原因〉，《中國史研究》，1989 年 1 月。

45. 馮輝，〈唐代司法制度述論〉，《史學集刊》1998 第 1 期。

46. 黃純怡，〈宋代刺配法的施行與肉刑的爭論〉，《興大人文學報》第 33 期，中興大學文學院，2003 年 6 月。

47. 黃純怡〈宋代戶絕之家的立嗣—以判例爲主的探討〉，《興大人文學報》32 期，中興大學文學院，2002 年 6 月。

48. 黃啓昌，〈試論中國古代的反貪立法〉，《中國史研究》1999 年第 1 期。

49. 黃寬重，〈南宋茶商賴文政之亂〉，收入《南宋軍政與文獻探索》（台北：新文豐書局，1990 年 7 月。

50. 黃繁光，〈南宋中晚期的役法實況—以《名公書判淸明集》爲考察中心〉，《宋史研究論文集》第九屆年會編刊，河北大學出版社 2002 年 7 月。

51. 雷家宏，〈宋代弓手述論〉，《晉陽學刊》1993 年 7 月。

52. 雷家宏，〈宋朝民間爭訟簡論〉，《宋史研究論文集》第九屆年會編刊，河北大學出版社，2002 年 7 月。

53. 潘武肅，〈論宋代敕令格式的分別〉，《香港中文大學中國文化研究所學報》9 卷 1 期，1978 年。

54. 鄭強勝，〈宋代吏風初探〉，《中國史研究》1998 年第四期。

55. 盧建榮，〈六至八世紀中國法律知識的建構及相關的文化和權力問題〉，《台灣師大歷史學報》第 29 期，2001 年 6 月。

56. 戴建國，〈宋代的公證機構-書舖〉，《中國史研究》1988 年第四期。

57. 戴建國，〈宋代編敕初探〉，《文史》（北京：中華書局），1997 年 1 月。

58. 蘇基朗，〈宋代的司法與法治秩序〉，《大陸雜誌》92 卷 3 期，1996 年 3 月。

59. 顧吉辰，〈北宋王小波、李順起義提出的"均貧富"口號存在嗎？〉，《社會科學輯刊》1985 年第 2 期。

（二）日文

1. 川村康〈宋代復仇考〉《宋代の規範と習俗》，東京：汲古書院，1995 年 10 月，pp.3～27。

2. 內藤湖南，〈概略的唐宋時代觀〉，《內藤湖南全集》（八）（日本筑摩書房，1976 年。

3. 平田茂樹，〈南宋裁判制度小考〉，《集刊東洋學》66（中國文史哲研究會），1991 年。

4. 佐立治人，〈舊中國の地方裁判と法律〉，《東洋史研究》1997 年 9 月。

5. 佐伯富，〈宋朝集權官僚制的成立〉，《岩波講座世界歷史》（九）（東京：岩波書店，1970），頁 169～180；收入《中國史研究》（京都：東洋史研究會，1969 年。

6. 佐伯富，〈宋代における重法地分について〉，收入《中國史研究》，京都：東洋史研究會，1969 年。

7. 赤城隆治，〈南宋期の訴訟について─健訟の地方官〉，《史潮》16 期，1985年。

8. 梅原郁〈刑わ大夫に上らず〉《東方學報》67 冊，1995 年。

9. 竺沙雅章，〈宋代の政治と宗教〉，《劉子健博士頌壽紀念宋史研究論集》，東京：同朋舍，1989 年 9 月。

（三）英文

1. Brain E Mcknight，Crime in High Places: The case of Ch'en Chih-Chung,《劉子健博士頌壽紀念宋史研究論集》（東京：同朋舍，1989.9），頁 499~515。

2. Ebery B. Patricia, Cremation in Sung China , American historical Review 95:2， 1990. pp.406~428.

宋代的祠廟與祠祀
——一個社會史的考察

劉志鴻　著

作者簡介

劉志鴻，國立政治大學歷史系畢業。清華大學歷史研究所碩士。現職為大仁科技大學講師。

提　要

　　本論文主要描述宋代祠廟與祠祀活動在當時社會基本樣貌。首章〈前言〉討論研究取向及研究回顧。第二章〈宋代以前祠廟、祠祀活動發展概況〉主要探討祠廟信仰源頭先秦農村社祭基本樣貌和儒家祠祀觀念的形成，以及秦漢以後受到神仙鬼怪觀念影響下民間祠廟發展概況。第三章〈宋代祠廟、祠祀活動與民眾生活〉首先敘述宋代各式各樣的祠廟發展情形，接著討論祠廟與當時民眾生活的關係：無論士大夫與一般民眾都期望祠廟靈力展現使得祠廟信仰在民間有著強韌生命力。最後討論祠祀活動在當時概況及所造成的社會問題。第四章〈政府對民間祠廟管理政策及士大夫對民間祠廟、祠祀活動的批判〉主要討論政府透過賜廟額及對祠廟神祇加爵封號方式承認祠廟存在的合法性，並藉祠典編纂將民間祠廟納入國家祭祀體系之中，以及堅持儒家傳統禮制觀念的知識份子對民間祠祀活動的批判，顯示儒家傳統禮制觀念與民間信仰需求的差距。終章為〈結論〉。

目次

第一章　前　言

第一節　本文研究取向

宗教史的研究大致有兩個趨向，一是從宗教本身以及圍繞此宗教的相關
問題加以探討，諸如教義內涵、信仰內容的流變，以及儀式型態諸問題。簡
而言之，是宗教內部史的研究。然而一個宗教的教義、儀式的產生，宗教信
仰的流傳，以及伴隨宗教信仰產生的祭祀活動，都與當時社會的結構及需求
有密切關係。因此宗教史研究的另一個取向是：研究宗教與當時社會生活互
動的關係，簡而言之，是宗教外部史的研究。對於一個宗教、信仰的發展，
社會相應產生的種種現象之研究，現今已成為社會史研究的一個新興而且重
要領域。

古代傳統的祭祀體系中，有關祠祀部份主要是對天地、山川、星辰、風
雨等自然現象的祭祀。這些祭祀的活動都在古代國家機構成立後，為封建階
層所掌握。而一般平民的宗教祭祀活動，則以「社」為中心的農事祭祀為主。
自儒家興起之後，將封建階層的祠祀制度及民眾社祭加以整哩，規劃出一套
祠祀制度。而在儒家成為大一統皇朝立國施政的重要準則後，儒家規劃的祠
祀原則，也成為國家祭祀制度中重要的一環。

然而在周代封建制度破壞，以及大一統國家建立後，民間祠祀活動也開
始起了重大變化，漢代由於神仙鬼怪觀念的形成及流傳，民間本來單純的農
事祭事的祠祀活動開始起了變化，具有靈力的神仙鬼怪成為民間祠祀信仰的
主幹，以此信仰而建立的祠廟也在各地分佈、開展。

在宋代，這些民間祠廟更是蓬勃興盛，其深入民間的程度，爲佛教寺廟、道教道觀所不及。這些祠廟在地方信仰上所扮演的角色爲何呢？而地方新興的祠廟之建立與發展，背後的社會基礎爲何呢？民間祠廟與民眾的日常生活的關係又是什麼樣的互動關係呢？伴隨祠廟而來的迎神賽會祠祀活動，與民眾日常生活的關係又是如何呢？

至於政府對於民間祠廟採取什麼樣的原則呢？堅持儒家傳統禮制理念的士大夫又是如何看待民間各式各樣的祠廟呢？本文將針對以上的問題爲脈落來探討宋代民間祠廟及祠祀活動在當時社會生活的關係。

第二節　研究的回顧

對於宋代祠廟與祠祀活動在當時社會運作情形與社會互動關係的情形，近人的研究已有相當的成果，這裡便以比較重要的研究成果加以論述。

關於討論宋代祠廟與民眾生活關係的一本重要性專書爲 Valerie Hansen 所著的 *Changing Gods in Medieval China, 1127~1276*〔註1〕，本書有康豹（Paul Katz）及松本浩一的書評〔註2〕，書中研究宋代祠廟神祇與宋代社會生活的關係建立在幾個方向上：Hansen 強調祠廟神祇與民眾生活重要關連在於神祇的「靈力」與民眾信仰生活需求的互動關係，而在祠廟神祇與政治關連上，探討朝廷對於鬼神賜封制度以及地方人士爲神祇懇求賜額動機。然後以湖州地區爲例探討區域內神祇信仰與社會階層互動關係，最後以四個祠廟信仰個案探討跨區域性信仰發展的社會因素。作者這四個方向大致描繪出宋代祠廟神祇與社會關係的輪廓。

至於傳統農村的農事祠祀活動，在宋代發展情況是如何呢？金井德幸在〈宋代の村社と社神〉〔註3〕一文中就勾勒出村落基本祭祀單位──村社的基本形態與活動，村社的範圍大體上以全村居民爲主。作者運用不少宋詩的材料，描繪出村社祭祀賽會活動情形。至於社祭的經營，村落長者、社巫都扮演重要角色。而在宋代各式各樣祠廟信仰的興起，由於靈力滿足民眾信仰需

〔註1〕 Hansen, Valerie., *Changing Gods in Medieval China, 1127~1276*. Princeton University Press. 1990.
〔註2〕 康豹書評見於《新史學》三卷四期（1992 年 12 月），頁 169～177。松本浩一書評見於《東洋史研究》五十一卷三號（1992 年 12 月），頁 199～208。
〔註3〕 金井德幸，〈宋代の村社と社神〉，《東洋史研究》三十八卷二期（1979 年 9 月），頁 61～87。

求，而使作爲村落基本祭祀單位的村社也被種種祠廟信仰所包含吸收，相對的，村社在政府禮制的規畫下，作爲州縣社稷的下層組織。然而實際上，社稷對於村社而言，影響力遠不及民間祠廟，從這也看出宋代祠廟靈力受到民間的肯定情形。

金井德幸另外在〈宋代の鄉村と土地神〉〔註4〕及〈宋代浙西の村社と土神——宋代の鄉村社會の宗教構造〉〔註5〕二文也指出基於民眾對於更有靈力、其靈力影響範圍更大的神祇的需求，在鄉土豪的指導下，產生了以鄉爲基幹的新型祭祀單位——鄉社，以及鄉社祭祀對象的——鄉土神的產生。而鄉社的祭祀活動再與祠廟信仰祭祀活動結合，形成範圍更廣的祭祀圈。

另一方面，田仲一成透過對福建地方劇的研究，探討地方劇由巫術性轉變爲藝能性過程中社會基礎的問題時，特地討論到地方祭祀形態轉變的問題。在氏著〈南宋時代の福建地方劇について〉〔註6〕一文中，他認爲地方劇性質轉變的祭祀社會基礎的關鍵在於：

1. 舊村落祭禮魔咒信仰的衰退。
2. 由舊村落祭禮衰退現象伴隨而來民間新興宗教結社——所謂「社會」的形成及其祭事的藝能化。
3. 非農耕而帶有商業性色彩的祠廟信仰發展所造成的影響。
4. 伴隨「社會」祭祀活動所產生的祭市商業交易活動。
5. 舊村落祭禮衰退，引起村落秩序新的變化，地主階級利用作爲新興宗教結社的「社會」，主導其祭事賽會行動，以掌握新的農村秩序。於是在迎神「社會」活動中可看出寺廟權力→土豪權力（作爲勸首的土居尊官、鄉秩尊者）→遊手無賴（會首）→豪胥猾吏（會幹）→貧下農民的環節關連。

綜合金井德幸和田仲一成的研究可以看出宋代祭祀結構的大變動，特別是北宋到南宋這個階段，由於人民宗教信仰上更高的要求，使得農村基本祭祀形態發生重大變化。而地方有力人士的推動，配合各式各樣祠廟（或所謂

〔註4〕 金井德幸，〈宋代の鄉村と土地神〉，《中島敏先生古稀記念論集》（東京：古汲書院，1980年），頁385～407。

〔註5〕 金井德幸，〈宋代浙西の村社と土神——宋代の鄉村社會の宗教構造〉，《宋代の社會と宗教》（東京：汲古書院，1985年），頁81～118。

〔註6〕 田仲一成，〈南宋時代の福建地方劇について〉，《日本中國學會報》二十二集（1970年），頁102～118。

淫祠）的興起，而有新形態祭祀單位的產生。再者，隨之而來豐富的祭祀賽會活動，也帶給了社會新的風貌與問題。

在宋代的時候，種種淫祠的興起，引起了政府的注意。對於淫祠的活動，特別是主導這些活動的巫者，成為地方官員取締的對象。中村治兵衛的〈北宋朝と巫〉〔註7〕以及〈宋代の巫の特徵——入巫過程の究明を含あて〉〔註8〕系列對宋代巫的研究，運用宋一些重要的史籍，如《宋史》、《續資治通鑑長編》、《宋會要》、《建炎以來繫年要錄》等，收羅出宋代地方官取締淫祠、巫者的事跡行為。值得注意的一點，中村所陳述的取締行動中，特別指出了巫者透過巫術形式來替人治病的社會醫療功能。而地方官對這種現象則透過引進先進醫藥技術來抑制巫者的活動。

對於宋代祠廟研究的另一個取向是政府、知識分子，與新興各式各樣的祠廟信仰、衝突、融合的問題。在這過程當中，可看出代表官方、知識分子的大傳統，以及代表民間小傳統互動的情形。這可以小島毅系列的研究為代表：如氏著〈城隍廟制度の確立〉〔註9〕一文，主要探討本是由民間信仰發展的城隍信仰，如何被納入儒家祭祀體系中，成為儒家祭祀的重要一環。而氏著〈牧民官の祈り——眞德秀の場合〉〔註10〕則以眞德秀這位南宋儒學家作代表，在地方官任內的諸祠廟祈禱文中，探討眞德秀對民間種種新興祠廟的態度。

以上種種的研究，已大致描繪出宋代的社會基礎，以及在新的祭祀環境下，種種祠廟與祠祀活動在當時的基本面貌，與政府傳統祭祀禮制所面臨的衝擊和政府管理政策。本文將主要將以這些研究成果為線索，來探討宋代祠廟與祠祭活動和社會互動的關係。

〔註7〕 中村兵治衛，〈北宋朝と巫〉，《中央大學文學部紀要》八十八期（1978 年 3 月），頁 63～878。

〔註8〕 中村兵治衛，〈宋代の巫の特徵——入巫過程の究明を含あて〉，《中央大學文學部紀要》一〇四期（1982 年 3 月），頁 51～75。

〔註9〕 小島毅，〈城隍廟制度の確立〉，《思想》七九二期（1990 年），頁 197～212。

〔註10〕 小島毅，〈牧民官の祈り——眞德秀の場合〉，《史學雜誌》一〇〇編十一號（1991 年 11 月），頁 43～76。

第二章　宋代以前祠廟、祠祀活動發展概況

第一節　先秦農村社祭與儒家祠祀觀念的形成

　　談到中國的祠廟信仰，首先得從中國古代宗教中探討它原始形態。另一方面則從儒家的發展及其祭祀觀念的形成，來說明儒家對於祠祀的基本態度。

　　中國古代的宗教以自然崇拜與鬼神崇拜為主，「自然崇拜包括天上、地上各種自然現象的神化與崇拜，鬼魂崇拜又包括對各種鬼靈和祖先鬼魂的崇拜，以及由這種迷信所產生的喪葬儀禮和趕鬼、祭鬼的儀式。」〔註1〕古人對於自然現象及其力量的無知與畏懼，認為有某種神靈操縱其變化。加以進入農業生活後，農事生產深受種種自然現象影響，因此人們對於這些影響他們生活的種種自然景象與變化加以崇拜祭祀。一方面祈福消災，一方面也有報本反始的含義。在先秦封建體制下，宗教祭祀活動是國家重要的大事，因此有「國之大事，在祀與戎」之語。然而只有統治階層擁有權力祭祀日月山川，一般民眾是沒有資格去祭祀的。一般民眾的宗教活動得從基層聚落裡的祭祀活動中說起。

　　基層聚落的宗教祭祀活動情形是怎樣呢？「社」是一個很重要的關鍵。「社」在先秦文獻也有稱為「書社」〔註2〕，社是小聚落宗教活動的中心。由

〔註 1〕朱天順，《中國古代宗教初探》（臺北：谷風出版社翻印，1986 年），頁 5。
〔註 2〕《左傳》（臺北：大化書局，《十三經注疏》本，1982 年），〈哀公十五年〉云：「齊為衛故，伐晉冠氏，喪車五百，因與衛地，自濟以西，禚媚杏以南，書

於作爲宗教活動的中心，社成爲凝聚聚落的重要場所，因此社也就成爲代表基層聚落的稱呼。

　　社祭的本質是什麼呢？根據後來儒家的解釋，社祭主要是祭土神。《禮記・郊特牲》：

> 社祭土而主陰氣也，……社所以神地之道也。地載萬物，天垂象。
> 取財於地，取法於天。是以尊天而親地也，故教民美報焉。〔註3〕

照儒家說法，社主要祭祀對象爲土神，其形式爲何呢？《周禮・地官・大司徒》曰：

> 設其社稷之壝，而樹之田主，各以其野之所宜木，遂以名其社與其
> 野。〔註4〕

基層聚落的社當然不一定有像《周禮・地官・大司徒》的小土牆（即壝）。然而社樹卻是一個重要的標識。像《韓非子》中齊桓公與晏嬰的對話也提到：

> 君亦見夫爲社乎？樹木而塗之，鼠穿其間，掘穴託其中，燔之則恐
> 焚木，灌之則恐塗阤，此社鼠之所以不得也。〔註5〕

事實上，除了樹木外，也有以石作爲社的標識〔註6〕。像社樹、社石之作爲象徵社的重要標識，與「社」的本質有密切的關係。關於「社」本質的問題討論的文章不少〔註7〕，值得注意的是守屋美都雄及鐵井慶紀的說法。守屋美都雄認爲：「社」的原意是原始聚落形成時所共設的標識，作爲聚落人群集合中心而成爲土地佔有事實的表示。進而含有聚落的意味。社樹就是原始聚落形成所共設的重要標識〔註8〕，這是以社會發展史的角度來說明社樹在社形成中

　　社五百。」杜預《注》云：「二十五家爲一社，籍書而致之。」頁2175上。
〔註3〕《禮記・郊特牲》（臺北：大化書局，《十三經注疏》本，1982年），頁1449上～中。
〔註4〕《周禮・地官・大司徒》（臺北：大化書局，《十三經注疏》本，1982年），頁702中。
〔註5〕《韓非子・右儲說右上》（陳奇猷，《韓非子集釋》本，卷十三，臺北：華正書局，1982年），卷十三，頁737。
〔註6〕關於社石，見《淮南子・齊物訓》（臺北：世界書局，《淮南子注》本，1965年）云：「殷人之禮，其社用石。」頁176。又見《呂氏春秋・貴直》（陳奇猷，《呂氏春秋校釋》本，臺北：華正書局，1985年）：「城濮之戰，五敗荊人：圍衛取曹、拔石社；定天子之位。」頁1533。
〔註7〕關於探討社的起源與本質的文章的介紹與批評可參見守屋美都雄，〈社の研究〉（《史學雜誌》，五十九卷七期，1950年，頁20～29），及鐵井慶紀，〈「社」についての一試論〉（《東方學》，六十一輯，1981年），頁1～2。
〔註8〕守屋美都雄，〈社の研究〉，頁44～45。

所代表的意義。

　　鐵井慶紀則從民族學的觀點來解釋社樹在聚落中所代表的角色。他認為：社的基本形態是天上界諸神與地下界交流的交通處，也就是所謂的宇宙軸。而社樹是諸神所依靠的宿地〔註9〕。鐵井的說法點出了「社」在聚落中作為宗教活動中心之緣由，是很值得注意的。而宗教活動是聚落中最重要的集體活動，作為聚落宗教活動中心的「社」自然也成為凝聚聚落成員的重要場所，在社會史的意義上，也就成為一個聚落存在的象徵，進而成為代表聚落的稱呼。

　　上古聚落的宗教活動內容是什麼呢？恐怕與農事有密切關係。上古農業生產受制於自然環境的影響甚大，先民為祈求農作物收成順利，故有種種祭祀活動；另一方面在收成順利後也有答謝報恩的含意。這些有關農事的祭祀活動，自然成為社祭的主要部份。如《詩經‧小雅‧甫田》所說的：

　　　　以我齊明，與我犧羊，以社以方。我田既臧，農夫之慶。琴瑟擊鼓，
　　　　以御田祖，以祈甘雨，以介我稷黍，以穀我士女。〔註10〕

從〈甫田〉這段話看來，「田祖」也就是田神是社祭一個重要的對象。田神作為聚落農地的保護神靈，一些與農事相關的祭祀活動也與他有關，除了〈甫田〉所提到的祈雨外，還有像《詩經‧小雅‧大田》所說的：

　　　　去其螟螣，及其蟊賊，無害我田稺。田祖有神，秉畀炎火。〔註11〕

這段話的意思是說：由於田神的庇佑，降下炎火消滅了殘害農作物的害蟲。由此看來祈求作物免於蟲害也是社祭的一個主要的活動吧。

　　此外，最能代表基層聚落有關農事的祭祀活動就要算是所謂的八腊之祭了。《禮記‧郊特牲》說：「天子大腊八，伊耆氏始為腊。腊也者，索也。歲十二月，合聚萬物而索饗之也。」〔註12〕八腊之祭可能是對於古代流行於基層聚落的農事祭祀活動加以整理而得來的。這正所謂「王者以歲事成熟搜索群神而報祭之而謂之大腊。」〔註13〕腊祭的內容是什麼呢？〈郊特牲〉這麼說：

〔註9〕鐵井慶紀，〈「社」についての一試論〉，頁15。
〔註10〕《詩經‧小雅‧甫田》（臺北：大化書局，《十三經注疏》本，1982年），頁474中。
〔註11〕《詩經‧小雅‧大田》，頁476下。
〔註12〕《禮記‧郊特牲》，頁1453下。
〔註13〕《詩經‧小雅‧甫田》，孔穎達《正義》語，頁475上。

腊之祭也，主先嗇而祭司嗇也。祭百種，以報嗇也，饗農，及郵表
畷。禽獸，仁之至，義之盡也，古之君子，使之必報之。迎貓，爲
其食田鼠也，迎虎，爲其食田豕也。迎而祭之也，祭坊與水庸，事
也。曰：土反其宅，水歸其壑，昆蟲毋作，草木歸其澤。〔註14〕

根據〈郊特牲〉這段話，鄭玄解釋八腊所祭對象爲先嗇、司嗇、農、郵表畷、
貓虎、坊、水庸及昆蟲。王肅分法則將貓虎分爲二，而去昆蟲〔註15〕。無論
如何，八腊祭祀的對象是與農事有密切相關的神祇與事物〔註16〕。可以說八
腊之祭反映了上古農村農事祭祀實態。這些農事祭祀活動很可能是社祭活動
中重要的部份。八腊之祭可視爲先秦時期農村聚落裡年終的主要祭祀賽會活
動。

腊祭的盛況可從《禮記》一則記載中看出來，《禮記・雜記下》云：

子貢觀於腊。孔子曰：「賜也樂乎？」對曰：「一國之人皆若狂，賜
未知其樂也。」子曰：「百日之腊，一日之澤，非爾所知也。」〔註17〕

可見腊祭在聚落中是多麼重要的祭祀賽會活動，鄭玄的解釋爲：「腊也者，索
也。歲十二月合聚萬物而索饗之祭也。國索鬼神而祭祀，則黨正以禮屬民而
飲酒于序，以正齒位。於是時民無不醉者如狂矣。」〔註18〕這段解釋主要根
據《周禮・地官・黨正》所說的：「國索鬼神而祭祀，則以禮屬民，而飲酒于
序，以正齒位。」〔註19〕由此可見同祭共飲是當時農村祭祀賽會的一大特點。
然而這些活動自然也要有相關物質條件的配合才行。最明顯的是與農作物收
成豐歉有密切關係，〈郊特牲〉就這麼說：

八腊以祭四方，四方年不順成，八腊不通，以謹民財也。順成之
方，其腊乃通，以移民也。既腊而收，民息矣。故既腊，君子不興
功。〔註20〕

聚落祭祀賽會活動既然是一年最重要的節慶活動，聚落中的成員自然是全體

〔註14〕 《禮記・郊特牲》，頁 1453 下～1454 上。

〔註15〕 《禮記・郊特牲》鄭玄《注》，頁 1453；及孔穎達《正義》，頁 1453。

〔註16〕 先嗇，鄭玄認爲是神農，而司嗇乃后稷。農是田畯，也就是勸農官，有功於
民，亦得祭之。郵表畷爲田間廬舍及阡陌之神。總而言之，皆爲大大小小的
農神。見《禮記・郊特牲》鄭玄《注》，頁 1453 下～1554 上。

〔註17〕 《禮記・雜記下》，頁 1567 中。

〔註18〕 《禮記・雜記下》，鄭玄《注》，頁 1567 中。

〔註19〕 《周禮・地官・黨正》，頁 718 上。

〔註20〕 《禮記・郊特牲》，頁 1454 下。

出動，踴躍參與，像〈郊特牲〉所言：

> 唯爲社事，單出里。唯爲社田，國人畢作，唯社，丘乘共粢盛，所
> 以報本反始也。〔註21〕

「唯爲社事，單出里」，鄭玄解爲：「單出里，皆往祭社於都鄙，二十五家爲
里。」社田指社祭以前的狩獵活動，丘乘也是指小型聚落而言〔註22〕，這段
記載可以看出有關聚落的祭祀活動，都是聚落內住民集體的活動，可見社祭
活動的社會意義在於凝聚整個聚落，是聚落成員往來社交一個非常重要的媒
介。這也可以說是中國農村賽會活動一個非常重要的社會性本質。

　　除了聚落所存在的社以外，在封建制度體制下各封建階級也有置社。《禮
記・祭法》云：「王爲群姓立社曰：大社，王自爲立社曰：王社，諸侯爲百姓
立社曰：國社，諸侯自爲立社曰：侯社，大夫以下成群立社曰：置社。」〔註23〕
這些社也成爲一些宗教儀式舉行的場所。像日蝕的時候，社就成爲被攘的場
所。如《左傳・莊公二十五年》：

> 經：（夏）六月，辛未，朔，日有食之，鼓用牲于社。
> 傳：日有食之，鼓用牲于社，非常也。唯正月之朔，慝未作，日有
> 　　食之，於是乎用幣於社，伐鼓于朝。〔註24〕

水災的時候，社也成爲禱攘的場所。《左傳・莊公二十五年》記載：

> 經：秋，大水，鼓用牲于社于門。〔註25〕

爲免除災害也要舉行社祭，以爲被攘，《左傳・昭公十八年》：

> 七月，鄭子產爲火故，大爲社，被攘於四方，振除火災，禮也。〔註26〕

祈免病害，也禱之於社，《韓非子，外儲說右下》：

> 秦襄王病，百姓爲之禱，病愈，殺牛塞禱。郎中閻過、公孫衍出見
> 之曰：「非社臘之時也，奚自殺牛而祠社？」怪而問之。〔註27〕

由此可見，作爲聚落宗教活動中心的「社」已具有後世民間祠廟的雛型，而
中國民間祠祀活動及伴隨產生的賽會活動的特性，也可由先秦尋其根源。

〔註21〕《禮記・郊特牲》，頁 1449 中。
〔註22〕見《禮記・郊特牲》，鄭玄〈注〉，頁 1449 中。
〔註23〕《禮記・祭法》，頁 1589 下。
〔註24〕《左傳・莊公二十五年》，頁 1779 下～1780 上。
〔註25〕《左傳・莊公二十五年》，頁 1779 下。
〔註26〕《左傳・昭公十八年》，頁 2086 中。
〔註27〕《韓非子・外儲說右下》，頁 768。

　　上古以來種種鬼神崇拜信仰及祭祀儀式，在國家組織日趨完備以及各氏族團凝統合下，漸漸組織化、系統化。尤其周代封建制度的建立及周人制禮作樂的工作，上古宗教信仰經歷了一次整理。

　　周代的封建制度，事實上是政教合一的體制。自天子、諸侯、大夫及士；各封建階層都有屬於他們所應祭祀的範圍。在此原則下就形成以周天子為中心，依封建階差次序而下的祭祀體制。前面討論到「社」的時候，就已提到了封建階層立社的情形。對於有關山川祠祀情形亦復如是，《禮記‧曲禮》這麼說：

> 天子祭天地，祭四方，祭山川、祭五祀，歲徧。諸侯方祀，祭山川，
> 祭五祀，歲徧。大夫祭五祀，歲徧。士祭其先。〔註28〕

《禮記‧王制》也提到：

> 天子祭天地，諸侯祭社稷，大夫祭五祀。天子祭天下名山大川，五
> 嶽視三公，四瀆視諸侯。諸侯祭名山大川之在其地者。〔註29〕

儒家的祠祀觀念可以說是從周人封建制度整理下的祭祀體制而來的。然而事實上，周的封建祭祀體制似乎並不為所有的封建諸侯所採用，諸國也有當地氏族傳統的神靈信仰。面對各地種種不同的祠祀信仰，儒家對此採取什麼態度呢？首先得先認定地方神靈信仰祭祀的當然性，《禮記‧祭法》：

> 山林川谷丘陵能出雲，為風雨，見怪物，皆曰神。有天下者祭百神，
> 諸侯在其地則祭之，亡其地則不祭。〔註30〕

然後又以一套合理化的法則將各地氏族信仰納入其祭祀體系中，《禮記‧祭法》：

> 夫聖王之制祭祀也，法施於民則祀之，以死勤事則祀之。以勞定國
> 則祀之，能禦大菑則祀之，能捍大患則祀之。是故厲山氏之有天下
> 也，其子曰農，能殖百穀，夏之衰也，周棄繼之。故祀以為稷。共
> 工氏之霸九州也，其子曰后土，能平九州，故祀以為社，帝嚳能序
> 星辰以著眾，堯能賞均刑法以義終；舜勤眾事而野死，鯀鄣鴻水而
> 殛死，禹能脩鯀之功。黃帝正名百物以明民共財，顓頊能脩之。契
> 為司徒而民成，冥勤其官而水死，湯以寬治民而除其虐，文王以文

〔註28〕《禮記‧曲禮》，頁1268中。
〔註29〕《禮記‧王制》，頁1336上。
〔註30〕《禮記‧祭法》，頁1588上。

治，武王以武功，去民之蓍。此皆有功烈於民者也，及夫日月星
辰，民所瞻仰也，山林川谷丘陵，民所取財用也。非此族也，不在
祀典。〔註31〕

在「法施於民，以勞定國，以死勤事，能捍大災，禦大患」等原則下，原本
屬於上古各氏族所崇拜的祖神及保護神都納入了儒家所認定的合法的祭祀範
圍裡，這無疑是對上古諸神信仰的一大整理，也是統治者鞏固統治的手段。
也因此不是在儒家所認定祭祀範圍內的祭祀行為就是淫祀，《禮記‧曲禮》：

非其所祭而祭之，名曰淫祀，淫祀無福。〔註32〕

儒家這套觀念的形成，成為往後士大夫知識分子階層對於地方祠廟與祠祀認
可的重要依據，並且成為大一統國家建立後，將地方信仰納入國家祭祀體系
的重要原則。

第二節　秦漢至唐代民間祠廟的發展

　　秦漢時期，大一統政局成立後，不僅意味政權的統一，也表示著國家祭
祀權的統一，祠祀也不例外。以往分散由各國管理的祠祀，皆歸中央。如秦
始皇兼併天下「令祠官所常奉天地名山大川鬼神可得而序也。」〔註33〕漢高
祖初興，也「悉召故秦祝宮，後置大祝、太宰，如其故儀禮。」〔註34〕且下
詔：「吾甚重祠而敬祭。今上帝之祭及山川諸神當祠者，各以其時禮祠之如
故。」〔註35〕

　　然而秦漢時期，民間最為普遍流行的祠祀還是社祭。存在於農村基層聚
落的「社」大致以里為準。《禮記‧祭法》云：「大夫以下成群立社曰置社」，
鄭玄《注》：「大夫不得特立社，與民族居百家以上，則共立一社，今時里社
也。」〔註36〕事實上在漢代、十家、五家也可以成為一個祭祀單位。如《漢
書‧五行志中之下》：「（元帝）建昭五年（34 A. D.），兗州刺史浩賞禁民私所
自立社。」條顏師古引臣瓚注云：「舊制二十五家為一社，而民或十家五家共

〔註31〕《禮記‧祭法》，頁1590中～下。
〔註32〕《禮記‧曲禮》，頁1268下。
〔註33〕《史記‧封禪書》（臺北：鼎文書局點校本，1979年二版），卷二十八，頁
　　　　1371。
〔註34〕《史記‧封禪書》，卷二十八，頁1378。
〔註35〕《史記‧封禪書》，卷二十八，頁1378。
〔註36〕《禮記‧祭法》，鄭玄〈注〉，頁1589下。

爲田社，是私社。」〔註37〕不過里社大概是農村聚落中最普遍的祭祀單位。里社的祭祀活動也爲政府所認可，如《史記·封禪書》云：

> 高祖十年（197 B. C.）春，有司請令縣常以春（三）〔二〕月及（時）
>
> 臘祠社稷以羊豕，民里社各自財以祠。制曰：「可。」〔註38〕

除民間所立私社外，官方也有置社，不過官方立社，至縣爲止。〔註39〕

秦漢里社的祭祀活動沿襲了上古同祭共飲的特色。像雲夢睡虎地秦簡《封診式·毒言》爰書云：

> 里即有祠，丙與里人及甲等會飲，皆莫肯與所共桮（杯）器。〔註40〕

《史記·陳丞相世家》有提到：

> 里中社，平爲宰，分肉食甚均。父老曰：「善，陳孺子之爲宰。」〔註41〕

可見社祭爲里中重要的集體活動。社祭活動不但具有宗教的含義，也兼具社交與娛樂的性質。像《淮南子·精神訓》所說：

> 今夫窮鄙之社也，叩盆拊瓴，相和而歌，自以爲樂矣。〔註42〕

《史記·封禪書》也提到：

> 民間祠尚有鼓舞樂，今郊祀而無樂，豈稱乎？〔註43〕

這段話所提到的民間祠祀，雖然沒有明白指爲里社之祭，但就社祭在漢代民間普遍性而言，很可能就是社祭的情形。

社祭既然爲聚落中重要的活動，社祭所花的費用對於聚落一般居民而言也成爲日常生活中重要的經濟開銷。像《漢書·食貨志》引戰國李悝講述農夫生活開銷時提到：

> 除社閭嘗新春秋之祠，用錢三百。〔註44〕

這段話是否眞的爲戰國李悝所言，值得懷疑。然而這段記載如果說是接近漢代農民生活的情形，應可成立。

〔註37〕《漢書·五行志中之下》（臺北：鼎文書局點校本，1979 年二版），卷二十七中之下，頁 1413。

〔註38〕《史記·封禪書》，卷二十八，頁 1380。

〔註39〕《史記·封禪書》，卷二十八：「（高祖）二年（205 B. C.），因令縣爲公社。」《集解》：「李奇曰：猶官社。」頁 1378。

〔註40〕《睡虎地秦墓竹簡》（臺北：里仁書局翻印本，1981 年），頁 537。

〔註41〕《史記·陳丞相世家》，卷五十六，頁 2052。

〔註42〕《淮南子·精神訓》（臺北：世界書局，1965 年），頁 108。

〔註43〕《史記·封禪書》，卷二十八，頁 1396。

〔註44〕《漢書·食貨志》，卷二十四上，頁 1125。

　　關於漢代社神有個值得令人注意的現象，那就是有具有人格性質的社神的出現。事實上，先秦典籍的記載就提到具有人格性質的社神。《禮記・祭法》：

　　　　共工氏之霸九州也，其子曰后土，能平九州，故祀以爲社。〔註45〕

《左傳・昭公二十九年》亦云：

　　　　共工氏有子曰句龍，爲后土，……后土爲社。〔註46〕

據此記載，後世解經儒者對於社祭所祀對象的神格有兩種對立的看法。像鄭玄主張社主祭土神，而句龍因平水之有功而配社祭之。但賈逵、馬融、王肅則主張社祭句龍爲人鬼而非土神〔註47〕。事實上社祭對象主要根據當地的民間信仰。祀句龍爲社，可能是流傳句龍崇拜的氏族的現象。以氏族崇拜的神話人物或祖神爲社祭對象，可以說是具有人格神性的祠祀濫觴。不過賈逵、馬融的看法也似乎意味著漢代社祭以人鬼爲主的現象。而有關漢代以人爲立社對象的記載，如《史記・欒布傳》：

　　　　復爲燕相，燕齊之間皆爲欒布立社，號曰：欒公社。〔註48〕

另外值得注意是漢代出現了具有人格性質社神——社公這個稱呼。像《禮記・郊特牲》孔穎達《正義》引漢許慎《五經異義》云：

　　　　今人謂社神爲社公。〔註49〕

而《後漢書・方術列傳》提到費長房遇仙得道後：

　　　　遂能醫療眾病，鞭笞百鬼，及驅使社公。〔註50〕

從費長房這段事蹟看來，可以發現一個趨勢，那就是漢代逐漸成形的仙、鬼觀念開始滲透到民間祠祀裡面。像《漢書・王莽傳》所說：

　　　　莽遣使者分赦城中諸獄囚徒，皆授兵，殺豨飲其血，與誓曰：「有不
　　　　爲新室者，社鬼記之！」〔註51〕

神仙鬼怪觀念成型及普及民間的結果，使得神仙鬼怪成爲民間祠祀最主要的對象，以此信仰而發展的祠廟也紛紛出現。從干寶《搜神記》中所收集漢魏

〔註45〕《禮記・祭法》，頁 1590 中。

〔註46〕《左傳・昭公二十九年》，頁 2124 中。

〔註47〕見《禮記・郊特牲》，孔穎達《正義》所引，頁 1449 下。

〔註48〕《史記・季布欒布列傳》，卷一〇〇，頁 2734。

〔註49〕見《禮記・郊特牲》，孔穎達《正義》所引，頁 1450 上。

〔註50〕《後漢書・方術列傳下》（臺北：鼎文書局點校本，1978 年三版），卷八十二下，頁 2744。

〔註51〕《漢書・王莽傳》，卷九十九下，頁 4190。

晉不少相關的記載就可以看見這個**趨勢**。其中有靈驗而立廟祀之：

> 豫章有戴氏女，久病不差。見一小石，形像偶人。女謂曰：「爾有人
> 形，豈神？能差我宿疾者，吾將重汝。」其夜，夢有人告之：「吾將祐
> 汝。」自後疾漸差，遂爲立祠山下，戴氏爲巫，故名戴侯祠。〔註52〕

亦有成仙而祀之：

> 漢陽羨長（劉）〔袁〕圯嘗言：「我死當爲神。」一夕飲醉，無病而
> 卒。風雨失其柩。夜聞荊山，有數千人嗷聲，鄉民往視之，則棺已
> 成冢。遂改爲君山。因立祠祀之。〔註53〕

亦有爲怪而立廟祀之：

> 吳時，葛祚爲衡陽太守。郡境有大槎橫水，能爲妖怪。百姓爲立廟。
> 行旅禱祀，槎乃沈沒；不者槎浮，則船爲之破壞。〔註54〕

最爲有名則爲蔣子文事蹟：

> 蔣子文者，廣陵人也。嗜酒好色，挑達無度。常自謂己骨清，死當
> 爲神。漢末爲秣陵尉，逐賊至鍾山下，賊擊傷額，因解綬縛之，有
> 頃遂死。及吳先主之初，其故吏見文于道，乘白馬，執白羽，侍從
> 如平生。見者驚走。文追之，謂之曰：「我當爲此土地神，以福爾下
> 民，爾可宣告百姓，爲我立祠。不爾，將有大咎。……（孫主）於
> 是使使者封子文爲中都侯，次弟子緒爲長水校尉，皆加印綬。爲立
> 廟堂。轉號鍾山爲蔣山。〔註55〕

蔣山祠後來成爲南北朝時南方一個很重要的祠廟信仰。我們可以看出：在漢
代以後，由於神仙鬼怪觀念成型和普及，使得民間祠祀行爲以鬼神本體爲中
心，而傳統有關自然、庶物等崇祀反而轉爲次要。可以說從漢末至南北朝期
間，是中國祠廟信仰重要成型時期。

此外，漢代以後民間祠祀發展另一個值得注意的現象是城隍信仰的出
現。有關早期城隍祠祀見諸史籍只有零星記載，像《北齊書‧慕容儼傳》：

> （北齊文宣帝天保）六年（555 A. D.）……鎮郢城，始入，便爲梁
> 大都督侯瑱、任約，率水陸軍奄至城下。儼隨方禦敵，瑱等不能
> 克。又於上流鸚鵡洲上，造荻洪，竟數里，以塞船路，人信阻絕，

〔註52〕 干寶，《搜神記》（北京：中華書局，1979年點校本），卷四，頁55。
〔註53〕 《搜神記》，卷四，頁55。
〔註54〕 《搜神記》，卷十一，頁133。
〔註55〕 《搜神記》，卷五，頁57。

城守孤懸，眾情危懼，……城中先有神祠一所，俗號城隍神，公私
每有祈禱。於是順士卒之心，乃相率祈請，冀獲冥祐，須史，衝
風欻起，驚濤涌激，漂斷荻葓。約復以鐵鏁連治，防禦彌切，儼還
共祈請，風浪夜驚，復以斷絕，如此者再三，城人大喜，以為神
助。〔註56〕

《南史・邵陵王綸傳》也提到：

（梁簡文帝）大寶元年（555 A. D.）綸至郢州……而數有變怪，祭
城隍城，將烹牛，有赤蛇繞牛口出。〔註57〕

有關城隍信仰起於何時，眾說紛云，有謂起於漢代，有謂起於魏晉六朝。然
依卜述《北齊書》、《南史》的記載，似乎城隍信仰當起於六朝之時。鄧嗣禹
依此為根據，謂城隍神之起源，始於六世紀中葉，即始於齊梁之世，是目前
所公認的時間。〔註58〕

　　然而為何城隍神信仰會興起？由於史籍記載的不足，也很難明確追溯城
隍神信仰興起的確切原因。不過上述《北齊書》及《南史》所提到有關城隍
信仰的地點在南方州縣，似乎顯示城隍信仰起源於南方。可能是南方新興的
祠祀。為何起於南方？當然從宗教風俗角度來看，南方俗信鬼神〔註59〕。但
這種解釋還是很模糊。勞榦就認為，城隍神祠祀的興起，與當時戰亂分裂，
南方僑立郡縣紛立有關，原有的縣社不能發揮功能，因此城隍就取代原有縣
社的地位及功能〔註60〕。不過這個說法還是不能完全解釋城隍起源的問題。

　　唐代城隍祠祀，在南方已經相當普遍了。所謂：「吳俗畏鬼，每州縣必有
城隍神。」〔註61〕城隍祭祀也成為地方重要事務。唐代傳世的祭城隍文有張

〔註56〕《北齊書・慕容儼傳》（臺北：鼎文書局點校本，1978年再版），卷二十，頁
　　　　280～281。
〔註57〕《南史・邵陵王綸傳》（臺北：鼎文書局點校本，1979年再版），卷五十三，
　　　　頁1324。
〔註58〕關於歷來有關城隍起源時間說法可參見，鄧嗣禹，〈城隍考〉，收入黃培、陶
　　　　晉生主編《鄧嗣禹先生學術論文選集》（臺北：食貨出版社，1980年），頁56
　　　　～59。
〔註59〕《漢書・地理志下》卷二十八，卷下：「楚……信巫鬼、重淫祀」，頁1666。
　　　　又《隋書・地理志下》（臺北：鼎文書局點校本，1979年二版）卷三十一：「江
　　　　南……其俗信鬼神，好淫祀。」頁886。
〔註60〕勞榦，〈漢代社祀的起源〉，《歷史語言研究所集刊》第十一本（1933年），頁
　　　　56～57。
〔註61〕《太平廣記》（臺北：文史哲出版社翻印本，1981年），卷三〇三〈宣州司戶〉

說、張九齡、韓愈、杜牧、李商隱等作品。內容大多為求晴求雨，或求民康物阜，風調雨順，或求禦盜禳災，陰陽表裡，共負守土之責，其中以晴雨之祈佔大多數〔註62〕。不過在唐代城隍祠祀尚不入祀典，且視為淫祀。李白撰《天長節使鄂州刺史韋公德政碑并序》就提到肅宗時鄂州大水滅郭，於是身為地方首長的韋良宰：

> 乃抗辭正色，言于城隍曰：「若三日雨不歇，吾當伐喬木，焚清祠！」精心感動，其應如響。無何，中使銜命，偏祈名山，廣徵牲牢。驟欲致祭，公又咈衡而稱曰：「……此淫昏之鬼，不載祀典，若煩國禮，是荒巫風。〔註63〕

可是到唐末昭宗光化元年（898），有封華州城隍為濟安侯之事〔註64〕。顯示城隍祠祀已開始為國家祭祀體系所承認了。

最後討論一下有關國家對於祠廟信仰管理的問題。自從秦漢大一統國家成立，漢武帝罷黜百家，獨尊儒術，儒家的禮制觀念成為國家有關祭祀事物的最高指導原則。對於祠祀管理也不例外。像漢成帝時，國家所領祠祀雜糅，因此丞相匡衡，御史大夫張譚上奏：

> 長安廚官縣官給祠郡國候神方士使者所祠，凡六百八十三所，其二百八所應禮，及疑無明文，可奉祠如故。其餘四百七十五所不應禮，或復重，請皆罷。奏可。〔註65〕

可見「應禮」是政府承認祠祀合法性的主要依據。如果祠祀「不應禮」或者不為官方所承認，也就是不在「祀典」裡面，那就是淫祀，就得廢除。在儒家觀念中，合於禮制的祠祀在於名山大川的祭祀。像魏文帝黃初五年詔書就提到：

> 先王制禮，所以昭孝事祖，大則郊社，其次宗廟、三辰五行，名山大川，非此族也，不在祀典。〔註66〕

　　條，頁2400。

〔註62〕見鄧嗣禹，〈城隍考〉，頁67。

〔註63〕李白撰，瞿蛻園等校注《李白集校注》（臺北：里仁書局，1981年翻印本），卷二十九，頁1658。

〔註64〕見《金石萃編》（臺北：國風出版社，1964年），第四冊，卷一五六〈華州城隍神濟安侯新廟記〉，頁2979下。

〔註65〕《漢書·郊祀志下》，卷二十五下，頁1257。

〔註66〕《三國志·魏志·文帝紀》（臺北：鼎文書局點校本，1978年三版），卷二，頁84。

事實上政府對於這些所謂合乎禮制的祠祀並不很在意去維持。尤其在戰亂分裂時期更未暇注意，並且基於民間信仰的祠祀又紛紛出現，更使得合於禮制的傳統祠祀受到挑戰。像東晉穆帝時，何琦就提到：

> 計今非典之祠，可謂非一。考其正名，則淫昏之鬼；推其糜費，則四民之蠹。而山川大神，更爲簡闕，……良由頃國家多難，日不暇給，草建廢滯，事有未遑。〔註67〕

而民間的祠祀信仰如果爲帝王所接受，自然也爲入政府祭祀體係所承認。像前面所提到蔣子文的事蹟，孫權封子文爲中都侯，就是對該祠祀信仰的一種承認。又像在南朝宋武帝時：

> 宋武帝永初二年（421 A. D.）普禁淫祀，由是蔣子文祠以下，普皆毀絕。孝武孝建初，更修起蔣山祠，所在山川，漸皆修復。明帝立九州廟於雞籠山，大聚群神，蔣侯宋代稍加爵，位至相國、大都督、中外諸軍事，加殊禮，鍾山王。蘇侯驃騎大將軍，四方諸神，咸加爵秩。〔註68〕

藉由對於神祇加封官爵號，就成爲以後政府對於民間祠祀信仰承認的重要手段，也是將民間祠祀信仰吸收納入國家祭祀體系的重要管道。

〔註67〕《宋書‧禮志四》（臺北：鼎文書局點校本，1979年二版），卷十七，頁483。
〔註68〕《宋書‧禮志四》，卷十七，頁488。

第三章　宋代祠廟、祠祀活動與民衆生活

第一節　宋代祠廟發展概況

　　在宋代存在民間最基層、最普遍的祠廟是社廟，第二章提過自先秦以來，「社」一直是基層聚落中的祭祀單位。由里社所立的廟宇，就成爲聚落宗教活動的場所。黃震就這麼說：

> 古者之制，尊天而親地，夫爲尊天，故惟天子得以祀之，夫惟親地，故自天子至諸侯、至卿大夫之有采邑、至民庶之爲閭里者，無不得祀之。地者生財，土者吐萬物，民人朝夕之所親見，終身之所賴以生活。故春祈秋報，惟社爲親。古者祠以壇，則謂里社。今者祠以屋，則謂之社廟，其社一也。……是以凡荒蹊野町之中，古木樛枝之下，雖獨屋蕞然，香爐冷絕，而其制則源於先王，本於典禮，關於民命大矣。〔註1〕

從黃震這段話看來，流行於民間的社廟是從古代社祀傳統演變而來的。雖然宋代村落社祭還有一些保存古代壇祀簡單形式〔註2〕，然有廟屋的形式在宋代

〔註1〕黃震，《黃氏日抄》（臺北：大化書局，1984年再版），卷八十八〈潯浦廟記〉，頁901上。

〔註2〕梅堯臣詩：「年年迎社雨，淡淡洗林花，梅下賽田鼓，壇邊伺肉鴉」，可見宋代農村社祭尚有保持壇祀簡單形式。原詩未收入《宛陵集》，根據蒲積中編，《歲時雜詠》（臺北：臺灣商務印書館四庫全書本），卷十所收梅堯臣著〈春社〉，頁291下。

已普遍存在於基層聚落中。

而村里的社廟，隨著聚落的發展分衍，為了因應新的聚落信仰上的需求，由是滋生出新的社廟。廖剛在〈龍沙廟記〉中所提到的情形可做為例子：

> 交溪南北為靜安里，溪北之人歲時奉里社于溪南之嶺表，不知始于何年。率夜半往，待事於祠下，雖甚寒若大風雨，無敢改也。或不得時渡而奠獻，獨後往往舉家惶懼以為一歲不滿之事。余嘗怪之。頃因會諸耆老，而語之曰：「里有社，初無定所，亦各於其井廬之間為之，從其便也；惟溪北人煙實強半于溪南，豈不能築一壇以為祈報地，顧必登舟涉嶺而後以為勤耶？」〔註3〕

從這段記載可以知道靜安里被交溪分隔成南北兩部分，雖然溪北的發展已具規模，但可能由於溪南部分是聚落原始發祥地，因此社廟是設立在溪南部分，可是這樣卻造成溪北人民祭祀上的困難。作者有鑑於此，在聚會時建議里中耆老，在溪北建立新的里社，以符合溪北居民祭祀上的需求，結果：

> 父老矍然咸曰：「曾弗爾思，第見所從來久遊以為當然耳。」因復謂曰：「社神必立妃配，姑置不論，今嶺表乃有二神像與妃，而四列坐堂上，莫適為尊，遞傳以為兄弟二人而已。莫知其所以祀，是獨不可分于南北社乎？且余疇昔嘗夢遊塋林龍沙之間，見廟宇甚設，今猶彷彿於心，吾黨之社，豈此其地乎？」試相與行，相之果得爽塏焉。卜之而吉，乃使詣祠而請曰：「願輅神像一軀與妃為溪北地主，一正廟貌，庶幾少於禮典，神聰為聽，丕蒙印可。」於是無小無大，歡欣歌舞，相與捐金出力，惟恐其後。不再月而廟成，乃涓吉備禮而遂遷之焉。實經始于建炎元年八月，而奉安于十有二月壬子也。凡為屋二十間，神御日：堂廟，曰：靈感神君，著兆於夢也。……門庭嚴邃，繪圖森羅，里人瞻仰，肅心有加，遂為子孫百世不改之祠。〔註4〕

靜安里社廟正好有二對神像，於是在卜求神祇同意後，分香於溪北之地，因而新的里廟誕生了。從這裡我們可看到隨著地緣聚落的發展，連帶產生為了因應新的聚落祭祀信仰需求而產生新社廟的現象。由此可了解聚落社廟隨著聚落本身發展而發展的相互密切關係。

〔註 3〕廖剛，《高峰文集》（臺北：臺灣商務印書館四庫全書本），卷十一〈龍沙廟記〉，頁 440 上。

〔註 4〕廖剛，《高峰文集》，卷十一〈龍沙廟記〉，頁 440 上～下。

　　地方村落的社廟更上一層則是屬於鄉鎮規模的祠廟，這裡以湖州德清縣永寧鄉孚惠廟為例，孚惠廟所祀乃新塘土神陸載，陸載為南北朝時人，以陸載為本鄉的土神，迄南宋隆興元年（1163）已七百餘年，時間上算是很久的。該廟自宋朝建立以來：

> 庇護一方，靈驗之跡，傳播遠彌，不可具陳，……本鄉或遇水旱祈禱，雨暘必應。四月十三日係神生辰，鄉社請迎神像以致祭獻，或遇連日大雨，至期必晴。本鄉多種菱蓮，昨歲嘗為蟲蠹所傷，即禱于神，一夜大風雨，其蟲掃去俱盡。本鄉或有瘟疫及尋常疾病，虔誠所懇，至有甚危者，亦獲痊安。〔註5〕

可看出新塘土神身為永寧鄉當地的保護神的性質。出於在鄉民的觀念裡該廟靈應顯著，保祐鄉民日常生活中，農事、疾疫上的問題，因此深得該鄉信賴，不僅如此，孚惠廟還庇佑永寧鄉商業活動：

> 本鄉居民多以舟舡遠出商販，啟行之日，必先禱于神，仍畫像于舡內，朝夕祝之，如過江湖，雖遇風波之險，每獲安濟。去年五月內，夜有賊偷土人舡一隻，內有二子看守。賊撐舡去十餘里，殺其二子，一境騷動，本鄉耆保及所屬弓兵懇禱于神，乞賜威靈陰助，速其敗獲，仍先剋定時日，果於平江府捉到，時刻不差。〔註6〕

總之，可以看出，新塘土神在永寧鄉民觀念中是他們生活信仰上的重要屏障，孚惠廟因此自然成為鄉民共同信仰中心。

　　唐宋間，在縣城與農村之間聚落組織發生一個重要的變化，那就是鎮市的出現及發展。由於商品經濟的發展及流通，原本做為城郊、村落臨時貿易之處的草市，發展成市鎮，成為縣城（都市）與農村之間經濟、社會關係媒介的中間聚落單位〔註7〕。鎮市之中自然也有諸祠廟的建立，做為鎮市居民信仰活動的中心。像湖州德清縣新市鎮永靈廟，祠奉該鎮土地保寧將軍，「宣和、靖康間顯靈，以攘寇盜保土，以弭凶荒。遇雨暘札瘥，人咸禱之，禱無不應，應無不驗，其弭災轉禍不可勝紀，民今實受其賜。」〔註8〕

〔註5〕阮元編，《兩浙金石志》，收入《石刻史料新編》（臺北：新文豐出版公司，1984年），第一輯，十四冊，卷九〈宋孚惠廟敕牒碑〉，頁10406下。
〔註6〕阮元編，《兩浙金石志》，卷九〈宋孚惠廟敕牒碑〉，頁10406下。
〔註7〕關於宋代草市鎮的發展，參見傅宗文，《宋代草市鎮研究》（福州：福建人民出版社，1991年二刷）。
〔註8〕阮元編，《兩浙金石志》，卷八〈宋永靈廟土地顯佑侯碑〉，頁10378下。

除了地區性的祠廟外，尚有全國性的祠廟，一是城隍。前面第二章提過城隍信仰在唐代逐漸開展的情形，在宋代已普遍流行於州縣地方，不但有州的城隍，也有縣的城隍〔註9〕。城隍已成為地方重要的祠廟，所謂「社稷為一州境土最尊之神，城隍為一城境土最尊之神。」〔註10〕雖說如此，作為國家祭祀體系重要一環的社稷，在民間及官方所受的歡迎程度還不及城隍。像陸游所說的：

> 城者以保民禁奸，通節內外，其有功於人最大。顧以非古黜其祭，
> 豈人心所安哉？故自唐以來，郡縣皆祭城隍，至今世尤謹，守令謁
> 見，其儀在他神祠上。社稷雖尊，特以令式從事，至祈禳報賽，獨
> 城隍而已，則其禮顧不重歟？〔註11〕

從陸游這段話可看出城隍在地方上所受到的尊重，而民間的觀念中，城隍的地位好比州縣的守令，掌管著一方福禍現象，因此受到民眾的重視，自然也影響到地方官對於城隍的態度，故有謁見之儀在他神祠之上的情形。

宋代另一個全國性的祠廟是東嶽廟，東嶽泰山為五嶽之一，自戰國以至漢代，泰山始終是君主告成于天的封禪聖地。而到漢代，泰山成為治鬼之府，成為中國觀念中冥府之地，而人格化的泰山山神泰山府君也成為冥司之主。雖然後來佛教傳來地獄觀念，然而泰山信仰依然在民間普遍開展，而且在道教神系中占有重要地位。〔註12〕

到了宋代，真宗尊道，封禪後加號泰山為仁聖天齊王，祀汾陰後更加封為天齊仁聖帝〔註13〕，東岳大帝不僅受到官方的尊崇，在民間也曾受尊崇，是很受重視的祠廟。

〔註9〕趙與時，《賓退錄》，卷八，收入《筆記小說大觀》四編六冊（臺北：新興書局），提到城隍在宋代流行的情形：「今其祀幾遍天下，朝家或錫廟額，或頒封爵。未命者或襲鄰郡之稱，或承流俗所傳，郡異而縣不同，至於神之姓名，則又遷就附會，各指一人，神何言哉？負城之邑亦有與郡兩立者，獨彭州既有城隍廟，又有羅城廟，袁州分宜縣既有城隍廟，又有縣隍廟，尤為創見。」頁2140下。

〔註10〕胡榘修、方萬里羅濬撰，《寶慶四明志》，收入《宋元方志叢刊》（北京：中華書局，1990年），第五冊，卷二〈社稷〉，頁5011下。

〔註11〕陸游，《陸放翁全集》（臺北：世界書局，1987年四版），卷十七〈寧德縣重修城隍廟記〉，頁96。

〔註12〕關於泰山信仰的發展，參見酒井忠夫，〈太山信仰の研究〉，《史潮》第七年二號（西元1937年6月）。

〔註13〕《宋史‧禮五》（臺北：鼎文書局點校本，1980年再版），卷一二〇，頁2486。

　　東岳大帝因具有冥司之主的性格，因此民眾有冤情在現實生活中不能解決，都會找上東嶽廟禱訴。像《夷堅志》一個故事提到，饒州孔都因私怨而告人私釀酒，使釀者破產，釀者於是：

　　　　率鄰人共詣東嶽行宮，具訴孔、夏私隙遷怒破其家，祈神爲主。是日，孔在家，忽震恐不自持，呼妻子及里人聚坐。過夜半，乃言：「遣十餘人見捕，賴此間黨盛，今舍去矣。」天未曉，索衫著出，曰：「當往獄官廳。」是晚不還家。歷五日，或言有溺死於澹津湖者，孔妻驚疑必其夫，及廟官撈出尸，果也。蓋孔挾一時之忿，致諸家撓壞如此，故神殛之云。淳熙元年（1174）四月也。〔註14〕

這是孔都受東嶽廟制裁的情形。東嶽廟所具有的陰界裁判的地位是高於其他的祠廟的。像《夷堅志》提到，陳祈被毛烈乾沒了家產，訴於縣、州、轉運使都不能伸冤，於是：

　　　　乃具牲酒詛于社，夢與神遇，告之曰：「此非吾所能辨，盍往禱東嶽行宮，當如汝請。」〔註15〕

可見地方社神，是不能處理民間冤情案件，只能移送東嶽廟，而道教典籍《道法會法》所收〈太上混洞赤文女青詔書天律〉所規範神祇戒律中也提到：

　　　　諸正神：民間冤枉者，仰即具狀申東嶽以憑追取，不得妄受詞理，違者處斬。〔註16〕

　　在宋代民間，還存在著基於地方特殊信仰而產生的祠廟，這些祠廟名目五花八門，像鄭俠《西塘集》所言：「竊念荊交之間，淫祠如織，牲牢酒醴，日所祈賽，詰其鬼，無名氏十常六七。」〔註17〕《淳熙三山志‧諸縣祠廟》亦云：「縣祠廟率里社自建立，歲月深遠，一邑或至數百所，不可勝載也。」〔註18〕陳淳在〈上趙寺丞論淫祠〉中也說道：「某竊以南人好尙淫祀，而此邦之俗爲尤甚，自城邑至村墟，淫鬼之名號者至不一，而所以爲廟宇者，亦何

〔註14〕洪邁，《夷堅志》（臺北：明文書局，1982年翻印本）丁志，卷十四〈孔都〉，頁657。

〔註15〕洪邁，《夷堅志》甲志，卷十九〈毛烈陰獄〉，頁168。

〔註16〕《道法會元》，收入《正統道藏》（臺北：新文豐出版公司，1977年），第五十一冊，卷二五一，第三，頁445。

〔註17〕鄭俠，《西塘集》（臺北：臺灣商務印書館四庫全書本），卷三〈英州應龍祠記〉，頁394下。

〔註18〕梁克家修纂，《淳熙三山志》，收入《宋元方志叢刊》（北京：中華書局，1990年），卷九〈諸縣祠廟〉，頁7875。

嘗數百所。」〔註 19〕這些名目叢錯紛雜祠廟的產生的原因很多，有些是聚落的居民死後展現靈力，能施人以福禍，因此眾人爲之立祠，像是：

> 贛州寧都縣胡太公廟，其神名雄，邑民也。生有異相，顧自見其耳，
> 死而著靈響，能禍福人，里人因而立祠。〔註 20〕

福建興化軍仙遊縣興福廟也是：

> 神姓林名義，縣下頓人，生爲巫醫，殁而有靈。〔註 21〕

這些祠廟除了祭祀有靈跡的人物外，還祭祀一些非人的精怪，例如有祭山鬼的，比較有名的是所謂的「木下三郎」、「獨腳五通」，如《夷堅志》所云：

> 大江以南地多山，而俗機鬼，其神怪甚俀異，多依巖石樹木爲叢祠，
> 村村有之。二浙江東曰：「五通」，江西閩中曰：「木下三郎」，又曰
> 「木客」，一足者曰「獨腳五通」，名雖不同，其實則一，考之傳記，
> 所謂木石之怪夔罔兩及山獝是也。〔註 22〕

還有所謂的七姑子：

> 乙志載汀州七姑子，贛州亦有之，蓋山鬼也。遍城郭邑聚，多立祠
> 宇，其狀乃七婦人，頗能興禍咎。〔註 23〕

除了祭祀山鬼的祠廟，也有祭祀動物的祠廟，如有所謂的蜂王祠：

> 宣州南陵縣舊有蜂王祠，莫知所起，巫祝因以鼓眾，謂爲至靈，里俗
> 奉事甚謹，即立廟，又崇飾龕堂貯之，遇時節嬉遊，必迎以出。〔註 24〕

然而這些各式各樣的祠廟是怎樣建立呢？陳淳認爲：

> 江淮以南自古多淫祀，以其在蠻夷之域，不沾中華禮義。狄仁傑毀
> 江淮淫祀一千七百區。……今去狄公未久而淫祀極多，皆源世教不
> 明，民俗好怪。始者土居尊秩無識者倡之，繼而群小以財豪鄉里者
> 輔之，下焉則里中破蕩無生產者假托此以哀斂民財爲衣食之計，是
> 以上而州縣，下至閭巷村落，無不各有神祠。〔註 25〕

〔註 19〕陳淳，《北溪大全集》（臺北：臺灣商務印書館四庫全書本），卷四十三〈上趙
寺丞論淫祠〉，頁 851 上。

〔註 20〕洪邁，《夷堅志》丁志，卷十〈天門授事〉，頁 622。

〔註 21〕趙與泌修，黃巖孫纂，《仙溪志》，收入《宋元方志叢刊》（北京：中華書局，
1990 年），卷三〈祠廟〉，頁 8308 下。

〔註 22〕洪邁，《夷堅志》丁志，卷十九〈江南木客〉，頁 695。

〔註 23〕洪邁，《夷堅志》甲支，卷六〈七姑子〉，頁 761。

〔註 24〕洪邁，《夷堅志》支乙，卷五〈南陵蜂王〉，頁 830。

〔註 25〕陳淳撰，王儁編，《北溪字義》（臺北：世界書局，1967 年），卷下，頁 49 上。

這些祠廟的建立的過程，首先是民眾們相信祠廟神祇所展現的靈力，也就是在陳淳眼中所謂的「民俗好怪」的現象。然後再加上地方人士的倡導，由是這些祠廟才能在地方上發展起來。其中巫者也扮演非常重要的角色。事實上，地方有許多的祠廟是巫者倡導建立的，《梁谿漫志》就說道：

> 江東村落間有叢祠，其始，巫祝附託以興妖，里民信之，相與營葺，土木寖盛。〔註26〕

說到巫者與地方有力人士合作整建祠廟可以《夷堅志》所載的一個故事做例子：

> 鄱陽昌田，舊有鳴山小廟，積以頹敝。（南宋寧宗）慶元二年（1196）九月，鄉人議毀之。一巫為物憑附，猖狂奔走，傳神命告里中曹秀才，使主盟一新。廟之始建也，曹之祖有力焉，故復致請。〔註27〕

鄱陽昌田的鳴山廟，可能是已沒什麼靈驗能吸引鄉民，因此日就頹壞，原本鄉人打算要拆毀廟宇，突然有巫者傳神旨命要曹秀才負責重新廟宇，可能曹秀才一家在當地是所謂的鄉秩尊者，而曹秀才的祖父也為鳴山小廟建立也出過力，因此巫者才找上曹秀才，然而曹秀才平日不太相信神怪之事，所以也沒有答應，結果：

> 越夕，凡一鄉巫覡工匠百餘人，盡造曹居，不約而集，皆不知所以然。曹猶不聽，眾怒去。或不假舟楫，而直度大溪。四境林木，輒徑指定，不求於其主，即行采斫。合抱十圍者，數斧而斷。當時健丁百輩可舉者，不過三十人，其行如馳。曹往視，乃悔前非。自詣廟下，工役爭盡力，亦不取庸雇之直，它處富室各施財米。……首尾纔涉旬，殿宇已就。……傍郡聞之，遠來薦禱千計，……，今遂成社廟矣。〔註28〕

在祠廟展現出靈力後，使得曹秀才相信神意要重新廟貌，因而帶動其他地方富室施捨財米支持修廟，新的鳴山廟遂成一鄉社廟。從這個例子可見地方祠廟建立的一個模式：先是巫者倡導，地方有力人士的支持還有經濟上的援助，而帶動地方興建祠廟或重新廟貌。

　　不僅地方普通的祠廟，還有大型的祠廟的新建，地方重要人士的倡導經

〔註26〕費袞，《梁谿漫志》（上海：上海古籍出版社，1985年），卷十〈江東叢祠〉，頁118。

〔註27〕洪邁，《夷堅志》支癸，卷二〈昌田鳴山廟〉，頁1235。

〔註28〕洪邁，《夷堅志》支癸，卷二〈昌田鳴山廟〉，頁1235～1236。

營是個重要的關鍵。像泉州東嶽廟的修建,花費了十四萬緡,其中:

> 右朝請大夫張君汝錫,首施錢五千緡,以郡人唱。施者既集,而張
> 君即世,其子婿右朝奉大夫韓君習實始終之。凡廟之位置高下,與
> 夫費用之出納,工役之巨細,皆韓君力也。〔註29〕

新建的泉州東嶽廟,是地方實力人士張汝錫大力倡導,再加上他女婿親身參
與的經營而完成的,可見「鄉秩尊者」在祠廟經營所扮演的重要角色。

不僅是修建祠廟,為祠廟向政府提出賜額封爵的申請也是在地方有威望
的人士。像湖州德清縣新市鎮永靈廟:

> 神之感應如響,鄉老編其功績告于所隸,官覈其實,敷奏於朝,紹
> 興乙卯(五年,1135)得賜廟額永靈。〔註30〕

此外像嘉興府靈顯廟,向朝廷提出賜額申請的人士就有:「鄉貢進士聞人剛
中,待補進士婁文遠,待補進士王安孫」〔註31〕等地方勢力人士。

至於維持祠廟的費用是怎麼來的呢?通常一般有關祠廟記載或是廟記只
提到整修時的費用,至於廟產則幾乎很少提到。只有少數資料提到祠廟廟產
的事,如《淳熙三山志》提到福州府城的北廟:「棟宇宏麗,有果園稻田,歲
殖其利,祀事以給。」〔註32〕而靈澤廟也「有田及蓮塘二十餘畝,州并蠲租,
以僧掌之。」〔註33〕至於有詳細廟產的記載,則是江蘇宜興的英烈廟。〈英烈
廟置田檀越題名記〉就這麼說:

> 竊惟忠武公廟食荊谿,垂及千載,比因神廡頹圯,鳩工興造,翕然
> 響應,不日落成,廟貌載肅,邦人尊敬有加無已。但本廟素無常住,
> 乞食於人,殊未稱崇奉香火之意。今欲置少田租為永遠計。〔註34〕

由此看來,該廟認為光靠民眾的捐獻,並不是維持廟宇長久之計,於是才有
購置田產以為永久產業的打算。〈英烈廟置田檀越題名記〉後面詳細條列了田
產的數目。不過這些都是少數的例外。民間大部分的各式各樣的祠廟都沒有

〔註29〕 韓元吉等撰,《南澗甲乙稿附拾遺外一種》(臺北:新文豐出版公司,1984年),
卷十九〈東嶽廟碑〉,頁374。

〔註30〕 阮元編,《兩浙金石志》,收入《石刻史料新編》,卷八〈宋永靈廟土地顯佑侯
碑〉,頁10378下。

〔註31〕 阮元編,《兩浙金石志》,卷十三〈宋靈顯廟賜額敕牒碑〉,頁10504上。

〔註32〕 梁克家修纂,《淳熙三山志》,卷七〈祠廟〉,頁7864上。

〔註33〕 梁克家修纂,《淳熙三山志》,卷七〈祠廟〉,頁7865下。

〔註34〕 江蘇通志稿編,《江蘇金石志》,收入《石刻史料新編》(臺北:新文豐出版公
司)第一輯,第十三冊,卷十五〈英烈廟置田檀越題名記〉,頁9817下。

固定而持久的廟產。祠廟的維持得靠民眾的香火捐助。尤其是靈應顯著的廟宇，就能吸引民眾大量的捐助。

比較著名大型的廟宇如汴京皮場廟：「時皮場廟頗著靈響，都人日夜捐施金帛。」〔註35〕興國軍富池昭勇廟也是「祭享之盛，以夜繼日。廟祝歲輸官錢千二百緡。」〔註36〕可見該廟香火錢收入之盛。

至於地方祠廟亦復如此，如「撫州金溪縣有神廟，甚靈顯，祈請者施金帛無虛日，積錢至二千緡。」〔註37〕當然有些祠廟的靈顯是設計出來的，藉此吸引民眾的捐獻。像《梁谿漫志》所提到的江東叢祠，巫者與惡少串通，假藉惡少侮神受譴來騙取民眾信仰，結果惡少反被巫者設計毒死，民眾以為真是侮神受譴，使得「里人益神之，即日喧傳傍郡，祈禳者雲集。廟貌繪繢極嚴，巫所得不勝計。」〔註38〕

總之，我們可以看出，祠廟的維持必須要向世人展現靈跡，無論是真實或是設計出來，如此才能吸引民眾的捐獻來維持廟貌。〔註39〕

第二節　宋代祠廟與民眾生活

前面第一節提到，祠廟一般沒有什麼廟產，它的維持仰賴民眾所捐贈的香火錢，為了維持民眾不斷捐獻，祠廟本身必須展現它的靈驗，以吸引民眾的支持。事實上，民間祠廟對於一般民眾而言，它提供一個救濟管道；在現實生活中面對無法，或者是不確定能解決的事物，就特別渴求有超現實的靈力加以庇佑護蔭，因此造成民眾仰賴祠廟的靈力的現象。

一般民眾最仰賴祠廟什麼樣的靈力呢？對於農業社會而言，作物收成的順利最為民眾所關切，而作物收成順利，又最需要天時配合才行，一有水旱之災，則作物生長便受到立即的威脅。像《夷堅志》裡〈天門授事〉的故事中孫巍告訴希望能獲得朝廷封爵的里神胡太公就說到：「歲時水旱，最民所急，若能極力拯濟，則縣令郡守必以上於朝，封爵可立致也。」〔註40〕從這

〔註35〕洪邁，《夷堅志》甲志，卷五〈皮場大王〉，頁39。
〔註36〕陸游，《入蜀記》，收入《陸放翁全集》，頁283。
〔註37〕洪邁，《夷堅志》甲志，卷五〈趙善文〉，頁43。
〔註38〕費袞，《梁谿漫志》，卷十〈江東叢祠〉，頁118～119。
〔註39〕參見 Hansen, Valerie., *Changing Gods in Medieval China, 1127~1276*, p. 61。
〔註40〕洪邁，《夷堅志》丁志，卷十〈天門授事〉，頁622。

句話可看出民眾在水旱之時熱切渴望祠廟神祇發揮靈力予以拯濟的心態。水旱之時不僅民眾，連地方官都向民間祠廟祀禱。雖然這現象受到嚴守儒家傳統禮制觀念的知識份子所批評，然而這也看出水旱之時民間祠廟成為民眾在信仰上尋找救濟的主要依靠。〔註41〕

　　人們還依賴祠廟神祈的神力治療疾病，一些著名的祠廟，如杭州府城的惠應廟（即皮場廟），「都人有疾者，禱必應，蓋以其為神農云。」〔註42〕還有崑山縣的惠應廟也是「疾疫者，禱之如餌良藥。」〔註43〕甚至像地方性祠廟如湖州德清縣永寧鄉孚惠廟：「本鄉或有瘟疫及尋常疾病，虔誠所懇，至有甚危者亦獲痊安。」〔註44〕

　　至於普通民眾最常拜禱的，還是一些所謂的淫祠，有的以瘟神為名，如《夷堅志》提到常州的情形：

> 張子智（貴謨）知常州，（寧宗）慶元乙卯（元年，1195）春夏間，疫氣大作，民病者十室而九。張多治善藥，分諸坊曲散給，而求者絕少，頗以為疑。詢於郡士，皆云：「此邦東岳行宮後有一殿，士人奉祀瘟神，四巫執其柄。凡有疾者，必使來致禱，戒令不得服藥，故雖府中給施而不敢請。」張心殊不平。他日，至岳祠奠，戶庭悄悄，香火寥落。問瘟廟所在，從吏謂必加瞻敬，命炷香設褥。張悉撤去，時老弱婦女，祈賽闐咽，見使君來，爭叢繞環視。〔註45〕

結果張子智當眾下令毀像拆廟，並將四位巫者驅逐出境。當時民眾以為張子智必遭神譴，然而常州當地的疫情也受到控制，習俗也稍為之變革。這個故事顯示出當時民間疾病時求巫不求醫，信神不信藥的風氣。像鎮江也流傳這種風氣，劉宰就指出：

〔註41〕參見第四章第二節〈士大夫對民間祠廟、祠祀活動的批判〉。

〔註42〕潛說友修纂，《咸淳臨安志》，收入《宋元方志叢刊》（北京：中華書局，1990年），第四冊，卷七十三〈東京舊祠〉，頁4010下。吳自牧，《夢粱錄》（臺北：大立出版社，1980年），卷十四亦云：「其神乃古神農，于三王時都曲阜，世人食腥羶者，率致物故，因集天下孝義勇烈之士二十四人，分十二分野，播種採藥，至于今世極有神功，兩廡奉二十四仙醫使者是也。」頁252。

〔註43〕項公澤修，凌萬頃、邊實纂，《淳祐玉峰志》，收入《宋元方志叢刊》（北京：中華書局，1990年），第一冊，卷之下〈祠廟〉，頁1088下，此處惠應廟所祭乃馬鞍山山神。

〔註44〕阮元編，《兩浙金石志》，收入《石刻史料新編》第一輯，第十四冊，卷九〈宋孚惠廟敕牒碑〉，頁10406下。

〔註45〕《夷堅志》支戊，卷三〈張子智毀廟〉，頁1074。

俚俗相扇，淫祀繁興。其一曰祭瘟，所在市廛皆有廟貌。……至於
用醫藥以救表裡，亦須托杯珓以決從違。致取短捨長，當汗反下去，
生已遠之死固當，所擲枯節朽根，何異長梃利刃。其次曰齋聖，又
其次曰樂神。晝夜留連，男女混雜，冥頑之童附而爲鬼，鬼固不靈，
腥臊之巫降而爲神。……病者欲療而禁其服餌，老者須肉而絕其肥
甘。投以符水，不問症之陰陽，聒以鼓樂，不恤體之煩燥。〔註46〕

事實上這種風氣不僅南宋已然，從北宋以來就是一個令人注意的社會問題。
通常由地方巫者所主導的淫祠來扮演醫療的角色，而地方官常以毀祠取締巫
者的手段以及引進醫藥知識來制止這種現象，這可從中村治兵衛對宋代巫者
的研究中看出〔註47〕。而中央朝廷也注意到這種現象，像仁宗天聖元年（1023）
時，夏竦取締洪州巫者一千九百餘名後，建議朝廷嚴加管制這種現象，結果
朝廷下令：

詔宜令江南東西、荊湖南北、廣南東西、兩浙、福建路轉運司遍行
指揮轄下州、府、軍、監、縣、鎮，今後師巫以邪神爲名，屏去病
人衣食湯藥，斷絕親識看承，若情涉於陷害，及意望於病苦者，并
同謀之人，引用呪詛律條，比類斷遣。〔註48〕

可見這種現象在宋代南方普遍的情形，雖然有朝廷的禁令，但是這種風氣依
舊盛行，到高宗時又有類似的詔令：

（紹興）十六年（1146）二月三日臣僚言：近來淫祠稍行，江淛之
間，此風尤熾。一有疾病，惟妖巫之言是聽，親族鄰里不相問勞，
且曰：「此神所不喜。」不求治于醫藥，而屠宰牲畜以禱邪魅，至於
罄竭家資，略無效驗而終不悔。欲望申嚴條令，俾諸路監司郡守重
行禁止。詔令禮、刑部坐議行下，如不係祠典，日下毀去。〔註49〕

〔註46〕劉宰，《漫塘集》（臺北：臺灣商務印書館四庫全書本），卷十八〈勸尊天敬神
　　　　文〉，頁 515 下～516 上。此文亦見於《至順鎮江志》收入《宋元方志叢刊》
　　　　（北京：中華書局，1990 年），第三冊，卷三〈風俗〉，〈杜祈禱〉條，頁 2640
　　　　下。
〔註47〕參見中村治兵衛，〈北宋朝と巫〉，《中央大學文學部紀要》八十八期（1978
　　　　年 3 月）及〈宋代の巫の特徵——入巫過程の究明を含めて〉，《中央大學文
　　　　學部紀要》一〇四期（1982 年 3 月）
〔註48〕《宋會要輯稿》（臺北：新文豐出版公司，1976 年），〈禮〉二十之十二，頁
　　　　756 下。
〔註49〕《宋會要輯稿》，〈刑法〉二，〈禁約〉之一五二，頁 6557 下。

祠廟也與士人生活有相當的關係，宋代由於科舉競爭激烈，因此士人常常前往祠廟探問前途。常見的形式是乞夢。乞問對象的祠廟，有小至土地祠者，如：

> 永嘉諸葛賁，字文之，在太學，預淳熙庚子（七年，1180）秋薦。辛丑（八年，1181）正月，來試南宮，以十四日謁夢於學土地祠。〔註50〕

> 張楠，字元幹，福州名士也，入太學爲學錄。既優列解籍，而省試不利，乃詣土地祠禱曰：「楠雖不肖，自覺學業程文不在儕輩下，今而失意，其必有說，敢以請于神。」〔註51〕

或往地方的村廟祈問：

> （建寧府）建陽縣二十里間蓋竹村有威懷廟，以靈應著。陳秀公（升之）少年時，家苦貧，朋友勉以應鄉舉，公雖行而心不樂，過廟入謁，祝盃筊曰：「某家貧，今非費數千不可動，亦無所從出，敢以決於靈侯。」舉三投之，皆陰也，意愈不樂。〔註52〕

除了土地祠及村廟，一些著名祠廟更是士人祈問的場所，像是汴京的二相公廟，就吸引各地前往京師會試的舉人光顧：

> 京師二相公廟在城西內城腳下，舉人入京者，必往謁祈夢，率以錢置左右童子手中，云最有神靈。〔註53〕

而在南宋杭州，著名的則是皮場廟〔註54〕，還有就是梓橦帝君廟〔註55〕，至

〔註50〕《夷堅志》三志壬，卷九〈諸葛賁致語〉，頁1537。
〔註51〕《夷堅志》支乙，卷八〈張元幹夢〉，頁858。
〔註52〕《夷堅志》丁志，卷五〈威懷廟神〉，頁578。
〔註53〕《夷堅志》乙志，卷十九〈二相公廟〉，頁349。費袞，《梁谿漫志》（上海：上海古籍出版社，1985年），卷十〈二相公廟乞夢〉亦云：「京師二相公廟，世傳子游、子夏也。靈異甚多，不勝載，於舉子問得失，尤應答如響。」（頁116）另外，王栐《燕翼詒謀錄》（臺北：木鐸出版社翻印本，1982年），卷四亦云：「京師試於禮部者，皆禱於二相廟。」（頁36）
〔註54〕王栐，《燕翼詒謀錄》，卷四云：「今行都試禮部者，皆禱於皮場廟，……今廟在萬壽觀之晨華館，館與貢院爲鄰，不知士人之禱始於何時，館因何而置廟也。」（頁36）
〔註55〕吳自牧，《夢粱錄》，收入《東京夢華錄外四種》（臺北：大立出版社，1980年），卷十七〈外郡行祠〉云：「帝君廟，在吳山承天觀，此蜀中神，專掌注祿籍，凡四方士子求名赴選者悉禱之。」頁253。梓橦帝君在元代便爲文昌帝君，成爲士人科考最重要的保護神，關於梓橦帝君的研究可參見森田憲司〈文昌帝君の成立——地方神から科舉神へ〉，收錄於梅原郁編《中國近世の都市

於其他地方著名的祠廟也是士大夫前去光顧祈問的場所，像是福建邵武軍惠應廟（即廣祐王廟）〔註56〕「在軍西五十里大乾山，閩士多往祈禱。」〔註57〕而建寧府城「東梨岳廟所事神，唐刺史李頻也，靈異昭格，每當科舉歲，士人禱祈，赴之如鐵，至留宿於廟中以求夢，無不驗者。」〔註58〕

　　至於士人祈問祠廟，所希望，或是得到什麼樣的訊息呢？這也是一個很有趣的現象。當然，面對著如此激烈競爭的科舉，儘管本身擁有應考的能力，但是否能考上卻也很難說。因此向祠廟祈問，以確定是否有考上的機會，像《夷堅志》提到：

> 浦城縣去府三百里，邑士陳堯咨，苦貧憚費，不能應詔，乃言曰：「惟至誠可以動天地，感鬼神，此中自有護學祠，吾今但齎香紙謁之，當獲丕應。」是夕，宿於齋，夢一獨腳鬼，跳躍數四，且行且歌曰：「有官便有妻，有妻便有錢，有錢便有田。」堯咨既覺，遍告朋友，決意入城。其事喧播於鄉里，或傳以為戲笑。秋闈揭榜，果預選，一舉登科。〔註59〕

這個故事跟前面所提到的陳升之的故事類似，陳堯咨由於家境貧困，前去應試又是一筆開銷，是否能考上又是未定之數，在猶疑徘徊間只得乞求神明，以決定是否前去應試，這充分表現出宋代科舉考試競爭激烈，士人們緊張心態，這種情形也反映在士人祈問神明是否更改考試科目上。《夷堅志》提到士人向邵武軍大乾惠應廟祈問靈響的事跡就有：

> 郡人張鳳以紹興甲子（十四年，1144）冠鄉薦，既下第，丁卯（十七年，1147）再試，欲改賦為經義。夢僧持衲，中有詩曰：「賦中千里極歸依，衣衲成章露翠微。」乃止，用賦得魁薦。千里者，重字也。〔註60〕

張生第一次應試並不順利，因此想更改考試科目，但是自己也不是很有把握，還是依賴神明指示才能作出不更改賦試的決定。從這也可以看出士人面對科

　　　　と文化》（京都：京都大學人文科學研究所，1984年）。

〔註56〕《夷堅志》丁志，卷十五〈新廣佑王〉：「邵武軍北大乾山廣祐王廟，考圖記，乃唐末歐陽使君之神。」頁664。

〔註57〕《夷堅志》補，卷二十〈大乾廟〉，頁1739。

〔註58〕《夷堅志》支丁，卷八〈陳堯咨夢〉，頁1030。

〔註59〕《夷堅志》支丁，卷八〈陳堯咨夢〉，頁1030。

〔註60〕《夷堅志》補，卷二十〈大乾廟〉，頁1739。

舉考試那種不確而緊張的心態，造成士人在心靈上普遍依賴神祇指示，而向祠廟祈問的行爲。

祠廟還向應考的士人展示什麼樣的訊息呢？鍾世若的遭遇可作爲說明：

> 紹興二十六年（1156），宜春郡士鍾世若謁仰山乞夢，以占秋試得失。是夜夢自廟外門進抵庭下，顧見廊廡間背縛一人於柱，回望鍾，欣然有喜色，且笑且語。因驚寤。爲朋友言，不能曉其指意。迨入試，出《反身而誠樂莫大焉賦》爲題，始默念昨夢：背縛者，反身之義；顧笑者，樂也。神既告以題，必可中選，乃精思運籌。〔註61〕

鍾世若不但得到考試題目的提示，甚至也得到解題的方法：

> （鍾世若）第五韻押「焉」字，欲用《孟子》「有三樂，而王天下不與存焉」及「仰不愧於天，俯不怍於人」等語，慮無他經句堪對，不覺伏几假寐，髣髴見黃衣一吏叱之曰：「場屋日暮有限，豈汝畫寢時邪？」鍾曰：「正爲尋索故事作對未得。」吏問其故，具以告。吏曰：「胡不用孔子『不怨天，不尤人』，與『飯疏食飲水，樂亦在其中』爲對乎？」鍾洒而起，遂綴緝成隔聯云：「孔不怨尤，飯疏食在其中矣；孟無愧怍，王天下不與存焉。」書畢自喜，爲得神助，持卷而出，考官閱讀，批其旁云：「隔對渾成，可以冠場。」置之首選。〔註62〕

此外，祠廟也給應試士人改名才能考上的暗示，像郡武大乾惠應廟就有幾個靈應的例子：

> 鄧似愷乾道戊子（四年，1168）祈，得詩曰：「戊月年逢鼠，水邊少人武，雙劍鬪高飛，萬人看遠舉。」乃更名遠舉，即獲解，遂策名。……曹薦與弟惠赴試，夢殿上人持榜下，問之，曰：「解榜也。」薦乞觀，有曹利用、曹利建姓名，乃皆易名以應之，果中選。〔註63〕

還有慶元元年（1195）邵武軍秋試中選者鄒應龍靈驗的事跡：

> 先是鄒本名某，以未試前乞夢于大乾廣祐王廟，夢屋內兩龍盤旋，已騰上一龍背，越前而出，既覺，遂更名。次年省闈，會稽莫子純首冠，鄒居第二，以無廷試之故，子純已有官，不可先多士，乃依

〔註61〕《夷堅志》支甲，卷七〈鍾世若〉，頁 768。
〔註62〕《夷堅志》支甲，卷七〈鍾世若〉，頁 768。
〔註63〕《夷堅志》補，卷二十〈大乾廟〉，頁 1739。

故事，升郤為大魁。〔註64〕

從前面的敘述中，我們可以看出民間祠廟在當時士人觀念中介入科舉考試的情形。從士人向祠廟祈問求助的心態可以反映當時社會一個值得注意的現象，那就是宋代朝廷取士任官以科舉考試為主要手段，因此科舉考試成為讀書中登仕的最重要途徑。而在宋代，印刷術的發展使得書籍的普及，也造就了不少讀書機會，讀書人口一多，科舉考試的競爭也更加激烈〔註65〕。而且科舉考試所錄取的名額有限，從考試制度所產生的進士，宋時每三年平均才四五百人，名額少而求試者眾多，更加深考試競爭激烈的程度，而競爭激烈的結果自然使得準備考試所需花費的財力及心力日益增高〔註66〕，儘管有財力、心力上的投入也不一能在激烈的考試中有穩當把握。因此士人們在這種緊張、不確定的壓力下，紛紛求諸於超自然力量的庇護和佐佑，因此才會有士人紛紛向民間祠廟祈問的情形。

　　在宋代民間祠廟對於民眾生活的影響有個值得注意的現象，就是將祠廟神祇對民眾展現福禍的現象以人世行政組織概念加以系統化，也就是說這些神祇也是依循著一定行政程序對於人們施展神力，這可先從宋代民間對於疫病流行原因的想像為例。當時民間認為疫病的流行是由於疫鬼行瘟所致，而疫鬼對於地方施降疫病，也要透過神界祠廟行政系統才行，像《夷堅志》提到南宋乾道元年（1165）時，婺源石田村汪氏僕人王十五的遭遇：

> 初在田中，望十餘人自西來，皆著道服，所齎有箱篋大扇，方注視，便為捽著地上，加毆擊，驅令荷擔行。至縣五侯廟，有一人具冠帶出，結束若今通引官，傳侯旨，問來何所須，答曰：『當於婺源行瘟。』冠帶者入，復出曰：『侯不可』趣令急去。其人猶遷延，俄聞廟中傳呼曰：『不即行，別有處分。』遂捨去。入嶽廟，復遭逐，乃從浙嶺適休寧縣，謁城隍及英濟王廟，所言如婺源，皆不許。遂至徽州，遍走三廟，亦不許。十人者慘沮不樂，迤邐之宣州，入一

〔註64〕《夷堅志》支戊，卷七〈邵武秋試〉，頁1103。

〔註65〕有關印刷術普及造成宋代讀書風氣大盛的論點，可參見李弘祺，〈宋代教育史研究的幾個方向〉，收入氏著《宋代教育散論》（臺北：東昇出版公司，1980年），頁10。

〔註66〕有關宋代科舉考試競爭激情形可參見李弘祺，〈宋代教育與科舉的幾個問題〉，收入氏著《宋代教育散論》，頁55～56及66～67，以及氏著〈宋朝教育及科舉散論——兼評三本有關宋代教育及科舉的書〉，收入氏著《宋代教育散論》，頁126。

> 大祠，才及門，數人已出迎，若先知其來者，相見大喜，入白神，
> 神許諾，仍敕健步徧報所屬土地，且假一鬼爲導，自北門孟郎中家
> 始。〔註67〕

可見疫鬼行瘟，是要經過地方祠廟的同意，透過祠廟所下屬的土地施行才
行。〔註68〕

然而祠廟神祇讓疾疫流行於地方，也是受神界的行政命令而行事的，
如：

> 慶元元年（1195）正月，平江市人周翁瘧疾不止。嘗聞人說瘧有鬼，
> 可以出他處閃避，乃以昏時潛入城隍廟中，伏臥神座下，祝史皆莫
> 知也。夜且半，見燈燭陳列，兵衛拱侍，城隍王臨軒作，黃衣卒從
> 外領七八人至廷下，衣冠拱侍，王問曰：「吾被上帝敕令此邦行疫，
> 爾輩各爲一方土地神，那得稽緩。」皆頓手聽命。其中一神獨前白
> 曰：「某所主孝義坊，誠見本坊居民家家良善無過惡，恐難用病苦以
> 困之。」王怒曰：「此是天旨，汝小小職掌，只合奉行。」〔註69〕

此外，《夷堅志》也提到慶元四年（1198）建寧法師葉道行法爲萬全鄉民朱二
十家禳除疫病，結果：

> 夢鳴山神來云：「朱某家時疾，係吾奉天敕所行，固非妄生災咎。」
> 探懷出黃紙文書一幅示之曰：「此可爲證，若救了他家，必於君不
> 利。」〔註70〕

不僅是行疫，就是神祇要對人們施以災禍，也是受命行事。像《夷堅志》提
到淳熙十二年（1185）時有宗室叔姪三人從臨安調選歸，經過吳興遇到了船難，
請法師考召，結果土地神解釋：

> 某忝爲當界土地，前此數日，被城隍司公牒指名覆此舟，諸物皆據
> 牒交領。惟三人誥命及制書非籍中所載，旋送還之矣。牒見存，可
> 以驗視。〔註71〕

神祇對於人們施以福禍，是得依天律行事，如果神祇不依天律，妄自行事，

〔註67〕 《夷堅志》乙志，卷十七〈宣州孟郎中〉，頁327。
〔註68〕 《夷堅志》丁志，卷十五〈劉十九郎〉，也有類似的描述：「樂平耕民植稻歸，
爲人呼出，見數輩在外，形貌怪惡，叱令負擔。經由數村瞳，歷洪源、石村、
何衡諸里。每一村必先詣社神所，言欲行疫，皆拒卻不聽。」頁660。
〔註69〕 《夷堅志》支景，卷六〈孝義坊土地〉，頁927。
〔註70〕 《夷堅志》辛志，卷七〈葉道行法〉，頁1437。
〔註71〕 《夷堅志》支丁，卷一〈三趙失舟〉，頁971。

則會受到懲罰制裁的。如《夷堅志》提到商懋入冥的情況：

> 懋至門外，一吏持符，引卒徒數百，若迎新官者，白云：泰山府君
> 以君剛正好義，抵陰府不應空回，可暫充賀江巡按使者。」吏導行
> 江上空中，所至廟神參謁，主者呈文簿，懋一一詰責，據案剖判。
> 別一主者前進曰：「某神奉法不謹，誤溺死人。」懋即判領至原地頭
> 誅戮。〔註72〕

而現存道書《道法會元》，卷二百五十一〈太上混洞赤文女青詔書天律〉就收集許多有關神祇應遵守的律條，規範神祇不能隨便對人妄興福禍，如：

> 諸正神不得受民間禱祝，妄興禍福，違者徒九年。
> 諸正神妄受民間咒詛以致病於人者處斬，損一人者滅形。
> 諸正神受敕命血食一方，只得守護境土，妄興一毫禍及於人民者，
> 針決。
> 諸正神不得敕命而往民間行禍，處死。〔註73〕

像是受命行疫，也有一定的規範：

> 諸正神候得敕命往民間行疫者，仰去彼人家，入土地門丞戶尉灶神狀，
> 并示下敕旨，方得入去行疫，不得久住過三日，違者處死。〔註74〕

祠廟神祇除了要嚴守天律行事外，只要他們能有功於人間，年資一到，也是有陞遷的機會的。像是《夷堅志》所記載的例子：

> 段元肅家居京師，鄰家有病者為祟所撓，治之不效，欲請道士奏章
> 訴于帝。段之祖夢人如神明者告之曰：「凡神祇有功於人者，歲滿必
> 遷。吾主此地若干歲，今當及遷，而君鄰家之鬼正在部內，方自往
> 治之，聞其家將奏章，恐致相累，丐君一言，令罷之，病者自安矣。」
> 懇請至再三，段許諾。且問其所止，曰：「亦與君家為鄰。」明日思
> 之，乃皮場廟也。〔註75〕

從這個故事可以看出祠廟神祇就像人世間的職位一樣，是有人事變動的，像上述故事中的皮場廟神，年資已滿，本要遷職，但害怕段元肅鄰人上章，有害自身的考績，因此現身托夢勸阻。

〔註72〕《夷堅志》補，卷二十四〈賈廉訪〉，頁1770。
〔註73〕《道法會元》，收入《正統道藏》（臺北：新文豐出版公司，1977年），第五十一冊，卷二五一，第一、第二，〈太上混洞赤文女青詔書天律〉，頁444。
〔註74〕《道法會元》，卷二五一，第三〈太上混洞赤文女青詔書天律〉，頁445。
〔註75〕《夷堅志》乙志，卷六〈廟神止奏章〉，頁234。

當祠廟神祇人事變動時，也會找陽間有德之人來繼任，有關這類的故事很多，像是：

> 梓橦射洪縣白崖陸使君祠，舊傳云姓陸名弼，終於梁瀘州刺史，今廟食益盛。政和八年（1118）十月七日，蜀人迪功郎郭時……夢為二吏所召。行數里，至官府，極宏麗，……頃之，朱紫吏十數輩擁一神人，紫袍金帶，……時曰：「王為誰？」，曰：「射洪顯惠廟神，昔年瀘南安撫使英州刺史王公也，其子雲，今為簡州守。」〔註76〕

此外還有：

> 陳煥宣教，建陽人，秉心剛正，處事明敏，為鄉里推重，乾道三年（1167）待南城丞闕。十二月十九日，夢謁邵武乾山廣祐王廟，王迎見之，謂曰：「香火久寂，符印當交與公。」〔註77〕

連位居基層的土地神亦然，如：

> 侯官縣市井小民楊文昌，以造扇為業，為人朴直安分，……閭井頗推重之，一日出街，欻閃仆于地，若氣厥者。少頃復蘇，語路人曰：「適間逢黃衣人，持文牒在手。外題云：『拜呈交待』，接而啟視之，云：『楊文昌可作畫眉山土地，替鄭大良。』我應之曰：『諾』，遂豁然而寤，此必不佳，吾甚以為憂。」有與之善者，掖以還家。明日，別母親與妻子，沐浴而逝，時慶元元年（1195）春也。歲晚，客至閩，楊之子因其來買扇，從容話及前事，客言：「畫眉山者，正在西川嘉州，郡人盡談今年二月內，多夢新土地上任，今比之昔時，頓覺靈顯，一邦奉事甚謹。」〔註78〕

　　總之我們可以發現：在宋代民間諸祠廟從村落土地、社神到城隍及一般祠廟都被編成一個類似人間行政秩序的官僚組織，祠廟之間也有從屬的關係，最基層的祠廟神祇，如土地、社神只能聽從上層祠廟的指令行事。祠廟對人間行事又得遵行天律。事實上民間祠廟的組織化是與道教有密切的關係，道教將流行於民間種種祠廟加以整編組織，納入自己的體系中，這可從前面所提到的〈太上混洞赤文女青詔書天律〉，對於民間祠廟神祇種種規範及約束中看出。〔註79〕

〔註76〕《夷堅志》丁志，卷十四〈白崖神〉，頁657。
〔註77〕《夷堅志》補，卷十五〈陳煥廣佑王〉，頁1687，而丁志卷十五〈新廣佑王〉也有類似的故事，頁664。
〔註78〕《夷堅志》支癸，卷四〈畫眉山土地〉，頁1249。
〔註79〕松本浩一認為民間祠廟組織化是張天師權威建立的重要表現，對應世俗世界

第三節 宋代祠祀活動與民間生活

宋代民間爲了祠廟祠祀賽會活動而組成的祭祀團體叫做「社會」，或者又名「社火」。如《琴川志·敘祠》提到常熟縣東嶽行祠祠祀活動的祭祀組織時，如此說道：

> 東嶽行祠在縣北四十里福山，……福山離宮經始於（仁宗）至和之初，每歲季春嶽靈誕日，旁郡人不遠數百里，結社火，具舟車，齎香信詣祠下。致禮敬者，吹簫擊鼓，揭號華旗，相屬於道。〔註80〕

這段記載主要是根據徽宗政和七年（1117）鄉貢進士魏邦哲的〈福山東嶽廟記〉而敘述，原文是這樣的：

> 凡有求必禱焉，率以將至號曰社會，簫鼓之音，相屬於道。〔註81〕

可見「社會」與「社火」兩種稱呼是相通的，「社會」這種祠祀團體不僅表現在像像常熟福山東嶽行祠這種大規模的祠祀活動，在民間也是相當普遍的。北宋徽宗政和年間李元弼所著《作邑自箴》中〈勸諭民庶牓〉就說道：

> 民間多作社會，俗謂之保田蠶，人口求福禳災而已。或更率斂錢物，造作器用之類，獻送寺廟，動是月十日，有妨經營。其間貧下人戶多是典剝取債，方可應副，又以畏懼神明，不敢違眾，或是爭氣，強須入會。〔註82〕

從這段話看來，民間組織社會原本主要用意似乎在於祈求農事順利，這種關於農事的禳祀活動再與祠廟祠祀活動結合，使得民間「社會」活動複雜化。關於民間「社會」祭祀組織主導祠廟祠祀賽會活動最明顯的例子是陳淳所提到南宋漳州的情形，漳州自城邑到村落存在著數百所各式各樣的祠廟，這些祠廟各有各的迎神之禮，隨月也有各自的迎神賽會〔註83〕，而民間祭祀組織

以皇帝爲中心的中央集權官僚制度確立了冥界金字塔式階層組織。參見松本浩一，〈張天師と南宋の道教〉，收錄於《歷史における民眾と文化——酒井忠夫先生古稀祝賀記念論集》（東京：國書刊行會，1982年9月）。

〔註80〕孫應時纂修，《琴川志》，收入《宋元方志叢刊》第二冊（北京：中華書局，1990年），卷十〈敘祠〉，頁1244上。

〔註81〕孫應時纂修，《琴川志》，卷十三，魏邦哲〈福山東嶽廟記〉，頁1297下。

〔註82〕李元弼，《作邑自箴》（臺北：臺灣商務印書館，四部叢刊本，1966年），卷六，頁31a。

〔註83〕陳淳，《北溪大全集》，卷四十三〈上趙寺丞論淫祠〉：「自城邑至村墟，淫鬼之名號者至不一，而所以爲廟宇者亦何啻數百所，逐廟各有迎神之禮，隨月送爲迎神之會。」頁851上。

如何主導這些賽會活動呢？陳淳說道：

> 自入春首，便措置排辦迎神財物事例，或裝土偶，名曰舍人，群呵
> 隊從，撞入人家，迫脅題疏，多者索至十千，少者亦不下一千，或
> 裝土偶，名曰急卿，立於通衢，攔街覓錢，擔夫販婦拖拽攘奪，真
> 如白晝行劫，無一空過者，或印百錢小榜，隨門抑取，嚴於官租，
> 單丁寡婦無能逃者。〔註 84〕

這些措置迎神財物事例的人，就是迎神組織的會首，他們群聚扮成祠廟土偶
的樣子，到處向人強迫地收取祠祀賽會所須的經費，幾乎無人能倖免〔註 85〕。
這些錢收集來後，就組織迎神隊伍：

> 錢既裒集富衍，遂恣為無忌憚，既塑其正鬼之夫婦，被以衣裳冠被，
> 又塑鬼之父母曰聖考聖妣，又塑鬼之子孫曰皇子皇孫。一廟之迎，
> 動以十數像，群舁於街中，且黃其傘，龍其輦韝，其座又裝御直班
> 以導於前，僭擬踰越，恬不為怪。〔註 86〕

這些華麗的神族偶像隊伍還伴隨著優戲隊，如此浩大迎神隊伍的遊行，儼然
成為當地的盛事：

> 四境聞風鼓動，復為優戲隊相勝以應之。人各全身新製羅帛金翠，
> 務以悅神，或陰策其馬而縱之，謂之神走馬，或陰驅其簥而奔之，
> 謂之神走簥，以誣罔百姓。男女聚觀淫奔酣鬥，夫不暇及耕，婦不
> 暇及織，而一惟淫鬼之玩。……不惟在城皆然，而諸鄉下邑亦莫非
> 同此一習。〔註 87〕

不只是漳州，在衢州每當東嶽神的生日時，也是「連日聚集百戲迎引」〔註 88〕，
其盛況自可預期，可見迎神賽會的內容之華麗豐富，吸引著當時的民眾。

在大致敘述迎神賽會活動過程後，接下來要探討主導這些祠祀賽會活動
的迎神祭祀組織的內部結構。首先是主要經營迎神賽會活動的份子，也就是

〔註 84〕 陳淳，《北溪大全集》，卷四十三〈上趙寺丞論淫祠〉，頁 851 上～下。
〔註 85〕 陳淳，《北溪大全集》，卷四十七〈上傅寺丞論民間利病六條〉：「一般浮浪不
　　　　檢人，託鬼神圖衣食，稱廟中會首，每裝土偶，如將校衣冠，名曰舍人，或
　　　　曰太保，時騎馬街道，號為出隊，群不逞十數輩，擁旌旗，鳴鉦鼓隨之。」
　　　　頁 874 下。
〔註 86〕 陳淳，《北溪大全集》，卷四十三〈上趙寺丞論淫祠〉，頁 851 下。
〔註 87〕 陳淳，《北溪大全集》，卷四十三〈上趙寺丞論淫祠〉，頁 851 下～852 上。
〔註 88〕 《宋會要輯稿》，〈刑法〉二，〈禁約〉之一四七，紹興三年七月四日浙東福建
　　　　路宣諭朱異奏，頁 6555 上。

所謂的會首。這些人在陳淳的眼中不過是「游手無賴好生事之徒，假托以括掠錢物，憑藉使用，內利其烹羔擊豕之樂，而外唱以禳災祈福之名。」〔註89〕不過正因為這些迎神會首是無賴游手之輩，他們沒有穩固的收入、安定的生活，因此他們才會全力投入迎神賽會活動，肆無忌憚斂取活動所需的費用，藉此從中取利。這類人物在各地的迎神賽會中都扮演著重要的角色，像南宋孝宗時饒州的迎神活動：

> 饒民朱三者，市井惡少輩也，能庖治素臟，亦僅自給。臂股背皆刺
> 文繡，每歲郡人迎諸神，必攘袂於七聖袄隊中為上首。〔註90〕

還有潭州長沙迎瘟神的活動，惡少也是主導的角色：

> 長沙上俗率以歲五月迎南北兩廟瘟神之像，設長杠輿幾三丈，奉土
> 偶於中。惡少年奇容異服，各執其物，簇列環繞，巡行街市。竟則
> 分布坊陌，日嚴香火之薦，謂之大伯子。至於中秋，則裝飾鬼社送
> 之還，為首者持疏詣人家哀錢給費。〔註91〕

而漳州的迎神組織不僅以地方游手無賴把持迎神事務，背後還有地方有力人士的作為後盾，陳淳就說道：

> 始必浼鄉秩之尊者為簽都勸緣之銜以率之，既又挾群宗室為之羽
> 翼，謂之勸首，而豪胥猾吏又相與為之爪牙，謂之會幹，愚民無知，
> 迷惑陷溺，畏禍懼譴，皆黽勉傾囊舍施，或解質舉貸以從之。〔註92〕

如此看來漳州迎神組織除了由無賴游手所組成的會首外，還包括由地方有力人士（鄉秩尊者）擔任的簽都，宗室所擔任的勸首，以及官府胥吏所擔任的會幹。三股地方勢力的結合，如此迎神活動便順利在地方興盛開展起來。

　　胥吏的角色值得注意，因為他們可能影響到地方官對於迎神活動參與的態度。這可從陳淳對於漳州地方官處理迎神賽會活動感到失望的批判看出：

> 前後有司不能明禁，復張帷幕以觀之，謂之與民同樂，且賞錢賜酒，
> 是又推波助瀾，鼓巫風而張旺之。〔註93〕

　　在討論迎神賽會組織後，接下來看這活動對於當時社會生活產生什麼影

〔註89〕陳淳，《北溪大全集》，卷四十三〈上趙寺丞論淫祠〉，頁851下。
〔註90〕《夷堅志》支癸，卷八〈閣山排軍〉，頁1283。
〔註91〕《夷堅志》三補，引《永樂大典》，卷一三一三六〈夢五人列坐〉，頁1808～1809。
〔註92〕陳淳，《北溪大全集》，卷四十三〈上趙寺丞論淫祠〉，頁851下。
〔註93〕陳淳，《北溪大全集》，卷四十三〈上趙寺丞論淫祠〉，頁852上。

響。「社會」所主導的祠祀賽會最令人詬病的是對於民眾經濟生活的傷害。

首先是「社會」所斂取的祠祀賽會費用，對一般民眾造成了沈重的經濟負擔，貧苦人家甚至還要典當家產以應付這類活動的需索，像前面李元弼《作邑自箴》提到：「其間貧下人戶多是典剝取債，方可應副。」〔註94〕陸游在〈聞吳中米價甚貴二十韻〉中也說道：「我欲告父老，食為汝之天，勿結迎神社，勿飾航湖船。」〔註95〕特別是陳淳所提到的漳州情況，迎神費用的徵取「嚴於官租」〔註96〕。在在都顯示出賽會活動斂財的一面，而迎神賽會的活動是接踵而至的，「今月甲廟未償，後月乙廟又至，又後月丙廟丁廟復張頤接踵於其後」〔註97〕，這種接踵而來的賽會活動，使得一般百姓疲於應付，更加重了當時百姓的經濟負擔。陳淳在〈上趙寺丞論淫祠〉中就說道：

> 廢塞向堇戶之用，以為裝嚴祠宇之需，輟仰事俯育之恩，以為養哺土偶之給，至罄其室，柺其廬，凍餒其父母，藍縷其妻孥，有所不恤。」〔註98〕

還有的迎神組織的會首是配給一般民眾擔任，如家產並不富裕的民眾一擔任會首，經濟狀況便面臨危機，甚至有破產之虞。黃震提到廣德祠山廟迎神賽會種種弊病時就提道：

> 其四謂差會首。夫自狄梁公不世出世之淫祠固多矣。然其社首之輪流皆出民情之願欲，未聞有迫於官差者也。今此祠山歲差會首，同於差役，鵰鷔〔成〕行，誅（青）〔行〕已遍，抽籤方行，民一充應，率至破產。〔註99〕

迎神賽會活動的費用不僅造成民眾生計的嚴重負擔，也影響到一般民眾生產活動，像漳州熱鬧的迎神賽會活動，吸引大批民眾前去觀賞，影響到平常生產活動，致使陳淳有「夫不暇及耕，婦不暇及織，而一惟淫鬼之玩。」〔註100〕的批評。而且有些祠廟祠祀活動有殺牛祭神的習慣也危及農村的生產力，如

〔註94〕李元弼，《作邑自箴》，卷六，頁31a。

〔註95〕陸游，《陸放翁全集》，卷七十九，頁1087。

〔註96〕陳淳在〈上傅寺丞論民間利病六條〉亦云：「此間有所謂鄉稅，擾民甚於官租。官租猶時有定目，鄉稅則不可以一目計，而又無時之能已也。何謂鄉稅擾民之甚？如諸廟之率斂民財，其一也。」頁873下。

〔註97〕陳淳，《北溪大全集》，卷四十三〈上趙寺丞論淫祠〉，頁851下。

〔註98〕陳淳，《北溪大全集》，卷四十三〈上趙寺丞論淫祠〉，頁853下。

〔註99〕黃震，《黃氏日抄》，卷七十四〈申諸司乞禁社會狀〉，頁803上～下。

〔註100〕陳淳，《北溪大全集》，卷四十三〈上趙寺丞論淫祠〉，頁852。

黃震在〈榜以申尙書省乞禁本軍再行牛祭事〉中提到：

> 照得本軍有祠山張王廟，民俗嘗祭以牛。……續又有棄城之將，謫居本軍，祈哀非鬼。遷祠山廊下別一鬼神，卜地方山，大興廟宇，自此祠山漸哀而方山驟興。祠山歲用一牛，方山則廣德縣管下七百二十餘保各用一牛。歲用七百二十餘牛。方山既每保用牛，而每保之社廟又各用牛，并其餘非泛乞福因亦用牛。一牛大疊，（逐）〔遂〕至歲殺二千餘牛。……以故耕牛耗及鄰郡，戶產朘於數祭，風俗大壞，良可痛傷。〔註101〕

由於迎神賽會的活動其中經營主導的主要份子，多爲無賴游手惡少，屬於社會下層階級，而這些人有時也藉著祠廟信仰到處招搖撞騙〔註102〕，因此他們所主導的活動自然不爲當時士大夫所接受，統治階層也對這些份子充滿猜忌之心，《宋會要輯稿》就提到：

> 嘉定七年（1214）九月二十六日臣僚言：今愚民之媚於神者，每以社會爲名，集無賴千百，操戈被甲，鳴鉦擊鼓，巡行於鄉井之間，萬一有嘯呼其間，如竊弄潢池之兵者，則里社何以禦之？〔註103〕

可見在政府觀念中由無賴游手聚集的迎神賽會活動，對社會治安形成潛在的威脅。一旦野心份子有非法作亂的意圖，藉迎神賽會活動鼓眾起事，則政府統治基礎便會受到挑戰，甚至因此而動搖，這都是政府不願見到的事情。因此官方嚴格命令社會迎神活動不得僭擬御器及持引兵仗，就是害怕有人藉此「執左道以亂政，假鬼神以惑眾」，對當時統治階層的統治基礎形成嚴重的威脅。〔註104〕

　　根據士大夫的觀點，迎神賽會是勞民傷財、影響生產力、威脅社會秩序的社會活動，基於這些理由，士大夫對於迎神賽會活動自然是持不鼓勵（甚至是嚴禁）的態度。但迎神賽會的活動卻仍在民間大行其道，興盛開展，社會必定有相關配合條件使然。筆者認爲要從當時民眾需求的角度去了解才行。

〔註101〕黃震，《黃氏日抄》，卷七十四〈榜以申尙書省乞禁本軍再行牛祭事〉，頁805上。

〔註102〕江少虞，《宋朝事實類苑》（上海：上海古籍出版社，1981年），卷二十三〈官政治績〉，〈程文簡〉：「蜀州有不逞者，聚惡少百餘人，作灌口二郎神像，私立官號，作土卒衣裝，鐃鈸簫吹，日椎牛爲會。……又率良民從其群，有不願往者，尋得疾病，蓋亦有妖術爾」，頁273。

〔註103〕《宋會要輯稿》，〈刑法〉二，〈禁約〉之一三九，頁6551上。

〔註104〕參見第四章第一節。

　　迎神社會活動對於當時一般民眾而言，不僅是單純的宗教祭祀活動，還是日常生活中難得一見的節慶娛樂，迎神賽會滿足了一般民眾的娛樂需求，提供了調劑日常生活的管道，像是北宋汴京每逢六月二十四日灌口二郎神生辰時：

> 天曉，諸司及諸行百姓獻送甚多，其社火呈於露臺之上。所獻之物，
> 動以萬數，自早呈拽百戲，如上竿、趯弄、跳索、相撲、皷板、小
> 唱、鬥雞、説諢話、雜扮、商謎、合笙、喬筋骨、喬相撲、浪子、
> 雜劇、叫果子、學像生、倬刀、裝鬼、砑皷、牌棒、道術之類，色
> 色有之，至暮呈拽不盡。〔註105〕

可見灌口二郎神生辰成為汴京城六月時重要節慶時日，屆時各式各樣民間游藝表演展現在民眾面前，成為城內居民娛樂賞玩的好時日。而南宋杭州城祠山張王生辰也是熱鬧非凡：

> 二月八日為桐川張王生辰，震山行宮朝拜極盛，百戲競集，如緋綠
> 社（雜劇）、齊雲社（蹴毬）、過雲社（唱賺）、同文社（耍詞）、角
> 觝社（相撲）、清音社（清樂）、錦標社（射弩）、錦體社（花繡）、
> 英略社（使棒）、雄辯社（小説）、翠錦社（行院）、繪革社（影戲）、
> 淨髮社（梳剃）、律華社（吟叫）、雲機社（撮弄）。……若三月三日
> 殿司真武會，三月二十八日東嶽生辰社會之盛，大率類此。〔註106〕

杭州城重要神誕慶典如祠山張王生辰之日，也是眾多民間技藝團體活躍的時候，想見當時百藝競現熱鬧的景象，可以說是寓歡愉於迎神活動之中。

　　前面提到漳州迎神賽會活動，迎神優戲隊伍吸引大批民眾前去觀賞，而且不僅城內如此，鄉下聚落亦然。這樣情形就是因為迎神活動的內容滿足民眾的娛樂需求，民眾才會競相前去觀賞，如果不是為了滿足更多的民眾的娛樂心理，又何必「百戲競集」，其中或許有酬神的意味，然而迎神賽會活動在當時社會確實滿足了民眾的娛樂需求，所以才能在士大夫的嚴厲批評以及統治者疑慮的情況下，繼續在民間盛行著。對於一般民眾而言，迎神賽會成為生活上重要的群體活動，這點很值得注意。

〔註105〕孟元老，《東京夢華錄》，收入《東京夢華錄外四種》（臺北：大立出版社，1980年），卷八，頁 48。

〔註106〕周密，《武林舊事》，收入《東京夢華錄外四種》，卷三，頁 377～378。並參見吳自牧，《夢粱錄》，卷二〈二月八日祠山聖誕條〉，頁 144。

第四章 政府對於民間祠廟管理政策及士大夫對民間祠廟、祠祀活動批判

第一節 政府對於民間祠廟、祠祀活動管理政策與原則

　　從第三章的討論可以看出，在宋代民間祠廟興盛發展與民眾生活關係密切的情況。面對這些各式各樣基於民間信仰的祠廟，政府採取什麼管理措施呢？這些措施是基於什麼樣原則呢？這是本節主要探討的重要焦點。

　　前面提到祠廟與民間生活密切的關係，政府自然也不能忽視民眾心靈上的需求，但如何將存在於民間種種祠廟納入管理呢？首先必須設定祠廟合法的標準，而這合法的標準是沿襲儒家對祠祀認可的原則，也就是《禮記・祭法》所提到的「以法施民，以勞定國，以死勤事，能捍大災、禦大患。」〔註1〕總之，能有功德於民，才能獲得政府的認可，政府才能與以賜額封爵。像《夷堅志・天門授事》故事中，里中神祗胡太公問邑士孫勵如何可得封爵，孫勵回答道：

> 「歲時水旱，最民所急。若能極力拯濟，則縣令郡守必以上於朝，封爵可立致也。」……（崇寧）五年（1106）丙戌，縣大火，禱於祠。俄頃，風雲怒起，如有物驅逐之，火即滅，縣以事白府，奏賜

〔註1〕《禮記・祭法》（臺北：大化書局《十三經注疏》本，1982年），頁1590中。

「博濟廟」，明年，遂封「靈著侯」。〔註2〕

這個故事可以看出，一個祠廟如果要有獲得政府額賜封爵的機會就必須祠廟本身的靈應事蹟有功德於人世間才行。而被政府認可賜額封爵的祠廟，才能納入「祀典」，因此祀典的編纂就成為政府管理民間祠廟的很重要的政策。

這裡首先要說明祀典是什麼？祀典是有關國家所公認的神祇，其格式、封號、及祠廟祭祀有關要項的官方正式的記錄文書，中央政府的祀典由太常寺負責管理〔註3〕。而政府所編纂的祀典，在面對基於民間信仰需求而不斷增加及發展的種種祠廟，內容也不斷的改變，《宋史・禮志》就這麼說道：「自開寶、皇祐以來，凡天下名在地志，功及生民，宮觀陵廟，名山大川能興雲雨者，並加崇飾，增入祀典」〔註4〕，具體的例子，如仁宗時：

> 皇祐二年（1050）十二月十一日，知制誥胡宿言：事神保民，莫先祭祀，比多水旱，未必不由此。望令天下具名山大川能興雲雨者，詳定增入祀典，春秋禱祀。詔：天下長吏凡山川能興雲雨不載祀典者，以名聞。〔註5〕

祀典的整理，除了添入新承認的合法祠廟外，舊有的祠廟的爵號，也需因應祠廟發展而加以修訂，如：

> 神宗熙寧七年（1074）十一月二十五日，詔：應天下祠廟祈禱靈驗未有爵號者，並以名聞，當議特加禮命，內雖有爵號而褒崇未稱者，亦具以聞。〔註6〕

那麼政府賜額封爵的程序為何？神宗時太常博士王古的建議是個很好的例子：

> 元豐三年（1080）閏六月十七日，太常寺言：博士王古乞自今諸神祠無爵號者，賜廟額，已賜額者加封爵，初封侯，再封公，次封王。生有爵位者，從其本。婦人之神，封夫人，再封妃。其封號者，初

〔註2〕 洪邁，《夷堅志》（臺北：明文書局翻印本，1982年），丁志，卷十〈天門授事〉條，頁622。

〔註3〕 《宋史・職官四》（臺北：鼎文書局點校本，1980年），卷一六四，提到太常寺的職責有：「若禮樂有所損益，及祀典、神祇、爵號與封襲、繼嗣之事當考定者，擬上於禮部。」頁3883。

〔註4〕 《宋史・禮八》，卷一五〇，頁2561。

〔註5〕 《宋會要輯稿》（臺北：新文豐出版公司，1976年），〈禮〉二十之二，頁751下。

〔註6〕 《宋會要輯稿》，〈禮〉二十之二，頁751下。

二字，再加四字，如此則錫命馭神，恩禮有序。……從之。〔註7〕

「錫命馭神」可以是政府對於祠廟賜額封爵最主要的用意。以政府頒賜的爵位封號，來籠絡民間信仰種種神祇，是政府控制祠廟最主要的手段。如果祠廟發展興旺，其爵位封號自然與之俱增，這代表著政府重視民間信仰需求的態度，再者從政府封爵賜號的演變，可看出一個祠廟信仰在民間開展興盛的情形。事實上，在民間香火鼎盛及靈驗卓著的祠廟，封號可達八字。

在宋代，除了中央政府編有祀典外，地方州、軍也有祀典〔註8〕。但有時地方的記載，與中央有矛盾抵觸的情形。如：

> 政和元年（1111）七月二十七日，秘書監何志同言：詳定《九域圖志》，內祠廟一門，據逐州供其到，多出俗流，一時建置，初非有功烈於民者。且如開封府扶溝縣秋胡廟，封丘縣百里使君程隱君廟之類，逐縣皆稱載在祀典，及移問太常寺，並無典籍，可考去。以王畿之近而廟祀未正乃如此，則遠方陬邑概可見矣。欲望申敕禮官，纂修祀典，頒之天下，俾與圖志實相表裡。〔註9〕

中央的記載與地方的認知之所以產生差異的現象，主要是地方政府比較遷就地方信仰的需要，在認定的尺度方面較為寬鬆，也因此對於神祠爵號加封上也多有「不應條令」的情形發生。再加上中央祀典的整理，依循著儒家禮制觀念的原則，審定標準也比較嚴格，因此就不像地方政府能隨著民間信仰的變化而作出立即的反應。而且，中央祀典本身記載也不很完備，以致產生矛盾的現象，前面所引何志同的奏疏也提到：

> 諸州祠廟多有封爵未正之處，如屈原廟在歸州者封清烈公，在潭州者封忠潔侯，及永康軍李冰廟已封廣濟王，近乃封為靈應公。如此之類，皆緣未有祀典該載，致前後封爵反有差誤。詔：太常寺禮部遍行取索纂類祀典，將已賜額并曾封號者作一等，功烈顯著見無封額者作一等。民俗所建別無功德及物，在法所謂淫祀者作一等，各條具申尚書省參詳可否取旨。其封爵未正如屈原李冰之類，豈有一身兩處廟貌封號不同者，宜加稽考，取一高爵為定。悉行改正，佗

〔註7〕《宋會要輯稿》，〈禮〉二十之五～六，頁753下～754上。
〔註8〕《宋會要輯稿》，〈禮〉二十之九：｢哲宗紹聖二年（1095）十二月二十三日，尚書禮部侍郎黃裳等言：乞詔天下州軍籍境內神祠，略敘所置本末，勒為一書，曰：某州祀典。從之。｣頁755上。
〔註9〕《宋會要輯稿》，〈禮〉二十之九～十，頁755上～下。

皆放此。〔註10〕

面對中央與地方的差異，以及祀典內容紛亂矛盾的現象，除了對祀典本身加以考訂整理之外，祠廟登錄及爵號封賜的檢定也趨於嚴格，進而形成了一套審查的制度，徽宗時：

> 靖國元年（1101）三月二十四日禮部言：諸州神祠加封多有不應條令，今欲參酌舊制，諸神祠所禱累有靈應功德，及人事跡顯著宜加官爵封廟號額者，州具事狀申轉運司，本司驗實即具保奏，道釋有靈應加號者准此。從之。〔註11〕

從這條記載可看出，祠廟要受到認可而賜額或是增爵加號。在地方需要經過轉運司這道審查手續，才能上報中央以求核可。可以看出宋代政府對於祠廟賜額封爵，已逐漸發展出一套嚴謹的制度，像轉運司在審查祠廟賜額案件時，還必須派遣申請賜額地方的鄰州官員前去覆查，以示慎重，如湖州德清縣新市鎮永靈廟申請賜額的審查經過：

> 禮部狀准都省批送下兩浙轉運司奏：據湖州申准禮符據湖州新市鎮父老陳脩等狀：委見土地保寧將軍，近自方賊等作過，陰助並無驚擾，民獲安堵，乞降廟額。尋下德清縣勘會靈應事跡。今據德清縣申勘會，得土地保寧將軍靈顯保明詣實，州司保明詣實，乞依條施行。本司遂委右迪功郎就差秀州嘉興縣主簿沈柄體訪詢究。據沈柄申體訪委有靈應，保明詣實。本司再委右朝奉郎本司幹辦公事朱正剛覆行按實，朱正剛申體訪得，禱求皆獲靈感，保明詣實。本司保明亦委詣實，前批送禮部，本部尋行下太常寺勘會。〔註12〕

於是在紹興五年（1135）時核准了永靈廟賜額的申請，在這過程中可以看到祠廟賜額的經過：先是申請賜額的當地行政機關審查，然後上呈轉運司，轉運司再派鄰州官員前去覆核。而之所以要派鄰州審查，就是怕當地行政機關有浮濫虛報的現象。在鄰州官員覈實後，轉運司才上報中央禮部，由太常寺審定賜額。

那麼地方官是怎樣調查祠廟是否合於賜額呢？這裡以理宗景定五年（1264）間嘉興府嘉興縣人士為當地土神施伯仁乞請廟額，地方官實際調查

〔註10〕《宋會要輯稿》，〈禮〉二十之九～十，頁775上～下。

〔註11〕《宋會要輯稿》，〈禮〉二十之七，頁754上。

〔註12〕阮元，《兩浙金石志》，收入《石刻史料新編》（臺北：新文豐出版公司，1984年），第一輯，十四冊，卷八〈宋永靈廟敕牒碑〉，頁10376下。

經過爲例。嘉興府在收到地方人士賜額申請後：

> 委本府嘉興縣主簿施迪功躬親前去，喚上隅保父老體實保明申令。
> 據迪功郎嘉興府縣主簿施僖子狀申：遵稟繼即躬親前去地所北門外
> 三十二都，施府君廟側，喚到保正沈春，父老計肆壹、李參捌、吳
> 柒陸、張小參供今奏引差人拘收本保監勒肆壹等理行下究實。見有
> 施府君靈跡事，……因肆壹等各係本都住人，見居本廟鄰近，切見
> 施府君自玖歲爲神，建立廟宇，經今壹伯餘年，一方人民無不受福，
> 不曾興禍。所有人戶纔有天時水旱病患，禱祈無不感應。續有在城
> 官員一十餘人，備財收買香燭，在廟念經祈雨，果於以後接濟有雨，
> 鄉民得利，委是前後靈感詣實，所供如虛，甘罪不詞。僖子保明詣
> 實，申府施行。〔註13〕

可見地方官員審查祠廟是否合於賜額的標準，得親自前去詢問當地人士有關
祠廟的靈驗事跡，蒐尋相關靈應事實，而鄰州官員的覆查也要經過相同的程
序。〔註14〕

　　總之，宋代政府對於祠廟賜額已形成一個嚴密的審查制度。雖然這整個
審查過程可能只是流於形式〔註15〕。然而這可看出政府對於賜額封爵態度的
慎重，及對民間祠廟管理的重視。Hansen 就指出宋代政府之所以對祠廟封爵
賜號有如此的嚴慎的審查制度，主要是一政府相對封爵賜額會增加神祇的力
量，因此不想有無謂的封賜；二是怕地方政府屈從於地方勢力人士，承認他
們所支持的神祇，而不能客觀審查神祇的靈力。〔註16〕

　　政府對於納入祠典的祠廟是要負責維護的，像是仁宗時：

> 慶曆七年（1047）三月二十三日詔諸處神廟不得擅行毀拆，內係祀
> 典者，如有損壞去處，令與修整。〔註17〕

李新在〈普州鐵山福濟廟記〉也提到：

〔註13〕阮元，《兩浙金石志》，卷十三〈宋靈顯廟賜額敕牒碑〉，頁 10504 下。
〔註14〕阮元，《兩浙金石志》，卷十三〈宋靈顯廟賜額敕牒碑〉，頁 10504 上～下。
〔註15〕陳淳對於祠廟封額立爵的形式化的過程就如此批判道：「朝廷禮官又無識庸夫
　　　多，與之計較封號，是以無來歷者皆可得封號，有封號者皆可歲歲加大，若
　　　欲考論邪正，則都無理會了。」陳淳著，王儁編，《北溪字義》（臺北：世界
　　　書局，1962 年），卷下，頁 49 上。
〔註16〕Hansen, Valerie, *Changing Gods in Medieval China, 1127~1276*, Princeton
　　　University Press. 1990. p. 92.
〔註17〕《宋會要輯稿》，〈禮〉二十之二，頁 751。

大觀二年（1108）八月詔書：祀典之神命在處，長吏營貴祠貌。〔註18〕
政府對於納入祀典的祠廟之所以要與以維護，是因爲納入祀典的祠廟可以說
是國家祭祀體系中的一部份，基於維護國家祭祀體系的原則，政府當然要維
護納入祀典的祠廟。而且政府還要負責維修的費用，像：

> 欽宗靖康元年（1126）二月十二日赦文：應祠廟載於祀典曾經焚毀
> 者，候向去夏秋豐熟，量破係省錢修葺。〔註19〕

高宗、孝宗時亦有類似的詔令：

> 高宗建炎元年（1127）五月一日敕：五嶽四瀆名山大川，歷代聖帝
> 明王，忠臣烈士載於祀典者，委所在長吏精潔致祭。近祠廟處並禁
> 樵採。如祠廟損壞，令本州支係省錢修葺，監司常切點檢，毋致隳
> 壞。〔註20〕

又紹興三十二年（1162）孝宗即位亦有相同的詔令〔註21〕。又如袁甫〈衢州
徐偃王廟記〉中也提到徐偃王廟受焚後，地方政府也出錢參與徐偃王廟的復
建〔註22〕。可見政府對於納典祠廟與以維護，也是政府管理民間祠廟重要政
策之一。

總之，政府對於祠廟賜額封爵納入祀典，在積極層面則有控制監管之意。
如：

> （神宗）元豐三年（1080）六月十七日，權監察御史裏行豐稷言：
> 近見京城內外士庶與軍營子弟轉相告言：今日神見某處，明日神降
> 某處，恢詭譎怪，無所不道。傾動風俗，結成朋社，率斂財物，奔
> 赴祥符縣鄧公卿菜園內安頓，欲與靈惠侯立廟。小人緣此易生姦心，
> 神民異業久矣，不可不禁。如國家以泉水之靈，可興祀典，宜委命
> 官主領施利，明載簿曆，支修廟貌，亦可以示朝廷祭祀馭神之意。
> 從之。〔註23〕

「祭祀馭神」實可點出政府將祠廟編入祀典的最主要用意。如此一來官方可

〔註18〕 李新，《跨鼇集》（臺北：臺灣商務印書館，四庫全書本），卷十六〈普州鐵山
　　　　福濟廟記〉，頁 527 下。
〔註19〕 《宋會要輯稿》，〈禮〉二十之四，頁 752 下。
〔註20〕 《宋會要輯稿》，〈禮〉二十之四，頁 752 下。
〔註21〕 《宋會要輯稿》，〈禮〉二十之五，頁 753 上。
〔註22〕 見袁甫，《蒙齋集》（臺北：新文豐出版公司，1984 年），卷十二〈衢州徐偃王
　　　　廟記〉，頁 174。
〔註23〕 《宋會要輯稿》，〈禮〉二十之十二～十三，頁 756 下～757 上。

以監控祠廟，使之不致爲人利用藉以神道惑眾，而成爲造反作亂、危害統治秩序的場所。

在消極方面，政府對於祠廟賜額封爵，也是對於民間信仰需求的承認。如此也有籠絡民情的含義，像袁甫在〈衢州徐偃王廟記〉所提到當徐偃王廟加封詔書頒下之時，身爲地方首長的袁甫：「躬率邦人郊遊，鉦鼓嘈囋，夾道聳觀，戴白之老，感動垂泣。迺委官僚，奉安告命于廟，而禮于是成矣。」〔註 24〕如此熱烈場面，儼然成爲地方上重要的盛事。民間祠廟需要政府的賜額許可，乃進而加爵增號，除了有合法的保障外〔註 25〕，還有對於該祠廟靈力肯定的含義，如此一來又可促進該祠廟信仰的發展。

政府對於祠廟的管理另一個層面就是從中取利，神宗時以宣徽南院使判應天府的張方平在奏議就提到：

> 臣伏見司農寺奏請降下新制，應祠廟並依坊場河渡之例，召人承買，收取淨利。本府勘會在府及管下所管祠廟五十餘處，尋已依施行訖。內有閼伯廟、宋公微子廟已係百姓承買，閼伯廟納錢四十六貫五百文，微子廟十二貫文。並係三年爲一界。臣竊以閼伯遠自唐堯遷此商丘之土，主祀大火；而火爲國家盛德所乘而王，本朝歷世尊爲大祀。微子宋之始封君，開國于此，亦爲本朝受命建號所因，載于典禮，垂之著令。……又有雙廟，乃是唐張巡、許遠以孤城死賊，所謂能捍大患者。今既許承買之後，小人以利爲事，必於其間營爲招聚，紛雜冗褻，何所不至。……今既歲收細微而損國體至大，臣愚欲乞朝廷詳酌，留此三廟，更不出賣，以稱國家嚴恭典祀，追尚前烈之意。〔註 26〕

鬻賣祠廟造成「官既得錢，聽民爲賈區，廟中穢雜喧踐，無所不至」〔註 27〕，結果神宗御批，勒令停止司農寺鬻賣祠廟的措施，並且追究此事的行政責任

〔註 24〕袁甫，《蒙齋集》，卷十二〈衢州徐偃王廟記〉，頁 174。

〔註 25〕朱熹就如此說道：「人做州郡，須去淫祠。若繫敕額者，則未可輕去。」（《朱子語類》（北京：中華書局標點本，1988 年二刷），卷三，頁 53），可見賜額對於祠廟存在而言，是很重要的保障。

〔註 26〕張方平，《樂全先生文集》，收入《北京圖書館古籍珍本叢刊》八十九冊（北京：書目文獻出版社），卷二十六〈論祠廟事〉，頁 88 下。該段文字亦見於《宋會要輯稿》，〈禮〉二十之十五，頁 758 上，但字句略有不同。

〔註 27〕羅大經，《鶴林玉露》（北京：中華書局，1983 年），乙編，卷五〈鬻祠廟〉，頁 206～207。

〔註 28〕。雖然鬻賣祠廟收利乃是政府一時之舉，而且遭到勒令停辦的結果，然而祠廟向官方納錢的事還是有的，陸游在《入蜀記》提到興國軍富池昭勇廟：

> 祭享之盛，以夜繼日。廟祝歲輸官錢千二百緡，則神之靈可知也。
> 〔註 29〕

由此可見政府在香火鼎盛祠廟從中獲利的情形。

政府除了直接從祠廟本身獲利外，祠祀的活動有時也能使官方間接受利，如：

> 永康崇德廟，乃灌口神祠，爵封至八字王，置監廟官視五嶽，蜀人事之甚謹。每時節獻享，及因事有祈者，無論貧富，必宰羊，一歲至烹四萬口。一羊過城，則納稅錢五百，率歲終可得二三萬緡，爲公家無窮利。〔註 30〕

《獨醒雜誌》中也提到，「每歲用羊至四萬餘，凡買羊以祭，偶產羔者亦不敢留，永康藉羊稅以充郡計」〔註 31〕。地方的祠祀活動竟然給地方政府帶來一筆不小的財富，官方自然也樂於坐視此種祠祀活動的存在。

接著我們來討論一下宋代政府對於祠祀活動管制的情形。政府對祠祀的管制，主要著重於祠祀活動是否僭越禮制以及是否有危害社會秩序的可能，徽宗時的詔令可作爲代表：

> 崇寧元年（1102）正月二十五日詔：應民庶朝嶽獻神之類，不得傚效乘輿服玩，製造眞物，只得圖書焚獻，餘依舊條及令開封府并諸路監司逐季舉行曉示，仍嚴切覺察施行。〔註 32〕

而這詔令之由來，主要是出於臣僚的提議：

> 侍御使彭汝霖言：元符敕諸司，因祠賽社會執引兵仗旗幟或傚乘輿器服者，造意及首領之人徒二年，餘各杖一百。滿百人者，造意及首領人仍不刺面，配本城，並許人告，乞下府界及諸路近年逐季舉行，粉壁曉示。又夔州路轉運判官王邊言：應民庶朝嶽獻神之

〔註 28〕《宋會要輯稿》，〈禮〉二十之十五，頁 758 上。
〔註 29〕陸游，《入蜀記》，收入《陸放翁全集》（臺北：世界書局，1987 年四版），卷四十六，頁 283。
〔註 30〕洪邁，《夷堅志》支丁，卷六〈永康太守〉，頁 1017。
〔註 31〕曾敏行，《獨醒雜志》（臺北：廣文書局，1987 年），卷五，頁 10。
〔註 32〕《宋會要輯稿》，〈禮〉二十之七，頁 754 上。

類，只得圖書焚獻，不得置造眞物，類乘輿服用，仍仰州縣立賞捕
告。〔註33〕

事實上，民間祠祀賽會活動的確存在這種令官府憂慮的情形，例如南宋的時
候，就有祠賽活動僭倣乘輿器服的情形：

餘干有一富人，作社火迎五聖。遂三次往行在看拜郊，畫成圖歸。
裝官家駕出迎神。呼八千人爲細甲軍，皆用金銀二紙爲之，鹵簿儀
衛俱全。又裝一人，儼然赭袍坐于輦上，後州郡因訴詞，取社首數
十人囚死之，此等眞怪事。所以迎神社火有禁，故有意也。〔註34〕

官方防止僭越的標準，到了除「奉天神之物，許用紅黃繖扇等外，其餘祠廟，
並行禁絕」〔註35〕的程度，更何況如上述的「裝官家駕出迎神」，此當然會引
起統治者的疑慮，而加以取締了。

　　總之，嚴禁祀賽社會聚眾僭用乘輿服器及持引兵杖迎神是政府對於民間
祠祀活動最關注的焦點，因爲這類行爲的發展，將導致「執左道以亂政，假
鬼神惑眾」的可能，造成對政府統治最直接的威脅，因此不得不屢下禁令，
嚴格禁止此類情形的產生。

　　另外，民間祠祀活動所用的器具，如棹刀、利刃等，也會引起統治階級
的疑慮，進而禁止使用這種器具，如仁宗大中祥符五年（1012）：

七月十日，知益州李士衡言永康軍村民社賽用棹刀爲戲，望行禁止，
從之。〔註36〕

而徽宗宣和六年（1124）尚書省亦言「因祀賽社會之類，聚眾執引利刃，從來
官司不行止絕，其利刃之具，雖非兵仗，亦當禁止」〔註37〕，政府之所以對
祠祀活動中所使用的棹刀利刃加以管制，就是深怕這些器具在賽會活動中「一
有忿爭」就造成「互起殺傷」〔註38〕的場面，造成治安問題。這些禁令在在
都顯示出統治者對民間祠祀活動的疑慮。

　　總之，政府對於祠廟、祠祀的基本態度，主要還是控制祠廟、祠祀活動，
使其不威脅到政府統治秩序，這可從將合法祠廟納入祀典——「祭祀馭神」、

〔註33〕《宋會要輯稿》，〈禮〉二十之七，頁 754 上。

〔註34〕張端義，《貴耳集》（臺北：木鐸出版社翻印本，1982 年），卷下，頁 78。

〔註35〕《宋會要輯稿》，〈刑法〉二，〈禁約〉之七十四，宣和元年（1119）正月二十
一日詔，頁 6518 下。

〔註36〕《宋會要輯稿》，〈刑法〉二，〈禁約〉之十一，頁 6487 上。

〔註37〕《宋會要輯稿》，〈刑法〉二，〈禁約〉之九十，頁 6526 下。

〔註38〕《宋會要輯稿》，〈刑法〉二，〈禁約〉之一一九，頁 6541 上。

對祠封爵加號——「錫命御神」的態度及對祀賽社神僭做興服器用、持引兵器禁令看出。

第二節　士大夫對民間祠廟、祠祀活動的批判

　　宋代由於儒學的復興而有理學的產生，理學家對於民間祠廟與祠祀的見解為何呢？這牽涉到他們對鬼神本質認知以及對祭祀基本理念原則的問題，這裡，先以程頤與學生的對話為代表：

> 又問：「名山大川能興雲致雨何也？」曰：「氣之蒸成耳。」又問：「既有祭則莫須有神否？」曰：「只氣便是神也，今人不知其理，纔有水旱，便去廟中祈禱，不知雨露是甚物，從何處出，復於廟中求耶？名山大川能興雲致雨卻都不說著，卻於山川外木土人身上討雨露？土木人身上有雨露耶？」又問：「莫是人自興妖？」曰：「只妖亦無，皆人心興之也。世人只因祈禱而有雨，遂指為靈驗耳，豈知適然。」〔註39〕

程頤這裡所提到的「神」，是指自然現象變化。在他的認知中，這自然的變化也是「氣」的變化。而世人向廟裡神祇祈禱之所以認為會靈驗，主要關鍵在人自身相信有這回事，也就「人心」的作用，並非祈禱的對象真的具有靈力，因此世間有關靈驗的事蹟主要是人心的作用而已，像朱熹也這麼說：

> 今有箇新立底神廟，緣眾人心邪向他，他便盛，如狄仁傑廢了許多廟，亦不能為害，只緣他見得無這物事了。上蔡云：「可者欲人致生之，故其鬼神，不可者欲人致死之，故其鬼不神。」〔註40〕

朱熹對於民間祠廟興盛的情況，也以「人心」歸向的角度解釋，實際上朱熹對於世間祠廟靈應現象也頗為關注，他的學生說他：「先生每見人說世俗神廟可怪事，必問其處形勢如何。」〔註41〕而他的原則，這些「可怪事」完全是人們心理的作用。

　　朱熹弟子陳淳對於鬼神現象也承襲相同的態度，他認為：「大抵妖由人

〔註39〕程顥、程頤，《河南程氏遺書》，收入《二程全書》（臺北：中華書局，四部備要本，1965 年），卷二十二上，頁 8b。

〔註40〕黎靖德編，《朱子語類》（北京：中華書局標點本，1988 年二刷），卷八十七，頁 2245。

〔註41〕黎靖德編，《朱子語類》，卷八十七，頁 2245。

興，凡諸般鬼神之怪，都是由人心興之也，以為靈則靈，不以為靈則不靈；人以為怪則怪，不以為怪則不怪。」〔註42〕而祈禱祭祀之所以感應靈驗，主要是人心專誠所致：

> 人心自極其誠敬則精神聚，所占之事，自有脈絡相關，便自然感應，
> 吉凶毫髮不差，只緣都是一理一氣故耳。〔註43〕

陳淳強調祈禱感驗的關鍵在於發自個人內心真誠，如此才能將個人內在神靈凝聚而產生感應的作用，而並不在於神明本身的靈力，他在〈請傅寺丞禱山川社稷〉一文中，更發揮他的論點：

> 近邵武陳史君於水旱惟水旱專詣社稷致禱，俗人笑之，而不知其為神之止也。大人一氣，幽明一機，本相與流通無間，而郡侯者又十里山川社稷之主，而萬戶生靈之命係焉，其所感格為尤切而甚易，惟患誠之不至爾。有其誠則有其神，無其誠則無其神。誠者，心與理真實無妄之謂，在山川社稷有是真實無妄之理矣。若又加之真實無妄之心，以萃集其神靈，則必能實感而實應。不於此致極精專，乃雜焉外求之異端淫祀，彼土偶何從而有雨露邪？既無是理而強為之，心雖虔，於造化乎何關？至如舞師巫繞，僧道設齋醮、禁腥臊等類，又皆循俗之常儀，非所以交神明之要。〔註44〕

可見在陳淳的觀念中，祭禱感靈主要還是在於個人內心的專誠。然而個人內心的專誠還是不夠，也需要祠禱的對象命於「真實無妄之理」才行。這又牽涉到一個問題：那就是這些堅持儒家傳統祭祀理念的知識分子，他們所認定正當的禱祀對象為何？從陳淳前面這段話中可看出，山川社稷的祠禱合於「真實無妄」之理，也就是山川、社稷是合於儒家禮制的祠禱對象。他在〈請傅寺丞禱山川社稷〉就如此說道：

> 某恭惟判府寺丞仁心愛民，以春序過半，農事正興，雨意頗慳，朝夕憂勞，與僚屬躬禮百神，遍走祠廟寺觀，凡祈求之方無所不至，雖或屢灑而復收，竟未蒙優渥之應，此其故何邪？竊按之禮經曰：「天降時雨，山川出雲。」言雨之所從出者在於山川也。又曰：「山林川谷丘陵能出雲為風雨者皆曰神，非此族也，不在祀典。」言山川神

〔註42〕陳淳撰，王儁編，《北溪字義》，卷下，頁50上。
〔註43〕陳淳撰，王儁編，《北溪字義》，卷下，頁49下。
〔註44〕陳淳，《北溪大全集》（臺北：商務印書館四庫全書本），卷四十八，頁881上～下。

靈爲祀典之正者也。又曰諸侯祭名山大川之在其地者，亡其地則不
祭，言諸侯所當祭者，惟境内山川諸神而不可以他求者也。〔註45〕
前面第二章有提到，儒家傳統的祠祀觀念是由上古封建祭祀制度整理而來
的。因此儒家所認定的禱祀對象爲自然現象變化、名山大川以及社稷。然而
民間祠祀的發展轉變成以具有人格性質的神祇爲主。以具有人格性質神祇作
爲祭禱對象就產生以偶像作爲神祇象徵的情形發生。然而這種祀拜偶像的現
象就與那些知識分子的傳統禮制觀念發生衝突。〔註46〕

　　這些知識分子反對祠廟偶像祭祀崇拜行爲，像前面提到程頤，他認爲祭
禱的對象在於自然現象的變化，與祠廟偶像一點關係都沒有，而黃震也有相
同的看法：

神者，日月星辰風雷雨露，顯然在眼，變化莫測，故名曰神。若與
人相似，可與人接，則非神矣。今世俗不以天神爲神，反裝塑泥像，
有手有腳，不能舉動，亦名曰神，此尚不得與人爲比，豈得謂之神
哉？且神者，生我者也，養我者也，此眞神也，我賴其造化者也，
有恩當報，故宜敬之。泥神者，待我捏成者也，待我供養者也，此
泥塊也，非神也，反出於我者也，何恩可報乃反敬之。〔註47〕

黃震認爲偶像是人所造出來，跟自然現象的變化一點關係都沒有，人們仰賴
自然現象變化而生存，因此所當敬報的對象應是自然現象而不是偶像，他對
於地方官遇到天災就向祠廟偶像禱拜的行爲感到痛心：

古者諸侯祭境内山川，以山川能興雲致雨澤吾民也。後世以來古禮
不存，邪說誣民，長吏亦陷其說而不自知，禱雨往往不於山川而他
（指）〔詣〕土木偶以爲神也。痛念撫州已三歲連歉，今又亢陽，巫
問名山大川合禱者謂何，吏民罔不知其所因也。〔註48〕

從這可看出這些堅持禮制的知識分子與普通地方官理念上的差異，當地方發

〔註45〕陳淳，《北溪大全集》，卷四十八，頁881。
〔註46〕陳淳在《北溪字義》中，說道：「自聖學不明於世，鬼神情狀都不曉，如畫星
　　　辰都畫箇人，以星君目之。如泰山曰天齊仁聖帝……泰山只是箇山，安有人
　　　形貌。今立廟儼然，垂旒端冕衣裳而坐，又立后殿於其後，不知又是何山可
　　　以當其配而爲夫婦耶？人心迷惑一至於此。」卷下，頁48上。這是陳淳對於
　　　原屬於自然現象的祠祀在民間卻變成人格化、偶像化形式的批判。
〔註47〕黃震，《黃氏日抄》（臺北：大化書局，1984年再版），卷七十八〈咸淳九年正
　　　旦再諭敬天說〉，頁833上～下。
〔註48〕黃震，《黃氏日抄》，卷九十四〈麻源眞君祈雨〉，頁931下。

生天災之時，地方官順依民間的習俗向祠廟偶像祠禱，可是這些堅持儒家傳統禮制觀念的知識分子卻主張向名山大川、社稷祠禱，並且見諸於行事。如張栻在孝宗淳熙年間知靜江府時，就向傳統的社壇，風雷雨師壇祈雨，他在給曾擟的信中提到：

> 此間土剛而農惰，自前月二十八九有雨，至今近旬，已嘗祈求。舊例祈禱無義理，禁削之。只到社壇風雷雨師壇及於湘南樓望拜堯山灕江，遣官潔奉祝板痤山間及投江中。今日五更登湘南樓，雷電倏興，下樓雨已下，須臾大集滂沛，過午方止。庭下水深數尺，四郊盡偏，一稔可望幸事，庶幾使此邦之人益信土偶之非所當事，而山川是爲神靈也。〔註49〕

而黃震本人也力行這個理念。地方有天災時，他首先考慮向地方社稷、山川之神祠禱〔註50〕，然而他們所認爲合於禮制的祠祀在民間所受到注意的程度顯然不及那些具有偶像的祠廟，以致黃震要找名山大川合禱時而有「吏民罔不知其所因」的情形了。這些合於禮制的祠祀，爲麼沒有像民間祠廟一樣受到重視呢？主要是因爲這些祠祀已不能滿足民間在禱祀感應靈驗上的需求，地方的社稷的情形可以作爲很好的說明。

　　社稷自古以來就是國家祭祀體制重要的一環，在宋代，社稷祭祀制度如《宋史・禮志》所規定的：「社稷，自京師至州縣，皆有其祀，歲以春秋二仲月及臘日祭太社、太稷，州縣則春秋二祭，刺史、縣令初獻，上佐、縣丞亞獻，州博士、縣簿尉終獻。如有故，以次官攝，若長吏職官或少，即許通攝，或別差官代之。」〔註51〕
可見宋代對於社稷祭事經營也頗爲注意，陸游在〈會稽縣重建社壇記〉中也說：

> 宋興，文物寖盛，自朝廷達於下州蕞邑，社稷之祀，略皆復古。〔註52〕

然而社稷祭事的主要是靠官方的維持，一旦地方疏於維持，社稷的祭事自然

〔註49〕 張栻，《南軒集》（臺北：商務印書館四庫全書本），卷二十八〈與曾節夫撫幹〉，頁652上。
〔註50〕 黃震，《黃氏日抄》，卷八十八〈相山會靈四仙祠祀〉：「咸淳七年（1273）辛未歲，余方救荒撫州，適歲又旱，吏以舊所禱者告，則皆淫祀也。余曰：『有是哉，改而禱于社稷。』」頁899下。
〔註51〕 《宋史・禮五》，卷一二〇，頁2483。
〔註52〕 陸游，《陸放翁全集》，卷十九〈會稽縣重建社壇記〉，頁112。

趨於衰隳。陸游感歎的說：

> 士不知學古，吏不知習禮，其祀社稷，徒以法令從事，畿封壇墠，
> 服器牲幣，一切苟且取便於事，無所考法。……中興七十年，郡縣
> 之吏，往往惟餉軍弭盜，簿書訟獄爲急，又吏以期告，漫應曰：「如
> 令。」至期，又或移疾弗至。雖朝廷所班令式，或未嘗一視，況三
> 代之舊典禮乎？〔註53〕

一般地方官吏對於傳統禮制不甚熟悉，而且地方行政事務煩忙，使得地方官
無暇於經營社稷祭事。《琴川志》，卷十一，黃應酉〈修社稷壇記〉亦云：

> （寧宗）開禧三年（1207）春，常熟縣令闕……葉侯凱奉辟命來宰
> 是邑。始至有事于社稷，侯往與祭，顧壇墠之隳圮，屋宇之荒弗，
> 慨然語諸僚曰：「昔言爲宰有民人焉，有社稷焉，二者俱不可無也，
> 今祈報之祀廢而弗舉，神將焉依？民不受福，坐視其廢而弗葺可乎？
> 前人不相與（相）是役者何？」僚曰：「侯未之知耳，常熟爲吳會劇
> 邑，前乎綰縣章未幾而去者，踵相接也。或以財賦不辦去，或以獄
> 訟不理去，或智及之力不能勝之，又以廢事去，惴惴迨責猶不能免，
> 奚暇他？」〔註54〕

由此可見地方上的社稷在地方未暇經營維持的情形下自然趨於衰隳，再加上
民間各式各樣祠廟的興起，能滿足民眾在靈力感驗的需求，地方社稷更爲民
所忽視。像南宋寧宗慶元六年（1200）孫應時〈長洲縣社壇記〉就說道：

> 世衰，王制壞，古義隱，妖妄百出，而祠廟蝟興。褻天蠹民，幻爲
> 淫威，日盛月滋。上之人不以禁又縱更之，天下郡縣雖通祀社稷，
> 世守不廢以爲三代之舊章，然獨其制度之形侣儀物之文具而已。有
> 司者一歲再祀，民不與觀也。民於社日或各從其俚俗，鼓舞迎享，
> 醉飽相樂，不知其何人且何禮也。水旱禳祈，奔走如織，於社稷闕
> 如也。〔註55〕

可見當時社稷在滿足民眾靈應的需求方面遠不及民間各式各樣的祠廟。才發
生陳淳所提到，有志依循古禮的地方官要向社稷禱祠而被人看笑話的事情發

〔註53〕陸游，《陸放翁全集》，卷十九〈會稽縣重建社壇記〉，頁112。

〔註54〕孫應時纂修，《琴川志》，收入《宋元方志叢刊》（北京：中華書局，1990年），
第二冊，卷十一，黃應酉〈修社稷壇記〉，頁1259上～下。

〔註55〕明·王鏊等纂，《姑蘇志》（臺北：學生書局，1965年），卷二十七〈壇廟上〉，
頁344下，所收宋孫應時〈長洲縣社壇記〉。

生了。

　　在討論那些堅持傳統禮制的知識分子所認定地祠祀對象後，我們再看看他們對於民間流行的祠廟看法。首先是城隍信仰，城隍在宋代已經相當普遍了，而且與民間生活密切，成為地方相當重要的祠廟信仰。然而在那些知識份子嚴格禮制觀念下，城隍仍然是不合禮制的祠祀。這可從程頤與他的學生一段對話中看出：

　　　范公甫將赴河清尉，問：「到官三日，例須謁廟，如何？」曰：「正
　　　者謁之如社稷及先聖是也，其他古先賢哲亦當謁之。」又問：「城隍
　　　當謁否？」曰：「城隍不典，土地之神，社稷而已，何得更有土地邪？」
　　　又問：「只恐駭眾爾。」曰：「唐狄仁傑廢江浙間淫祠千七百處，所
　　　存惟吳大伯、伍子胥二廟爾。今人做不得，以謂時不同，是誠不然。
　　　只是無狄仁傑耳。當時子胥存之亦無謂。」〔註56〕

程頤所謂「城隍不典」是指城隍祠祀不合儒家禮制下祠祀的標準。他認為土地之神只有社稷，可見他的禮制觀念與民間的信仰有相當大的差距。事實上，那些堅持傳統禮制理念的知識分子，認為民間有關人物祠祀對象，應只限於先聖先哲，對於其他流傳民間的神祇，只要是不符合他們的禮制觀念，就一概認定為「淫祀」，不管這些祠廟是否有受政府賜額，納入政府的祀典中。陳淳的看法，就是一個很好的例子。他對於流行在漳州的民間祠廟信仰有很猛烈的批評：

　　　非所祭而祭之曰淫祀，淫祀無福。神其聰明正直必不冒而享之，況
　　　其他所謂聖妃者，莆鬼也，於此邦乎何關？所謂廣利者，廣祠也，
　　　於此邦乎何與？假使有或憑依言語，亦妖由人興，不足崇信。人
　　　惟素行質諸鬼神而無愧，則雖不牲不牢而神福之，何事此妖邪之為
　　　乎？〔註57〕

陳淳所提到漳州流行的順濟聖妃（即媽祖）、廣利王的信仰，雖然這些祠廟是受朝廷賜額封爵的合法祠廟〔註58〕，然而在陳淳眼中，這些屬於外地之鬼，

〔註56〕程頤、程顥，《河南程氏遺書》，收入《二程全書》，卷二十二上，頁13b。
〔註57〕陳淳，《北溪大全集》，卷四十三〈上傅寺丞論淫祀〉，頁852下。
〔註58〕有關宋代對於媽祖封賜的徒遇，參見李獻璋，《媽祖信仰の研究》（東京：泰
　　　山文物社，1979年）第二篇第一章〈宋廷の封賜から見た媽祖信仰の發達〉。
　　　至於廣利王就是南海海神，韓愈〈南海神廟碑〉（韓愈撰，馬通伯校注，《韓
　　　昌黎文集校注》，臺北：華正書局翻印本，1982年）云：「海於天地間為物最

與漳州本地沒有什麼關係，並沒有值得祠祀的理由，正是儒家禮制觀念中所謂「非所祭而祭之曰淫祀」，他認爲合於禮法的祠祀，除了《禮記·祭法》所列之外，又包括「有道有德之人，死則祭」之類〔註59〕，然而對於這類他所認定的正祀，其祠祀行爲也要合於禮法，他以漳州威惠廟〔註60〕作例子：

> 惟威惠一廟爲死事捍患於此邦國，朝之所封錫應合禮制，號曰：忠臣義士之祠，邦人之所仰，然既載在公家祠典，則春秋薦享常儀，蓋有司之事，必肅其壇宇，嚴其扃鐍，歲時禁人闌雜來往。止於朔望，啓鐍與民庶瞻禮，乃爲得事神嚴恭之道，上不失乎敬鬼神而遠之之智，下不陷於非其鬼而祭之之諂，陰陽人鬼不相亂，庶幾稱情而合宜，固非民庶所得私祭而浪祀者也。〔註61〕

然而威惠廟的實際狀況在陳淳眼中卻是「帳御僭越既不度，廟貌叢雜又不肅，而又恣群小爲此等妖妄媟瀆之舉，是雖號曰正祠，亦不免於淫祀。」〔註62〕像威惠廟這樣的「正祠」，平時應該不能隨便開放給民間祭禱，只能每月開放兩次供民眾瞻禮，如此排除了任何民間的宗教儀式和活動，這樣才合於禮制事神的原則，否則與淫祀無異，這可看出陳淳的禮制觀念和民間信仰需求有多大的歧異。

雖然堅持儒家禮制觀念的知識份子，在理念上，對於存在於民間種種祠廟予以嚴厲的批判，然而事實上，一般知識份子還是不能忽視民間在信仰上的須求，陸游的說法，或許可以作爲最好的說明：

鉅，自三代聖王莫不祀事。而南海神次最貴，在北東西三神河伯之上，……天寶中……冊尊南海神爲廣利王。」。而廣利神在宋朝受封賜情形，《宋會要輯稿·禮》，二十一之十九，云：「洪聖廣利昭順威顯王廟：廟在廣南東路廣州南海龍王祠，其配明順夫人。……高宗紹興七年（1137）九月加封洪聖廣利昭順威顯王。」頁846上。

〔註59〕陳淳撰，王儁編，《北溪字義》，卷下，頁47下。

〔註60〕威惠廟所祀乃唐將陳元光，陳元光爲戍閩將領，唐睿宗嗣聖三年（686）置漳州，以元光兼領州事，有治績。後蠻寇復亂，元光率輕騎出討，卒。州人建廟於漳浦之雲霄以祀之。宋神宗熙寧八年（1025）封忠靈侯，徽宗政和三年（1113）賜廟額威惠，以後高、孝兩朝皆有進爵加號。參見明·羅青霄纂，《漳州府志》，收入《明代方志選》（臺北：臺灣學生書局，1965年），第三冊，卷一〈規制志〉，〈壇廟〉，〈威惠廟〉條，頁33下及卷四〈秩官志〉下，〈名宦〉，〈刺史陳元光〉條，頁67下。威惠廟在宋代立額進爵加號經過見《宋會要輯稿·禮》二十之一四三，頁821下～822上。

〔註61〕陳淳，《北溪大全集》，卷四十三〈上傅寺丞論淫祀〉，頁852上～下。

〔註62〕陳淳，《北溪大全集》，卷四十三〈上傅寺丞論淫祀〉，頁852下。

或謂山川興雲雨，澤枯槁，宜在秩祀，非必有神主之，以予考之，
殆不然。維嶽降神，生甫及申，山川之神，降而為人，與人死而為
山川之神，一也。豈幸而見於經則可信，後世則舉不可信邪？柳宗
元死為羅池之神，其傳甚怪，而韓文公實之，張路斯自人為龍，廟
於穎上，其傳尤怪，而蘇文忠公實之，蓋二神者，所傳雖不可知，
而水旱之禱，卓乎偉哉，不可泯沒。則二公亦不得而揜也。予適蜀
見李冰、張惡子廟於離堆梓潼之山，皆血食千載，非獨世未有疑者，
蓋其靈響暴者，亦有不容置疑者矣。〔註63〕

按照陸游說法，有些祠廟信仰雖然看來怪異，不合傳統禮制的觀念，然而其
靈應事蹟能滿足民眾在信仰上的需求，這是不容忽視的，可見儒家傳統禮制
觀念不能契合民眾生活需求，雖然關心傳統儒家禮制知識分子對於一般民間
祠廟以及祠祀活動予以嚴厲批判，但終不能影響民眾對於民間祠廟的重視。

〔註63〕陸游，《陸放翁全集》，卷十六〈嚴州烏龍廣濟廟碑〉，頁 92。

第五章　結　論

　　從前面的討論，我們可以看出古代祠祀活動，主要表現在封建階層對於名山大川的祭祀制度，以及農村聚落的農事祭祀活動上。這些都被儒家加以整理規畫，而成為儒家祠祀制度的主幹。儒家並規範出一套認定祠祀合於禮制的原則，那就是「法施於民，以勞定國，以死勤事，能捍大災，禦大患者。」如果不能合乎這些原則的祠祀活動，則是不合禮法的淫祠，而這套觀念成為後世政府及知識分子看待民間祠廟及祠祀活動的最重要依據。

　　漢代以後，由於神仙鬼怪觀念的成型及普遍，使得民間祠祀活動起了重大變化，神怪仙鬼成為民間祠祀主要對象，使得民間祠祀內容豐富起來，而以此信仰所建立的祠廟，也普遍在民間開展起來。此外一個重要祠廟系統——城隍，也在南北朝出現，而在唐代普遍發展，政府對於民間發展流行的祠廟也開始納入國家祭祀體系裡，孫權加封蔣子文的事蹟可以說是國家以爵位名號控制民間祠廟的濫觴。

　　到了宋代，各式各樣的祠廟信仰更在民間蓬勃發展流行，從信仰圈範圍來看，有屬於基層聚落，村里範圍的社廟，有屬於鄉鎮範圍的祠廟，有跨縣越州，行廟遍布的祠廟，還有屬於全國性祠廟如城隍、東嶽之屬，由此可見祠廟遍布在民間的情形。而地方新興祠廟的建立及開展，地方有力人士及巫者的主導分演重要的角色。雖然，祠廟的發展深入民間，然而大多數的民間祠廟沒有固定的廟產。維持祠廟經營和發展主要靠民眾香火錢的捐助，為了吸引民間香火錢的支助，祠廟本身必須不斷展現靈力以維持廟貌，形成祠廟生存與民眾信仰需求兩者相互依賴的互動關係。這種隨滿足民眾信仰需求而維持發展的不穩定現象可說是中國民間祠廟一個重點的特點。

　　民眾祈望祠廟神祇靈力，主要是希望在信仰上尋求救濟的管道，以解決

生活中大大小小的難題。而不僅一般民眾，連知識份子也依賴祠廟的靈力，這表現在士大夫仰賴祠廟庇祐科舉考試順利的心態上。這是由於宋代科舉考試競爭激烈，儘管有應試能力，但卻沒有什麼把握，在強烈不確定、不安全的感覺下，形成士大夫紛紛乞諸祠廟靈佑的現象。

至於在宋代，民間的想像將祠廟施予人福禍的現象，以人世行政組織的觀念加以系統化，民間各式各樣的祠廟被組織成類似官僚體系的秩序。就祠廟神衹而言，他們掌管一地福禍之事，因此也必須對當地民眾有相當的掌握才行〔註1〕。可見祠廟與民眾生活的關係是多麼密切。

面對民間如此蓬勃發展的種種祠廟，政府主要以賜廟額及對祠廟神衹加爵封號的方式承認祠廟存在的合法性，並藉著祠典的編纂將民間祠廟納入國家祭祀體系之中。而對於民間祠廟認定的原則主要沿襲儒家對於祠祀認定的標準，就是祠廟的神跡有功德於民，才能被政府承認，視為合法的祠廟。而政府對於祠廟賜額封爵的審查，也逐漸形成一套完備的制度，政府之所以對民間祠廟賜額封爵，其主要用意是想藉國家祿位來控制民間的祠廟，而民間祠廟也藉著政府的賜額封爵來鞏固本身地位及促進本身的發展。此外政府對於民間祠祀賽神活動的管制，著重於國家統治秩序的維護，以防止有心者藉此為亂。

然而持有儒家傳統禮制觀念的知識份子，對於民眾向民間祠廟祠禱行為予以嚴厲批判，他們認為祠禱的對象應該是合乎儒家傳統禮制觀念的山川社稷。陳淳甚至將政府所承認合法的祠廟當作淫祠，然而他們的觀念與民眾的需求有很大的差距。

總之，從宋代祠廟發展看來，我們可以發現：祠廟與民間生活已密不可分，而且政府對於祠廟管理的政策也日趨嚴密，透過賜額封爵賜號的方式不斷將民間祠廟納入禮制管理體系，使得民間需求與政府控制之間建立互通管道而不致發生衝突。這也成為日後統治者對於祠廟管理的主要施政原則。

〔註1〕《夷堅志》支庚，卷四〈伏虎司徒廟〉云：「平江人江仲謀，於府內飲馬橋南啓熟藥舖。紀熙五年（1194），又執一肆於常熟梅里，擇七月十二日開張。前一夕，夢黃衣人聲喏，持文字一軸云：『相公令投下文字。』江問：『何等文書？』曰：『是鎮中人戶所名次，望官人題上簿。』江許之，視黃衣一臂損爛出血。明日以語人，其鄰叟云：『相近錢知監宅東有一廟，鎮人爭往焚香，豈其神乎？』江即攜香酒致謁，見土偶駛卒，臂泥脫落，宛然昨夢所觀，蓋伏虎司徒廟也。」頁1168。可見祠廟神衹也有登錄轄內居民戶口名冊情形，做為掌握管理的依據。

徵引文獻目錄

一、史　料

（一）史籍、類書、道藏

1. 《三國志》（臺北：鼎文書局點校本，1978 年三版）。
2. 《史記》（臺北：鼎文書局點校本，1979 年二版）。
3. 《左傳》（臺北：大化書局，《十三經注疏》本，1982 年）。
4. 《北齊書》（臺北：鼎文書局點校本，1978 年再版）。
5. 《宋史》（臺北：鼎文書局點校本，1980 年再版）。
6. 《宋會要輯稿》（臺北：新文豐出版公司，1976 年）。
7. 《宋書》（臺北：鼎文書局點校本，1979 年二版）。
8. 《周禮》（臺北：大化書局，《十三經注疏》本，1982 年）。
9. 《南史》（臺北：鼎文書局點校本，1979 年二版）。
10. 《詩經》（臺北：大化書局，《十三經注疏》本，1982 年）。
11. 《道法會元》，收入《正統道藏》（臺北：新文豐出版公司，1977 年）。
12. 《睡虎地秦墓竹簡》（臺北：里仁書局翻印本，1981 年）。
13. 《漢書》（臺北：鼎文書局點校本，1979 年）。
14. 《禮記》（臺北：大化書局，《十三經注疏》本，1982 年）。
15. 《韓非子集釋》（臺北：華正書局翻印本，1982 年）。
16. 《淮南子注》（臺北：世界書局，1965 年）。

（二）金石、地方志

1. 清·王昶編，《金石萃編》（臺北：國風出版社，1964 年）。

2. 明・王鏊等纂，《姑蘇志》（臺北：學生書局，1965 年）。

3. 民國・江蘇通志稿編《江蘇金石志》，收入《石刻史料新編》（臺北：新文豐公司，1984 年）。

4. 清・阮元編，《兩浙金石志》，收入《石刻史料新編》（臺北：新文豐公司，1984 年）。

5. 南宋・胡榘修、方萬里羅濬撰，《寶慶四明志》，收入《宋元方志叢刊》（北京：中華書局，1990 年）。

6. 南宋・孫應時纂修，《琴川志》，收入《宋元方志叢刊》（北京：中華書局，1990 年）。

7. 南宋・梁克家修纂，《淳熙三山志》，收入《宋元方志叢刊》（北京：中華書局，1990 年）。

8. 南宋・項公澤修，凌萬頃、邊實纂，《淳祐玉峰志》，收入《宋元方志叢刊》（北京：中華書局，1990 年）。

9. 南宋・趙與泌修、黃巖孫纂，《仙溪志》，收入《宋元方志叢刊》（北京：中華書局，1990 年）。

10. 南宋・潛說友修纂，《咸淳臨安志》，收入《宋元方志叢刊》（北京：中華書局，1990 年）。

11. 明・羅青霄纂，《漳州府志》，收入《明代方志選》（臺北：臺灣學生書局，1965 年）。

（三）文　集

1. 唐・李白撰，瞿蛻園等校注，《李白集校注》（臺北：里仁書局，1981 年翻印本）。

2. 北宋・李新，《跨鼇集》（臺北：臺灣商務印書館四庫全書本）。

3. 南宋・袁甫，《蒙齋集》（臺北：新文豐公司，1984 年）。

4. 北宋・張方平，《樂全先生文集》，收入《北京圖書館古籍珍本叢刊》八十九冊（北京：書目文獻出版社）。

5. 南宋・張栻，《南軒集》（臺北：臺灣商務印書館四庫全書本）。

6. 南宋・黃震，《黃氏日抄》（臺北：大化書局，1984 年再版）。

7. 南宋・陸游，《陸放翁全集》（臺北：世界書局，1987 年四版）。

8. 南宋・陳淳，《北溪大全集》（臺北：臺灣商務印書館四庫全書本）。

9. 北宋・程顥、程頤，《二程全書》（臺北：中華書局四部備要本，1965 年）。

10. 南宋・廖剛，《高峰文集》（臺北：臺灣商務印書館四庫全書本）。

11. 南宋・劉宰，《漫塘集》（臺北：臺灣商務印書館四庫全書本）。

12. 南宋・韓元吉等撰,《南澗甲乙稿附拾遺外一種》(臺北:新文豐出版社,1984 年)。

(四)筆記、其它

1. 晉・干寶,《搜神記》(北京:中華書局點校本,1979 年)。
2. 南宋・王栐,《燕翼詒謀錄》(臺北:木鐸出版社翻印,1982 年)。
3. 南宋・陳淳撰,王儁編,《北溪字義》(臺北:世界書局,1967 年)。
4. 北宋・李元弼,《作邑自箴》(臺北:臺灣商務四部叢刊本,1966 年)。
5. 北宋・李昉,《太平廣記》(臺北:文史哲出版社翻印本,1981 年)。
6. 南宋・吳自牧,《夢梁錄》,收錄在《東京夢華錄外四種》(臺北:大立出版社,1980 年)。
7. 南宋・孟元老,《東京夢華錄》,收錄在《東京夢華錄外四種》(臺北:大立出版社,1980 年)。
8. 南宋・周密,《武林舊事》(臺北:大立出版社,1980 年)。
9. 南宋・洪邁,《夷堅志》(臺北:明文書局翻印本,1982 年)。
10. 南宋・張端義,《貴耳集》(臺北:木鐸出版社翻印本,1982 年)。
11. 南宋・曾敏行,《獨醒雜志》(臺北:廣文書局,1987 年)。
12. 南宋・費袞,《梁谿漫志》(上海:上海古籍出版社,1985 年)。
13. 南宋・趙與時,《賓退錄》(臺北:新興書局,《筆記小說大觀》四編六冊)。
14. 南宋・黎靖德編,《朱子語類》(北京:中華書局標點本,1988 年二刷)。
15. 南宋・羅大經,《鶴林玉露》(北京:中華書局,1983 年 8 月)。

二、今人研究成果

(一)專　書

1. 朱天順,《中國古代宗教初探》(臺北:谷風出版社翻印,1986 年)。
2. 李弘祺,《宋代教育散論》(臺北:東昇出版事業有限公司,1980 年)。
3. 傅宗文,《宋代草市鎮研究》(福州:福建人民出版社,1991 年二刷)。
4. 李獻璋,《媽祖信仰の研究》(東京:泰山文物社,1979 年)。
5. 《宋代の社會と宗教》(東京:汲古書院,1985 年)。
6. Hansen, Valerie., *Changing Gods in Medieval China, 1127~1276.*, Princeton University Press. 1990.

(二)論　文

1. 李弘祺,〈宋代教育史研究的幾個方向〉,收入氏著《宋代教育散論》(臺北:東昇出版公司,1980 年)。